नागवंश की पुराकथाएं

[कथा]

नागवंश

की पुराकथाएं

शिवकुमार तिवारी

राजकमल प्रकाशन
नयी दिल्ली पटना इलाहाबाद कोलकाता

संस्कृति विभाग, छत्तीसगढ़ सरकार के सहयोग से प्रकाशित

ISBN : 978-81-267-2727-8

मूल्य : ₹695

पहला संस्करण : 2014

This book is printed on **Print on Demand** Technology : 2025

प्रकाशक : राजकमल प्रकाशन प्रा. लि.
1-बी, नेताजी सुभाष मार्ग, दरियागंज
नई दिल्ली-110 002

शाखाएं : अशोक राजपथ, साइंस कॉलेज के सामने, पटना-800 006
पहली मंजिल, दरबारी बिल्डिंग, महात्मा गांधी मार्ग, प्रयागराज-211 001
1, अनमोल सोराबजी संतुक लेन, धोबी तलाव, मरीन लाइंस, मुम्बई-400 002
वेबसाइट : www.rajkamalprakashan.com
ई-मेल : info@rajkamalprakashan.com

NAGVANSH KI PURAKATHAYEIN
by Shiv Kumar Tiwari

प्राक्कथन

भारत की प्राचीनतम जनजातियां नाग थीं। ये पाषाणकालीन जनजातियां संभवतः अंतिम हिमयुग अथवा उसके तुरंत बाद भारत के विस्तृत क्षेत्र में फैल चुकी थीं। सामान्य नृशास्त्र की भाषा में कहें तो ये जनजातियां आस्ट्रिक परिवार की थीं। इनकी संस्कृति में 'नाग' या 'सर्प' का महत्त्व था, पर साथ ही ये उन अर्थों में नाग भी थीं जिस अर्थ में नग पर्वत शब्द का समानार्थी है। परवर्ती श्वेत जातियां या आर्यों से जब इनका सामना हुआ तब आर्यों ने इन्हें दोनों अर्थों में नाग शब्द से संबद्ध किया। 'नाग' पूजक होने के कारण तथा 'नग' या पर्वतवासी होने के कारण भी संभवतः 'शेषनाग' को पृथ्वी को धारण करने वाला कहा गया। इस तरह आर्यों के प्रसार के पहले संपूर्ण पृथ्वी ही नागलोक थी परंतु बाद में नागलोक भारत हुआ और तदंतर दक्षिण भारत तथा बाद में दक्षिण भारत के कुछ भाग जिनमें नाग संस्कृति अपने आदिम रूप में जीवित रही।

नागों और आर्यों के संघर्ष हुए परंतु शीघ्र ही श्वेत आर्यों और कृष्ण नागों के मिश्रण ने भारतीयों की वह नस्ल पैदा की जो आज भी तथाकथित भारतीय आर्यों के रंग-रूप को श्वेत प्रजातियों से अलग पहिचान देती है।

बीसवीं सदी के प्रारंभ तक पश्चिमी विद्वान, चाहे वे इतिहासविद् हों या अन्य कोई, मानवीय सभ्यता की आरंभिक सीमा को ईसा के जन्म से हजार-डेढ़ हजार वर्ष पूर्व ले जाने में असहज हो जाते थे, यह उस समय की धार्मिक प्रतिबद्धता के कारण था। बाइबिल में आदम की उत्पत्ति का समय यही था। इन विद्वानों का इतिहास के ज्ञान में इतना अधिक दबदबा था कि भारत के पुराणों की वंशावलियों तथा मानवीय सभ्यता की भारतीय मान्यताओं को मिथकीय बतलाकर धता बता दिया गया। परिणामतः भारतीय सभ्यता का इतिहास भी अब से ढाई-तीन हजार वर्षों से पुराना मानने में हर पश्चिमी ढंग से ज्ञान प्राप्त करने वाले भारतीय ज्ञानी को परहेज रहा।

परंतु अब इक्कीसवीं सदी में पुरातात्विक और जेनेटिक शोधों ने सारी पुरानी मान्यताओं को जिन्हें बीसवीं सदी के प्रारंभ में आधुनिक माना जाता था, अब नए सिरे से खारिज कर दिया है।

इस आलोक में यदि नागों का प्राचीन इतिहास देखें तो हम पाते हैं कि तथाकथित आर्यों और द्राविड़ों का मिश्रण हजारों वर्ष पूर्व प्रारंभ हो गया था। असुर, वानर, रिक्ष, गंधर्व इत्यादि समूह इन्हीं के मिश्रण से विकसित हुए। रावण आर्य ब्राह्मण

होकर भी असुर हो गया, उसके पुत्र मेघनाद ने नागराज की पुत्री से विवाह कर असुर वंश की शाखा में यदि वृद्धि की तो हजारों नाग कन्याएं ब्राह्मणों और क्षत्रियों की पत्नियां बनकर मानव वंश या आर्यवंश की वृद्धि करती रहीं।

नागों का 'आर्यत्व'एक बहुत प्राचीन घटना है। महाभारत काल से प्राचीन क्योंकि महाभारत काल तक नाग व्यक्ति के तौर पर यदि महत्त्वपूर्ण थे तो नागों के पूर्वपुरुषों को दैवी स्थान कुछ उसी तरह प्राप्त हो चुका जिस तरह आर्यों के पूर्वजों का होता था। जनमेजय के नाग युद्ध से काफी वर्षों पूर्व की एक घटना जिसका उल्लेख महाभारत में है इस विचार की पुष्टि करती है।

महाभारत की तीर्थ यात्रा में लिखा है कि जो मानव मणिनाग को प्रसाद चढ़ाता है उसे सर्पविष का प्रभाव नहीं होता।

मणिनागं ततोगत्वा गो सहस्र फलं लमेत
नैत्यकं भुञ्जते यस्तु मणिनागस्य मानवः।
दद्स्याशी विशेषणपि न तस्य क्रमते विषम।
तत्रोब्द रजनीमेकां सर्वपापैः प्रमुच्यते॥

श्लोक में एक रात मणिनाग के स्थान पर निवास करने की सलाह है। भीम, अर्जुन के साथ जब कृष्ण राजगृह पहुंचे तब उन्होंने राजगृह में अर्बुद, शक्रवापी, स्वस्तिक और मणिनाग इन चार नागदेवताओं के होने का उल्लेख किया है।

भारत की प्राचीन जनजातियों में नागपूजा की प्रथा विद्यमान थी। प्राचीन भारतीय जनजातियों का एक बड़ा वर्ग नाग को अपना प्रतीक चिह्न मानता था। ग्रुनवेडेल (1901) 'बुद्धिस्ट आर्ट इन इंडिया' में लिखता है—भारत में जब बौद्ध धर्म का व्यापक प्रसार था तब उस प्रत्येक व्यक्ति से जो बौद्ध धर्म अपनाना चाहता था यह पूछा जाता था कि वह नाग है या नहीं अथवा नाग पूजा करता है या नहीं। इस तरह यह तो प्रतीत होता है कि बुद्ध के कुछ वर्षो बाद तक समाज का एक बड़ा वर्ग अब भी पूरी तरह से टोटमी था और स्वयं को नाग कहता था परंतु अनेक लोगों ने अब तक स्वयं को नागपूजा तक सीमित कर लिया था इन्होंने 'नागधर्म' को अपना लिया था। नागधर्म अपनाने का यही अर्थ है कि वे नागों के प्राचीन नायकों की प्रतिष्ठा अब देवरूप में करने लगे थे तथा टोटम नाग अब तक एक फण या बहुफण नागदेव के रूप में मान्य हो चला था।

नाग जनजाति का मूल क्षेत्र कौन सा था इस पर भी लोगों ने अपने-अपने मत प्रकट किए हैं। हापकिंस एपिक माइथोलॉजी में नागों का मंगोलियाई मूल ढूंढ़ता है, उसके अनुसार नाग आर्यों से पूर्व भारत में मंगोलिया से आए, यहां पर पश्चाद्वर्ती आर्यों से उनका संघर्ष हुआ। यह मत पूर्णतः अवैज्ञानिक है कि भारत में मंगोलियाई प्रजातियां केवल पूर्वोत्तर भारत और हिमालय की तराई में सिमटी रही हैं। यह सत्य है कि उनमें भी सर्पपूजा प्रचलित थी परंतु यह सर्पपूजा वृहत्तर भारत में आई हो इसका कोई आधार नहीं है। वृहत्तर भारत की सर्प या नागपूजा इसी क्षेत्र के मूल निवासियों की अपनी संस्कृति थी।

वस्तुतः वैदिक काल से ही भारत में नागों के नाम मिलने प्रारंभ हो जाते हैं। अथर्ववेद में तिरश्चिराजी, असित, वभ्रु, पृदाकु, कैराट, पुष्ण आदि नागों का उल्लेख है।

पौराणिक कथाओं में तो नागों के भरमार संदर्भ हैं। महाभारत का जनमेजय का नागयज्ञ इनमें सर्वाधिक ज्ञात आख्यान है। जिस तरह शिव, विष्णु और शिव के साथ नागों का संबंध पुराणों में वर्णित है उसी तरह रामायण में नागपाश का वर्णन है तो श्रीमदभागवत् में कालियमर्दन की कथा है। ऐसी ही कथाएं बुद्ध और जिन आख्यानों में भी मिलती हैं। बौद्ध धर्म में मुचलिन्द नाग की महत्त्वपूर्ण कथा है।

पुराणों में कद्रू को नागों की मां और सुरसा को सर्पों की मां कहा गया है, 'सुरसायां सहस्र तु सर्पाणाममितौजसम्'। प्राचीन भारतीय शिल्प में मनसा देवी को भी नागमाता के रूप में शिल्पित किया गया है। मनसा की मूर्तियां गंगाघाटी के अतिरिक्त नर्मदाघाटी के समीपवर्ती क्षेत्रों में मिलती हैं। नागदेवियों और नागदेवताओं के शिल्प विधान प्राचीन भारतीय मूर्तिशिल्प के ग्रंथों में मिलते हैं। मोटे तौर पर नाग मानवी एवं स्वाभाविक या सरीसृप रूप में शिल्पित किए गए हैं। मानवी रूप वाले नागों के सिर के पीछे फण बनाने की परंपरा है, कभी-कभी ऊपरी भाग मनुष्य का और निचला हिस्सा नाग का भी बनाया जाता था। भारत में कुछ यक्षियों की ऐसी ही मूर्तियां मिली हैं जिसमें मानवी सिर के स्थान पर फण है और शेष शरीर नारी का है।

भारत में अनेक प्रकार की नाग प्रतिमाएं मिलती हैं। प्राचीनकाल में तालाब बनवाते समय एक नागकाष्ठ बनवाया जाता था। नागकाष्ठ एक स्तम्भ होता था जो नाग के रूप में बनाया जाता था। प्राचीन नागपूजा परंपरा आज भी नागपंचमी के रूप में जीवित है।

नाग समाज की अपनी विशेषताएं थीं जिन्हें मिथकों में आज भी याद रखा जाता है जैसे वे विष प्रयोग में निष्णात थीं तथा उनमें बहुमूल्य रत्नों या मणियों की उत्तम पहिचान थी, यह संभव है कि प्रारंभिग नाग स्थायी कृषि से परिचित न थे। नागों को दूध पिलाने का कार्य आर्यों ने प्रारंभ किया जिसका यही अर्थ है कि उन्होंने नागों को अंत में 'दूध पूत' जैसा संबंधी मान लिया, इसका अर्थ यह भी है कि आर्यों ने उन्हें अपने जैसा पशुपालक बनने में सहायता दी।

नगरीय और ग्राम्य नाग जन भारत की मूलधारा में हजारों वर्ष पहिले ही आर्यों के साथ घुल मिल गए, उन्हें अलग ढूंढ़ना मुश्किल हो गया केवल आटविक नाग अवश्य ही अपनी एकांतिकता के कारण अलग-थलग रहे फिर भी जब हम इनके मिथकों और लोककथाओं पर ध्यान देते हैं तो बहुत कुछ स्पष्ट हो जाता है।

भारत में नागों के नाम पर नदियां हैं, क्षेत्र हैं, नगर हैं तथा व्यक्तियों के उपनाम हैं, ये नाग संस्कृति की जीवंतता के प्रमाण हैं।

भारतीय धर्मों के प्राचीन ग्रंथों में नागों से संबंधित अनेक कथाओं में पुरातन नाग समाज की कला, साहित्य, विज्ञान या सामाजिक नियमनों की जानकारियां मिलती हैं, ऐसे ही संदर्भ जनजातीय तथा क्षेत्रीय लोककथाओं में भी उपलब्ध हैं।

नागों की संस्कृति के अध्ययन में पुराकथाओं को दो वर्गों में विभाजित किया जा सकता है। प्रथम वर्ग की वे पुराकथाएं हैं जिन्हें ब्राह्मण, बौद्ध और जैन धर्मों के व्याख्याकारों और संयोजकों ने 'पुराण कथाओं' के रूप में अपने-अपने धर्म-ग्रंथों में इन्हें स्थान प्रदान किया है। स्थापित कथाओं की चर्चा इस ग्रंथ में नहीं की गई है, इसके विपरीत हमने अल्प ज्ञात पौराणिक संकेतों और लोककथाओं में प्रचलित आख्यानों के आधार पर नाग समाज की सांस्कृतिक और सामाजिक विशेषताओं को कथाओं के मध्यम से प्रस्तुत करने का यत्न किया है।

पुरातन नाग समाज विषौषधियों, रत्नाभूषण निर्माण, नृत्य, भाषा विज्ञान एवं नगर विन्यास जैसे क्षेत्रों में अग्रणी रहा है। मानव जाति के ज्ञान-विज्ञान को नाग समाज के विद्वानों ने समय समय पर समृद्ध किया है। पतंजलि, नागार्जुन और दि नागाचार्य तो इतिहास पुरुष थे, इन सभी के तथा अन्य बहुतों के पूर्वज नाग ही थे जिन्होंने सर्वप्रथम आर्यत्व ग्रहण किया और तत्पश्चात् वे ब्राह्मण, बौद्ध या जैन हुए।

भारत के हजारों प्राचीन मंदिरों में नाग सुंदरियों के नृत्य शिल्प मात्र मूर्ति अलंकरण नहीं हैं और न ही नागवंशी राजाओं के शिलालेख और सिक्के अर्थहीन पुरातात्विक सामग्री, वस्तुतः इन सभी के पीछे भारत की वह सामाजिक विविधता है जिसकी सांस्कृतिक समृद्धि अनिर्वचनीय है।

यह ग्रंथ भारत की एक अतिप्राचीन किंतु दीर्घजीवी विस्मृत सी पुरातन नाग संस्कृति के कुछ तिनकों को साथ रखकर रूपाकार करने का प्रयास है।

ग्रंथ में संकलित कथाओं को सर्गों में विभाजित किया गया है।

इन कथाओं को अधिक बोधगम्य बनाने के उद्देश्य से सभी सर्गों के आरंभ में पूर्वपीठिका दी गई है। कथा साहित्य में संदर्भ आवश्यक नहीं होते परंतु इक्कीसवीं सदी के ऐतिहासिक कथाओं के पाठक तथ्यात्मकता और कथा स्रोतों में पर्याप्त रुचि लेते हैं। कथाओं विशेषतः व्यक्तियों से संबंधित कथाओं को संक्षिप्त संदर्भों सहित प्रस्तुत किया गया है, आवश्यकता होने पर टिप्पणियां भी दी गई हैं।

अंत में मैं संस्कृत, पालि एवं प्राकृत के उद्भट विद्वान् माननीय डॉ. कृष्णकांत चतुर्वेदी (पूर्व) निदेशक, कालिदास अकादमी, उज्जैन एवं प्रख्यात इतिहासकार डॉ. आर.के. शर्मा (पूर्व) विभागाध्यक्ष, प्राचीन भारतीय इतिहास एवं संस्कृति विभाग, रानी दुर्गावती विश्वविद्यालय, जबलपुर का आभार व्यक्त करता हूं जिन्होंने इस ग्रंथ के लेखन के दौरान प्राचीन भारतीय साहित्य एवं इतिहास से संबंधित अनेक जटिल बिंदुओं पर मुझे मार्गदर्शन दिया। श्री वाई.आर. दुबे ने पांडुलिपि को अल्प समय में तैयार कर प्रकाशन का मार्ग प्रशस्त किया। राजकमल प्रकाशन ने हमारे इस ग्रंथ के प्रकाशन में रुचि ली, मैं उनका हृदय से आभारी हूं।

—शिवकुमार तिवारी

नागपंचमी
23 जुलाई, 2012

अनुक्रम

प्रथम सर्ग : सामाजिक संविलयन

द्वितीय सर्ग : सांस्कृतिक आख्यान

तृतीय सर्ग : नागों की मातृदेवियों के आख्यान

प्रथम सर्ग

सामाजिक संविलयन

इतिहास के जिस कालखंड में विदेशी विद्वानों ने भारतीय क्षेत्रों में प्राचीन मानव प्रजातियों के आने की बात कही है वह 21 वीं सदी में से विज्ञान सम्मत नहीं है। उत्तर भारत में अंतिम हिमयुग के बाद से ही प्रजातीय मिश्रण प्रारंभ हो गया है। वैज्ञानिक भाषा में कहें तो यह आस्ट्रिक और मैडिटिरेनियन या काकेशस प्रजातियों का मिश्रण था। वाल्मीकि रामायण काल से भी पहले ये मिश्रित प्रजातियां यक्ष, राक्षस, गंधर्व इत्यादि समाजों की सभ्यताओं को जन्म दे चुकी थीं।

भारत में श्वेत प्रजाति के समाज कृषि का ज्ञान लाए और उन्होंने मैदानों में निवास करना प्रारंभ किया, उनसे पहले के समाज पर्वतों पर रहते थे, वहां पर कंद मूल फल और शिकार बहुतायत से उपलब्ध थे। पर्वत को श्वेत प्रजाति की भाषा संस्कृत में जो विश्व की प्राचीनतम् भाषा भी थी 'नग' कहा जाता था। श्वेत प्रजाति के समाज ने पर्वतीय समाज को 'नाग' या पर्वतों में रहने वाला कहा। ये लोग सर्प पूजक थे।

बहुत अधिक, पीढ़ियां बीत गईं। आर्यों के कबीलों की भी और आर्येतर जातियों के कबीलों की भी। दोनों में अनेक बार युद्ध हुए पर मित्रता भी हुई और फिर पारस्परिक संबंध बने, मानवीय संबंध। श्वेत प्रजाति और भारत की मूल प्रजाति के रक्त संबंधों ने एक नए रूप आकार की प्रजाति को विकसित कर दिया। इन संबंधों के विकास में मनुष्य को हजारों वर्ष लगे और उसने हजारों मील का सफर तय किया।

आर्यों की या यूं कहें गौर वर्णीय मानव प्रजाति मध्य एशिया से नर्मदा घाटी तक हजारों वर्षों में पहुंची। एक ही कबीले में एक ही नाम के पुरुष हुए जिन्होंने कबीलों को

पहिचान दी, पर बाद में ऐसे अलग-अलग पीढ़ियों में पैदा हुए व्यक्तियों को एक ही मान लिया गया। यह इसलिए हुआ क्योंकि तब तक शिलालेखों पर अपना

परिचय लिखवाने की परंपरा नहीं पड़ पाई थी, परिणाम यह हुआ कि व्यक्ति तो व्यक्ति अनेक उपनामों को जैसे नारद, व्यास आदि को व्यक्ति विशेष मान लिया गया। कहने का तात्पर्य यह कि इन नामों के व्यक्ति हुए तो अवश्य पर लेखन या ज्ञान संकलन पीढ़ियों तक उनके नाम से चलता रहा।

सप्त सिंधु से नर्मदा या आर्यावर्त के दक्षिणी छोर तक पहुंचते-पहुंचते आर्यों के रक्त संबंध नागों से प्रत्येक सदी में बढ़ते ही चले गए। नागों ने अनेक बातें आर्यों से सीखीं।

नागवंशीय राजाओं ने समय बीतते धीरे-धीरे स्वयं को पूरी तरह से आर्य घोषित कर दिया। इस तरह इन नवीन आर्यों के पास मात्र उनकी पुरानी पहिचान शिवाराधना ही रह गई। उनका पहिचान चिह्न 'सर्प' अब केवल शिव का अलंकरण ही बन कर शेष रह पाया उसी तरह वे नाग कुल के लोग जो स्वयं की पहिचान बनाए रहे कालांतर में आटविक हो गए। ऐसे आटविक समाजों के पास उनकी लोककथाएं अवशिष्ट रह गईं जिनमें उनके संबंध कहीं-कहीं नागों से बतलाए जाते रहे।

1

सामाजिक समीकरणों की बिसात

भारत की प्राचीन जनजातियों में राज्य व्यवस्था तो थी परंतु राजा नहीं होते थे, गण प्रमुख राज्याध्यक्ष हुआ करते थे। भारत का सबसे प्राचीन एवं वर्तमान में भी मान्य विक्रम संवत् 'मालव' गणों का संवत् था। भारत की उन जनजातियों में भी जिनमें राजा तो क्या राजवंशों ने पीढ़ियों तक राज्य किया 'राजा' जैसे पद की संकल्पना नहीं थी। भारत के राजगोंड़ों की भाषा गोंड़ी में राजा का पर्यायवाची शब्द नहीं है जबकि इस राजवंश ने नर्मदा घाटी में शताब्दियों तक राज्य किया।

जनजातीय समाजों में स्त्रियों को पर्याप्त वैवाहिक स्वतंत्रता है। इन समाजों में इस स्वतंत्रता के बावजूद अपेक्षा यही रहती है कि विवाह कुलगोत्र की मान्यताओं के अनुसार हो। जनजातियों में 'अपहरण विवाह' की मान्यता संभवतः असुरों में प्रचलित विवाह पद्धति का प्रभाव है।

भारत के प्राचीनतम समाजों के वर्णनों में आधुनिक और प्राचीन विवरणों में कतिपय मतभेद हैं यथा अनेक विद्वान आर्येतर पुरुष स्त्रियों का वर्णन उनकी असुंदरता से ही प्रारंभ करते हैं। वस्तुतः सुंदर और असुंदर दोनों प्रकार के लोग समाज में सदैव ही रहे हैं किंतु प्राचीन लेखन में अहंकारी लोगों को रूपवान लिखने की प्रथा नहीं रही है क्योंकि प्राचीन साहित्य में साहित्य के उद्देश्य में समाज की सुरुचि को बढ़ाना और समाज को नैतिकता की ओर प्रवृत्त करना भी होता था।

नागकन्याओं या नागस्त्रियों के दोनों प्रकार के विवरण प्राचीन साहित्य में मिलते हैं। सुरसा जो नागों की मातृदेवी है को सामान्य तौर पर भयोत्पादक चित्रित किया गया है परंतु भारतीय वाङ्मय के सबसे प्राचीन काव्यग्रंथ वाल्मीकि रामायण (5/12/21) में नाग युवतियों को 'नाग कन्या वरारोहाः पूर्णचन्द्र निमाननाः' स्पष्टतः चन्द्रमुखी कहकर उनकी सुंदरता का बखान किया गया है। वाल्मीकि रामायण के अनुसार रावण ने अनेक नागकन्याओं का अपहरण किया था 'प्रमथ्य राक्षसेन्द्रेण नागकन्या बलाद्धृताः' (रामायण 5/12/12)।

रामायण अनेक भाषाओं में लिखी गई है, इनमें से बहुतों में रावण पुत्र मेघनाद का विवाह नागराज की पुत्री से कराया गया है, कभी यह नागराज शेष हैं, तो कभी

कोई अन्य, कुल मिलाकर तथ्य कुल इतना है कि राक्षसों ने नागों की कन्याओं से विवाह किए पर ये विवाह 'अपहरण विवाह' या जबरिया विवाह थे।

पौराणिक आख्यानों में ऋषियों और राजाओं के विवाह भी असुरों, नागों तथा गंधर्वों आदि की कन्याओं के साथ हुए पर ये सभी विवाह सामाजिक सहमति से हुए वर्णित हैं।

प्राचीन भारतीय इतिहास के रघुवंशी राजाओं के राज्य विस्तार में इन संबंधों की भी कहीं न कहीं महत्त्वपूर्ण भूमिका रही है।

वाल्मीकि रामायण में नागों की राजधानी भोगावती कही गई है। वाल्मीकि रामायण (7/32/14) के अनुसार रावण ने भोगावती पर आक्रमण कर वासुकि, तक्षक, शंख और जटी नामक प्रमुख नागों को परास्त किया था। इस तथ्य के आधार पर यही मानना उचित होगा कि मेघनाद का विवाह भोगावती राज्य की राजकुमारी से हुआ था। राजकुमारी सुलोचना का पिता कौन था ठीक कुछ नहीं कहा जा सकता।

नागों में भले ही 'राजा' या 'राजधानी' शब्द का प्रयोग न होता रहा हो परंतु प्राचीन साहित्यकार तो प्रचलित अर्थों में नागों के गणप्रमुखों को नागराजा या उनके नगरों को राजधानियां ही लिखते रहे। इसका कारण यह है कि साहित्यकार बहुधा गैर नागवंशीय व्यक्ति होते थे।

नागों के चाहे-अनचाहे संबंधी

रेवाखंड के एक बड़े भू-भाग पर कर्कोटक नागों का पीढ़ियों से वर्चस्व था, उन दिनों इस प्रकार के अधिकार को राज्य नहीं कहा जाता था, पर वह सभी अर्थों में राज्य ही था जिसकी राजधानी महिष्मती (माहिष्मती) थी। महिष्मती नर्मदा घाटी का सबसे बड़ा व्यापार केंद्र थी। नागवंशीय दस्तकार हाथीदांत पर कारीगरी के लिये दूर-दूर तक जाने जाते थे। पान, हल्दी, चावल यहां की प्रमुख उपजें थीं। प्राचीन यज्ञ संस्कृति में यज्ञों की हवि में जहां केवल यव का प्रयोग होता था वहां अब इस क्षेत्र में बसे भृगु वंश के ऋषियों ने यव के साथ चावल को भी हवि की पवित्र वस्तुओं में शामिल कर लिया था।

वर्तमान कर्कोटक को यह ज्ञात नहीं था कि वह इस वंश की किस पीढ़ी में पैदा हुआ है। तत्कालीन भारत में कर्कोटक ही नहीं अन्य वंशों के राजकुल भी अनंत नागकुल को श्रद्धा की दृष्टि से देखते थे और संकट की घड़ी में उनकी सहायता प्राप्त करते थे।

दुर्दैववश उत्तर दिशा में आर्य हैहय क्षत्रियों ने आक्रमण कर प्राचीन नगरी महिष्मती पर अपना अधिकार कर लिया। कर्कोटक की गणसेना पराजित हो बिखर गई और कर्कोटक को पर्वतों की शरण लेनी पड़ी। पराजित और दुखी कर्कोटक

अपने कुछ साथियों के साथ सैन्य सहायता प्राप्त करने अनंतनाग की राजधानी भोगावती पहुंचा।

भोगावती का सुसज्जित राजप्रासाद

अनंत : 'प्रिय कर्कोटक, आओ तुम्हारा स्वागत है, भगवती की कृपा से तुम्हारी नगरी महिष्मती में अन्न, दुग्ध और घृत की कमी तो न होगी। हमारे पास यह समाचार अवश्य आते रहे हैं कि नर्मदा की उपजाऊ घाटी में धीरे-धीरे अनेक यज्ञ करने वाले समुदायों ने वनों को काटकर कृषि करना प्रारंभ कर दिया है। अपने क्षेत्र में भी कुछ ऐसे ही समुदायों को हमने पवित्र गोदावरी के तट पर रहने की अनुमति दे दी है।'

कर्कोटक : 'हे देव, आपको वस्तुतः उत्तर दिशा के राज्यों के संबंध में वास्तविक स्थितियों से सूचित नहीं किया जा रहा है।'

अनंत : (कुछ गंभीर होते हुए) 'तुम ठीक कह रहे हो कर्कोटक, उत्तर में ऐसा बहुत कुछ हो चुका है, कुछ दिनों पूर्व तक्षशिला से तक्षक आए थे, उन्होंने अपने क्षेत्र की स्थिति के संबंध में जो सूचनाएं दी थीं वे उत्साहजनक नहीं हैं। सिंधु नदी से लेकर संपूर्ण उत्तराखंड अब 'आर्यावर्त' के नाम से जाना जाने लगा है। हमारे स्वयं के क्षेत्र का पश्चिमी भाग अवंती कहा जाने लगा है।'

कर्कोटक : 'हे देव, आप तो सर्वशक्तिमान हैं, आप विश्व की संपूर्ण मानवजाति के श्रद्धा और आदर के पात्र हैं फिर चाहे वह देवता हो, राक्षस हो, मनुवंशी हो, यक्ष, किन्नर या गंधर्व हो। हम नागों के लिये तो आप सर्वस्व हैं। आपकी क्षत्रछाया में रहते हुए भी हम सभी नागवंश चाहे वह धृतराष्ट्र का हो, कंबल का हो, तक्षक का हो या किसी अन्य का सभी सुरक्षित और संपन्न रहे हैं, परंतु इन दिनों नाग जाति पर संकट के बादल मंडरा रहे हैं।

मैं स्वयं आपका प्रिय पात्र होकर भी असुरक्षित हो चुका हूं, यह कहते हुए मुझे स्वयं से लज्जा और घृणा हो रही है।

अनंत : 'लज्जा का कारण?'

कर्कोटक : 'लज्जा का कारण यह है कि मैं नाग जाति का सम्मानित मुखिया होने पर भी अपने क्षेत्र के नागों के हितों की रक्षा नहीं कर पा रहा हूं।'

अनंत : 'ऐसा क्या हुआ है? कर्कोटक कुछ विस्तार से कहो।'

कर्कोटक : 'हे देव, इन दिनों एक नई व्यवस्था ने जड़ जमाना प्रारंभ कर दिया है, इस व्यवस्था का नाम है राज्य। इस व्यवस्था में युद्ध के उपरांत विजयी व्यक्ति राजा बन जाता है वह जीते हुए नगर या नगरों का एक ऐसा स्वामी बन जाता है जिसमें उसकी इच्छा सर्वोपरि होती है। इतना ही नहीं वह अपने आस पास के क्षेत्रों

में रहने वाले किसानों एवं व्यापारियों से भी प्रतिवर्ष मनचाहा स्वर्ण या अन्य धन लेने का अधिकारी होता है। बड़ी निरंकुश व्यवस्था है यह।'

अनंत : 'हां कर्कोटक, स्वयं को मनु की संतान कहने वाले समुदायों में यह व्यवस्था, अनेक पीढ़ियों से है। यह व्यवस्था उन्होंने देव समाज से ली है, उस समाज में भी इंद्र जैसा राजा हुआ करता है। मनु की संतानें इसीलिए 'राजा' को 'नरेन्द्र' कहती हैं। मनु की संतानें ही क्यों, अब तो 'राजा' जैसे पद की व्यवस्था उन समाजों में भी हो गई है, जो ठीक ढंग से कृषि भी नहीं कर सकते। गुफा-कंदराओं में रहने वाले 'वानर' समाज में भी अब राजा है।

कर्कोटक : 'हे देव, आपकी बात सत्य है। अब राक्षसों, देवों, गंधर्वों और यक्षों सभी के अपने-अपने राजा हैं, यदि कहीं राज्य व्यवस्था और राजा नहीं है तो केवल अभी भी वह हमारे समाज में ही नहीं है। पर दूसरे समाज की देखा-देखी अब हमारे युवक भी हमारे गण संगठन को राज्य कहने लगे हैं। नई पीढ़ी हमें मुखिया जैसा कम और राजा जैसा अधिक देखती है।'

अनंत : 'हां, कर्कोटक, हमारा समाज तो कुलों के संगठन के आधार पर है और नाग देवता हमारी पहिचान है, मनुष्य को भला अपनी पहिचान के लिये इससे अधिक चाहिए भी क्या। सारे विश्व में मुनष्य स्वतंत्र होकर भ्रमण करें तथा कहीं भी बस सकें यही हमारी कामना है। मेरे विचार से 'राजा' शब्द में कहीं न कहीं 'परतंत्रता' की भावना है, जो मनुष्य के विकास के लिये घातक हो सकती है। इसीलिए हमारी भाषा में राजा जैसा कोई शब्द ही नहीं है। समाज के मार्गदर्शन के लिये 'मुखिया का होना ही काफी है'।

कर्कोटक : 'हे देव, आप तो परम ज्ञानी हैं, मैं तुच्छ व्यक्ति आपसे क्या कहूं, पर जिस विकट विपत्ति में फंस गया हूं उसे यदि आपके सामने निवेदन न करूं तो किससे करूं?'

अनंत : 'ऐसा क्या हुआ है, क्या अब नर्मदा से लेकर गंगा तक फैले विशाल वन्य क्षेत्र में नाग समाज स्वतंत्रता से नहीं भ्रमण कर पा रहा है या कि फिर उनके ग्रामों में महिष पालन नहीं हो रहा है।'

कर्कोटक : 'हे देव, आपके प्रताप से नागों की ग्राम व्यवस्था सुरक्षित है, कृषि और महिष पालन भी व्यवस्थित है, पर हमारी प्रिय नगरी महिष्मती में अब केवल नाग ही नहीं रहते दूसरे भी बहुत से लोग रहने लगे हैं। कुछ वर्षों तक तो मैं यही समझता रहा कि नगर में जनसंख्या की वृद्धि यहां होने वाले व्यापार तथा दस्तकारी के कारण है। परंतु एक दिन एक संगठित सेना का नगर पर आक्रमण हो गया, नागों के गण योद्धा उसे न रोक सके, और मुझे भी भागकर वन में शरण लेनी पड़ी।'

अनंत : 'यह तो बड़े दुर्भाग्य की स्थिति हुई, तुम तुरंत हमारे पास क्यों नहीं आए?'

कर्कोटक : 'हे देव, क्षमा करें, यह उन दिनों की बात है, जब आप पर भी विपत्ति की छाया थी, मैं इस नगरी से मात्र एक योजन दूर तक आ गया था, तब मैंने वह कुछ जाना जिसके पश्चात् मैं यहां न आकर वापस विंध्याटवी में लौट गया।'

अनंत : (सिर झुकाकर धीरे से कहते हैं) 'आह, दुर्दैव!'

कर्कोटक : 'हे देव, मैं वनों और पर्वतों को लांघते हुए जब अपने कुछ मल्लों के साथ जब यहां पहुंचा तब मैंने देखा कि राक्षसेन्द्र रावण का पुत्र हमारी प्रिय राजकुमारी को राक्षसी सेना के व्यूह में सुरक्षित रूप से ले जा रहा है। मैंने सुना राजकुमारी का अपहरण किया गया था। मैंने यह भी सुना कि नागों और राक्षसों के घोर युद्ध में नागों की पराजय के पश्चात् ही राक्षसेन्द्र रावण का पुत्र मेघनाद राजकुमारी को परिणय के लिये प्राप्त कर सका था। मैं यह देखकर व्यथित हो गया था कि इस युद्ध में न जाने कितने नागवीरों ने वीर गति प्राप्त की थी।'

अनंत : 'हे कर्कोटक, मैं तुम्हें सारी बात बतलाना चाहूंगा। पिछले कुछ वर्षों से असुरों का हमारे क्षेत्र में आना-जाना कुछ अधिक ही हो गया था। हमारे सेवकों ने जब हमें बतलाया कि असुरों ने व्यापार के बहाने, भोगावती के आस पास लगभग स्थायी रूप से डेरा डाल लिया है तब हमारे सैनिकों ने उनसे पूछताछ की तो तो उन्होंने कहा कि वे हमारे क्षेत्र में प्राप्त होने वाले अयस्क को जलाकर वस्तुओं का निर्माण करते हैं। लोहे के अयस्क को खोदने से लेकर उसकी शुद्धि और उसे गलाने तक के कार्य में बहुत अधिक समय लगता है, अतः वे बहुत शीघ्रता से एक स्थान नहीं छोड़ पाते तथा दूसरे स्थान तक जाने में उन्हें कुछ समय लग जाता है।

उनकी इस बात पर हमने विश्वास किया, क्योंकि उनके द्वारा तैयार किए गए लौह से बने अस्त्र हमारे अस्त्रों से अधिक मजबूत थे, कृषि के लिये भी इस अयस्क से उपयोगी वस्तुएं बनाई जाने लगी थीं। इसका हमें लाभ मिल रहा था।

परंतु इस ऊपरी व्यापार के पीछे चल रहे षड़यंत्र का पता हमें काफी समय पश्चात् लगा। हमें बतलाया गया कि दक्षिण के असुर समाज का नेता रावण 'रक्ष' संस्कृति का पुरोधा बन सारी पृथ्वी का स्वामी बनना चाह रहा है। उसने राक्षसों की एक प्रशिक्षित सेना तैयार कर ली है। साधारण तौर पर वह सेना के पीछे रहता है और उसका युवा पुत्र मेघनाद सेनापति के रूप में आक्रमणों की रूपरेखा तैयार करता है।

जब हमें यह ज्ञात हुआ कि हमारे क्षेत्र के अनेक सम्मानित नाग क्षत्रपों की सुंदर कन्याओं का बलात् अपहरण कर रावण ने उन्हें अपनी पत्नी बना लिया है, तब हमें भोगावती की सुरक्षा की चिंता हुई, पर शायद तब तक विलंब हो चुका था।

हमने शीघ्र ही वासुकि, तक्षक, शंख और जटी को उनके वीर योद्धाओं के सहित आमंत्रित किया। वे समय पर पहुंच भी गए। भोगावती की सेना के चार भागों में ये चार सेनापति बना दिए गए, तभी राक्षसों ने भोगावती पर हमला कर दिया। चारों सेनापतियों ने तब तक युद्ध किया जब तक वे अचेत होकर गिर न गए। इसके साथ

ही राक्षसों ने विजयदुंदुभी बजा दी किंतु न जाने क्या सोचकर मेघनाथ ने हमसे मैत्री का प्रस्ताव रखा, जिसे हम अस्वीकार तो कर ही नहीं सकते थे।'

कर्कोटक : 'मेरा त्वरित धर्म तो यह था कि मैं भी नागवंश की प्रतिष्ठा के लिये राक्षस सेना से दो-दो हाथ कर वीरगति प्राप्त करूं पर मेरे साथी मल्लों ने मुझे बलात पकड़े रखा। मैं मेघनाद तक न पहुंच सका।' (कुछ देर की चुप्पी के पश्चात्)

अनंत : 'कर्कोटक, मैं अपने दुर्भाग्य को क्या कहूं, कुछ कहते भी नहीं बनता। हमारी नाग परंपरा में स्त्रियां स्वेच्छा से अपने पति का चुनाव कर सकती हैं। परंपरा यही है कि युवती नागवंश के ही किसी युवक से विवाह करे। कुल मर्यादा भी यही है। हमारी पुत्री ने हमसे यह कभी नहीं कहा कि यह राक्षसेन्द्र रावण के पुत्र से विवाह करना चाहती है अतः अनजाने में एक युद्ध हुआ, नागों की पराजय हुई और व्यर्थ का रक्तपात हुआ। ऐसे संबंधों में युवक और युवती भले ही प्रसन्न रहें पर दोनों समाजों में तिक्तता तो घुल ही गई।'

युद्ध के पश्चात विजयी रावण पुत्र मेघनाद ने नागों पर हुई विजय का दर्प छुपाया नहीं, परंतु औपचारिकतावश उसने हमें जो आदर दिया वह किसी भी बड़े अनादर से कम न था। मुझे अपनी पुत्री का राक्षसविधि से विवाह करना पड़ा।

कर्कोटक : 'हे देव, भाग्य के लिखे को कौन मेट सकता है?'

अनंत : 'जो हुआ सो हुआ, तुम मुझे यह बतलाओ कि अब महिष्मती नगरी में किसका अधिकार है।'

कर्कोटक : 'हे देव, इन दिनों महिष्मती पर हैहयवंश के राजा अर्जुन का अधिकार है। वह एक बड़ा शक्तिशाली व्यक्ति है। उसे उसके प्रशंसकों ने सहस्रार्जुन की उपाधि दे डाली है क्योंकि वह इतना बलवान है कि अकेले ही एक हजार सैनिकों की सेना से युद्ध कर उसे परास्त करने की क्षमता रखता है।'

अनंत : 'हमने यह भी सुना है कि इन दिनों राज्य विस्तार के लिये चारों ओर युद्ध लड़े जा रहे हैं, जिस व्यक्ति या राजा के पास अधिक भूमि का स्वामित्व है वह बड़ा राजा या चक्रवर्ती सम्राट कहलाता है। यह भी ज्ञात हुआ कि बहुत से राजाओं ने स्वयं को चक्रवर्ती सम्राट घोषित भी कर दिया है।'

कर्कोटक : 'महाराज, आपने सत्य ही सुना है, इन दिनों सबसे बड़ा और शक्तिशाली संगठन राक्षसों का है। पौलस्त्य रावण ने स्वयं को चक्रवर्ती और विश्वविजेता घोषित कर रखा है।'

अनंत : 'तब तो उसे महिष्मती के राजा अर्जुन से युद्ध करना पड़ेगा, बिना उसे पराजित किए वह कैसे चक्रवर्ती सम्राट कहलाएगा?'

कर्कोटक : 'महत्वाकांक्षी रावण को निश्चित ही हैहयराज से युद्ध करना पड़ेगा वैसे भी इन दिनों उसके चर महिष्मती के चारों ओर घूमते ही रहते हैं। वह स्वयं भी वहां घूमता रहता है।'

अनंत : 'उसका यह घूमना निरर्थक तो नहीं होगा, रावण एक जाना-माना योद्धा तो है ही पर वह एक कूटनीतिज्ञ व्यक्ति भी है।'

कर्कोटक : 'राक्षसराज रावण की कूटनीति केवल युद्धों तक सीमित नहीं है। सामाजिक स्तर पर भी उसके निर्णय कूटनैतिक होते हैं। मैंने तो यह भी सुना है कि उसने खूब सोच-समझकर अपने पुत्र को आपकी पुत्री से विवाह करने के लिये प्रेरित किया था, ताकि नागवंश से इसका संबंध सुदृढ़ रहे। नर्मदा क्षेत्र के अनेक नागकुलों में उसकी छवि एक रक्षक की छवि है। उसने स्वयं अनेक विवाह किए हैं ताकि विभिन्न समाजों से उसके प्रगाढ़ मैत्री संबंध बने रह सकें।'

अनंत : 'इसका अर्थ तो यह हुआ कि संपूर्ण नर्मदा घाटी में अब राक्षसों और हैहय क्षत्रियों का दबदबा बन चुका है, पर इस स्थिति में नागों की दशा कैसी है?'

कर्कोटक : 'हे देव, यही एक संतोष की बात है कि सामान्य नागों को इस परिस्थिति से कुछ विशेष अंतर नहीं पड़ा है। राक्षस और हैहय ही क्यों वनों में यज्ञ करने वाले ऋषिगण भी नागों से प्रसन्न ही रहते हैं। नागों की कृषि, पशुपालन, व्यापार या दस्तकारी में कोई अवरोध नहीं है। नगरों के अनेक नागों को तो अब पहिचानना भी कठिन है, उनकी वेशभूषा और भाषा में बहुत बदलाव आ चुका है परंतु चाहे वे नगर वासी हों, ग्रामवासी हो या आरण्यक सभी स्वयं को नाग देवता की ही संतति मानते हैं।'

अनंत : 'तो क्या अब नाग वर्णव्यवस्था को मानने लग गए हैं?'

कर्कोटक : 'सभी नाग वर्णव्यवस्था में नहीं प्रविष्ट हुए हैं, सबसे अधिक संख्या नगरवासी नागों की है। उससे कुछ कम ग्रामीण नागों की, अरण्यवासी नागों में अभी भी प्राचीन गोत्र वाली सामाजिक व्यवस्था ही मान्य है।'

अनंत : 'यज्ञकर्ता ऋषियों ने इतनी सरलता से उन्हें वर्णव्यवस्था में कैसे स्थान दे दिया?'

कर्कोटक : 'जहां तक हमारी जानकारी है। यज्ञ संस्कृति के सामाजिक नियमकर्ताओं में कुछ तो उदारवादी हैं और कुछ अनुदारवादी हैं। उदारवादी ऋषियों ने नागों या अन्य समुदायों को खुले हृदय से वर्णव्यवस्था में स्थान देने के उदार नियम बनाए हैं।'

अनंत : 'नर्मदा घाटी में हैहयों और राक्षसों के बीच नागों का भविष्य क्या होगा, मैं इससे कुछ चिंतित और कुछ आश्वस्त हूं क्योंकि तुमने जो स्थितियां बतलाई है उनमें से परस्पर विरोधी विचार मन में आना स्वाभाविक है।'

एक और बात मैं जानना चाहता हूं वह यह कि हैहयों व राक्षसों के निरंकुश होने पर उन पर नियंत्रण कैसे होगा।'

कर्कोटक : 'हे देव, यह तो कालचक्र ही निर्णय करेगा, मुझे एक क्षीण आशा की रेखा भृगुओं में दिखलाई देती है।'

अनंत : 'वह क्यों?'

कर्कोटक : 'भृगुवंशी ऋषियों में मनुष्यों के दो श्रेष्ठ गुण विद्यमान हैं, वे निर्भीक, न्यायी और शास्त्रों के महान ज्ञात होने के साथ ही सर्वश्रेष्ठ संगठनकर्ता भी हैं। संगठन की यह शक्ति उनमें व्याप्त उदाहरता के कारण भी है, जहां अन्य ऋषि, सुर, असुर, नाग, गंधर्व तो दूर ब्राह्मण और क्षत्रिय तक में भेद करते हैं वहां भृगुवंशी इन संकुचित सीमाओं से कहीं बहुत ऊपर उठकर सोच सकते हैं। वे केवल सोचने विचारने वाले सक्षम लोग ही नहीं हैं, उनमें कार्य संपन्न करने की दृढ़ शक्ति भी मौजूद है।'

अनंत : 'कर्कोटक, तुम्हारा कथन सत्य है, क्योंकि पिछले दिनों जब वासुकि हमसे मिलने आए थे तब उन्होंने भी हमसे कुछ यही कहा था। उन्होंने मुझे बतलाया था कि स्वयं महर्षि भृगु की पत्नी असुर कन्या थीं, इतना ही नहीं उन्होंने भार्गवों के क्षत्रियों के साथ वैवाहिक संबंधों की भी विस्तृत जानकारी दी थी। वासुकि के विचारों को सुनकर तो मुझे ऐसा प्रतीत हुआ था कि यदि कभी अवसर आया तो वे अपनी पुत्री का विवाह किसी भृगु युवक से करने में नहीं पीछे हटेंगे।'

कर्कोटक : 'उनके कथन में सत्यता है।'

अनंत : 'सारी स्थितियों पर दृष्टि डालने के पश्चात्, कुछ ऐसी गुत्थियां बन जाती हैं जिनसे शंकाएं घटने के स्थान पर बढ़ जाती हैं।'

कर्कोटक : 'मैं समझा नहीं देव।'

अनंत : 'सबसे बड़ी गुत्थी यह है कि रेवाखंड में अपना वर्चस्व स्थपित करने के लिये तत्पर परस्पर विरोधी शक्तियों में कहीं न कहीं गहरे सामाजिक संबंध भी हैं, जैसे दिनोंदिन स्वच्छंद और निरंकुश हो रहे हैहयों और भृगुओं में शिष्य और गुरु के संबंध हैं। भृगुवंशीय ऋषि तो हैहयों के सर्वज्ञात कुलगुरु हैं अतः कभी भी भृगुगण हैहयों की निरंकुशता पर प्रश्न उठाएंगे मुझे इसकी आशा क्षीण ही लगती है। दूसरी निरंकुश शक्ति राक्षसों की है जिसका सूत्रधार शक्तिशाली और कूटनीतिज्ञ रावण है वह भला हैहयों से क्यों उलझेगा क्योंकि उसने तो वैसे भी महिष्मती के नगर राज्य को छोड़कर सारे पर्वतीय प्रदेशों पर अपना अधिकार कर ही रखा है। भृगुगण कितने भी संगठित और श्रेष्ठ योद्धा हों बिना किसी नेतृत्व के न तो अपने ही शिष्य हैहयों की निरंकुशता का प्रतिरोध कर सकेंगे और न ही महत्त्वाकांक्षी रावण का।'

कर्कोटक : 'देव, क्षमा करें, कदाचित् आपने परशुराम का नाम नहीं सुना। वह एक ऐसा वीर युवक है जिसकी वीरता की कहानियां रेवाखंड ही नहीं संपूर्ण आर्यवर्त में सुनी जा रही हैं, उससे हम नागों को ही नहीं उन सभी लोगों को बड़ी आशाएं हैं जो राजाओं की आपसी स्पर्धाओं से त्रस्त हैं।'

अनंत : 'कर्कोटक, हमने भी परशुराम की वीरता के संबंध में सुना है, पर जो कुछ और भी हमने सुना है वह तुमने सुना है या नहीं, मैं नहीं जानता, किंतु वह नागजाति के हितों की दृष्टि है बहुत महत्त्वपूर्ण।'

कर्कोटक : 'ऐसा क्या सुना है देव आपने।'

अनंत : 'हमने यह सुना है कि कुछ दिनों पूर्व जब रावण के एक सेनापति ने नर्मदा के दक्षिणी क्षेत्र में एक सैनिक छावनी बनाने के लिये वहां के ऋषियों को वहां से भगा दिया तथा आपपास की उपजाऊ भूमि जिस पर नाग अपनी भैंसें चराते थे और चावल की कृषि करते थे राक्षसों को देते हुए नागों को भी वहां से खदेड़ दिया तब वे अपनी आपबीती सुनाने हैहय नरेश के दरबार में पहुंचे, पर हैहयराज के पुत्रों ने उन्हें राजदरबार में प्रवेश करने पर रोक लगा दी और वे राजा से न मिल सके। निराशा से डूबे ऋषि और नाग जमदग्नि आश्रम पहुंचे। जहां हिमालय से कुछ दिनों के लिये अपने पिता को मिलने परशुराम आए थे। परशुराम को उन्होंने अपनी आपबीती सुनाई तथा न्याय की गुहार लगाई। इसके पश्चात् क्या हुआ क्या तुम जानते हो।'

कर्कोटक : 'जानता हूं, महाराज, पर मैं नहीं जानता आपने इस घटना के विवरण को किन शब्दों में सुना। हे देव, परशुराम ने जब यह अन्याय की कहानी सुनी तो क्रोधित हो उन्होंने तुरंत एक ऋषिकुमार को रावण के पास भेजकर उसे युद्ध के लिये ललकारा, पर रावण केवल योद्धा नहीं है वह चतुर कूटनीतिज्ञ भी है। उसने परशुराम भी मातृभक्ति पर कटूक्तियां कहीं, साथ ही उसने यह भी परोक्ष संदेश दिया कि भृगुवंशी जिन हैहयों के कुलगुरु होने का दम्भ करते हैं वे स्वयं अनाचारी और अत्याचारी हैं, इसलिए वह कार्तवीर्य की सत्ता को नहीं मानता है। रावण ने यह लिखित संदेश भेजा 'मूर्ख नागों को यदि राक्षसों से कोई शिकायत थी तो उन्हें राक्षसराज रावण के पास आना चाहिए था न कि हैहयराज के पास जाना चाहिए था। उसने संक्षेप में यह संदेश दिया 'क्या तुम्हारे पास न्याय की भीख मांगने वाले नागों को इतना भी ज्ञात नहीं है कि नागवंश और राक्षसवंश पहले से ही मैत्री के सूत्र में बंधे हुए हैं। नागों द्वारा बनाए गए नागपाशों का हम राक्षस ही युद्धों में सबसे अधिक प्रयोग करते हैं। नागों की मणियों और विष बुझे शस्त्रों के लिये हम राक्षस ही उन्हें सर्वाधिक द्रव्य देते हैं। नागों द्वारा पाली गई महिषों के मांस और दुग्ध के हम राक्षस ही सबसे बड़े ग्राहक हैं। हम राक्षस रक्ष संस्कृति के उपासक हैं जिसमें नागों को पूरी सुरक्षा प्राप्त है। जहां तक ऋषियों के यज्ञों और उनकी सुरक्षा का प्रश्न है, इस पर तुम्हारा कुछ भी बोलना बचकाने कथन से अधिक नहीं है, तुम्हारे पूर्वज शुक्राचार्य जिस संस्कृति के संरक्षक रहे हैं, मैं उसी को आगे बढ़ाने का प्रयास कर रहा हूं।'

अनंत : कर्कोटक की बात सुनकर कुछ विस्मित से हो गए।

कर्कोटक ने अपनी बात जारी रखी। 'पत्र पाकर स्वाभाविक रूप से परशुराम तिलमिला गए, वे रावण की शक्ति को जानते थे परंतु उन्हें स्वयं भी दिव्यास्त्रों को सम्यक् ज्ञान है अतः वे युद्ध की तैयारी करने लगे, परंतु तभी हिमालय से नंदीश्वर पधारे। न जाने कैसे एक ही पखवाड़े से भी कम समय में यह बात चतुर्दिक फैल गई।'

नंदीश्वर ने एकांत में जाकर परशुराम से क्या कहा यह किसी को ज्ञात नहीं परंतु परशुराम अनमने होकर युद्ध से न केवल विरत हुए वरन् वे नंदीश्वर के साथ कैलास चले गए।

अनंत : 'नंदीश्वर ने परशुराम को क्या कहा होगा इसका अनुमान लगाना कठिन नहीं है। उन्होंने चन्द्रमौलि का आदेश सुस्पष्ट शब्दों में सुनाया होगा। परशुराम के लिये यह पर्याप्त था। अभी तो बस यही कहा जा सकता है कि रक्तपात होना बच गया।'

कर्कोटक : 'यह रक्तपात तो बच गया, पर बड़ा रक्तपात कब तक होगा कोई नहीं जानता।'

अनंत : 'क्या किसी और विग्रह की आशंका है?'

कर्कोटक : 'हे देव, विग्रह नहीं अनेक विग्रहों की आशंका है। रावण और हैहयराज दोनों कब तक नहीं टकराएंगे यह अनिश्चित है।'

अनंत : 'और दूसरा विग्रह?'

कर्कोटक : 'दूसरे विग्रह का रंगमंच तैयार हो चुका है। बाहर एक पर्दा पड़ा है पर भीतर काफी कुछ हो चुका है जिसे रंगमंच के चतुर अभिनेताओं द्वारा छुपाया जा रहा है।'

अनंत : 'कुछ स्पष्टता से कहो, कर्कोटक।'

कर्कोटक : 'हे देव, क्या कहूं कुछ कहते हुए बुद्धि भ्रमित होती है। हैहय और भृगुवंशी ऊपरी तौर पर ही अब शिष्य और गुरु बचे हैं। हैहय क्षत्रिय भृगुओं को प्रणाम अवश्य करते हैं परंतु खुले तौर पर उन्हें लूटने में लगे हैं।'

अनंत : 'ऐसा क्यों है, और वह कब से है?'

कर्कोटक : 'हे देव, हैहयों ने जब से हम कर्कोटकों से अपना नगर छीना है, तब से उनकी धन लिप्सा का कोई अंत ही नहीं है। उन्होंने पहले तो सभी उत्पादनों पर कर लगाने का नियम हमारे नागक्षेत्र में प्रारंभ किया, फिर जब उस पर से संगृहीत द्रव्य से भी उनकी तृप्ति नहीं हुई तब उन्होंने अपने कुलगुरुओं से यह कहकर धन उगाहना प्रारंभ कर दिया है कि उन्होंने पूर्व काल में उन्हें जो द्रव्य दिया था उसकी उन्हें अब आवश्यकता है इसलिए वे भी राजकोष में नियमित द्रव्य जमा करें। इसके लिये उन्होंने अनेक बार कड़े उपाय भी किए हैं। ऋषियों से यह कहा जाता है कि राक्षस संस्कृति यज्ञ की विध्वंसक है उसे रोकने के लिए द्रव्य की आवश्यकता है ऊपरी तौर पर सौहार्द्र बनाए रखते हुए भार्गव यथाशक्ति धन दे रहे हैं, परंतु लालची हैहयों की धन की भूख इससे कब तक शांत रह पाएगी?'

अनंत : 'इसका अर्थ तो यही है कि भार्गवों और हैहयों के बीच युद्ध होने के लिये बस एक अंतिम चिनगारी की आवश्यकता है।'

कर्कोटक : 'हे देव, आपका सोचना ठीक है, धन और सैन्य शक्ति के मद में डूबे हैहय परशुराम की क्षमताओं का ठीक आकलन नहीं कर पा रहे हैं।'

अनंत : 'यदि युद्ध की स्थिति बनती है तो यह ब्राह्मण और क्षत्रियों के बीच का युद्ध कहा जा सकता है, भले ही वह वैसा न हो।'

कर्कोटक : 'समाज क्या सोचेगा यह सब तो भविष्य के गर्भ में छुपा है।'

अनंत : 'इस संकट की घड़ी में नाग योद्धा किस पक्ष की ओर से युद्ध करेंगे।'

कर्कोटक : 'हम नाग तो केवल धर्मयुद्ध करेंगे। जो शोषण के विरोध में होगा।'

अनंत : 'धर्मयुद्ध में शोषण का विरोध तो होना ही है, परंतु तुम्हें क्या नहीं लगता कि इन दिनों व्यर्थ के युद्धों को जीतने के लिये और राज्यों की सीमाओं को बढ़ाने के लिये 'विवाहों' का प्रयोग प्रारंभ हो चुका है।'

कर्कोटक : 'हे देव, आपका कथन सत्य है जहां तक नागों का संबंध है उनकी बहनों और पुत्रियों से विवाह करने के लिये वर्तमान की दोनों परस्पर विरोधी शक्तियों, राक्षसों और मनुष्यों के युवक लालायित रहते हैं।'

कुछ महीनों पश्चात्–

महिष्मती के समीप नर्मदा तट पर रावण ने महाबली कार्तवीर्य को युद्ध के लिये ललकारा। अपनी शक्ति और सफलताओं के गर्व में डूबे रावण ने बाहुयुद्ध में कार्तवीर्य को पराजित करना चाहा, परंतु युद्ध का परिणाम विपरीत हुआ। कार्तवीर्य ने रावण को परास्त कर उसे बन्दी बना लिया। रावण के साथ आए उसके अनुचरों ने रावण को बचाने के लिये रावण के पितृकुल के ऋषियों तक दौड़ लगाई, जिन्होंने कार्तवीर्य से विनती कर रावण को मुक्ति दिलाते हुए दोनों में चिरस्थायी मैत्री की शपथ दिलाई।

कर्कोटक को जब इस संधि की जानकारी मिली तो उसने अपना सिर पीट लिया अब दो शक्तिशाली शोषकों का गठबंधन बन चुका था। उसे अपने क्षेत्र के स्वामित्व की आशा की क्षीण किरण भी डूबती नजर आने लगी।

टिप्पणी

प्रागैतिहासिक समाजों की अवस्थाएं : प्रागैतिहासिक काल के समाजों में अपने टोटम के प्रति अगाध निष्ठा थी। इसी तरह प्रागैतिहासिक भारत के समाजों में अधिकतर समाज शिवभक्त थे। आज की भी अनेक जनजातियां अपनी उत्पत्ति की कथाओं में शिवकृपा का उल्लेख करती हैं। नागजातियों में मातृदेवी की उपासना पारंपरिक रूप से मान्य थी।

प्रागैतिहासिक भारत के दो महानायक परशुराम और रावण महान शिवभक्त थे। रावण असुर समाज का ब्राह्मण था। असुरों की संस्कृति में अपहरण विवाह की स्वीकृति थी। असुर संस्कृति में नागों के समान ही मातृदेवी की भी परंपरा थी।

परशुराम-रावण संवाद : भृगुवंशी परशुराम की युवावस्था की प्रमुख घटना उनके द्वारा परम प्रतापी महिष्मती नरेश हैहयराज कार्तवीर्य अर्जुन का वध थी। इसी काल की कुछ

और समकालीन घटनाओं को परंपरा में कुछ गहराई से जाना-समझा जाता था परंतु पुराणकारों ने उसे लिखना उचित नहीं समझा क्योंकि यह तत्कालीन सामाजिक दृष्टि से अंतर्विरोधी लेखन होता।

ऐसी ही एक परंपरागत मान्यता को पूर्व मध्यकाल के महाकवि राजशेखर ने 'बालरामायण' में लिपिबद्ध किया है। यह रावण और परशुराम के बीच हुआ वाक-युद्ध था।

चापाचार्यस्त्रिपुर विजयी कार्तिकेयो विजेयः
शस्त्रव्यस्तः सदनमुदीर्घ भूरियं हन्तकारः।
अस्त्येवेतत किमु कृतवता रेणुका कंठवाधां
वद्धस्पर्द्धस्तव परशुना लज्जते चन्द्रहासः॥

उपर्युक्त पद्य में रावण अपनी डींग हांकते हुए परशुराम पर व्यंग्य करते हुए कहता है कि माता का गला काटने वाले तुम्हारे इस परशु का स्पर्श करने में मेरा यह कृपाण लज्जित हो रहा है। इस प्रकार की कहासुनी के बाद भी परशुराम और रावण का युद्ध नहीं हुआ।

महाकवि राजशेखर तो इतना भी लिख सके परंतु पुराण लेखक दो ब्राह्मणों के वाक-युद्ध के वर्णन से भी परहेज करते रहे।

जहां तक पुराण लेखकों का संबंध है उन्होंने एक बात लिखी जो कि भारत के प्रागैतिहासिक इतिहास के संदर्भ में महत्त्वपूर्ण है।

पुराणों के अनुसार हैहयराजाओं की पराजय के पश्चात् ऋषियों के कहने पर परशुराम ने युद्ध करना छोड़ दिया उस स्थिति में हैहयों की एक शाखा तालजंघ नामक राजाओं के रूप में उभरी जिसने परशुराम में सौहार्द्र रखने वाले राजाओं के राज्यों में भारी उत्पात मचाया। तालजंघों की दूसरी शाखा ने नर्मदा घाटी पर पुनः राज्य का विस्तार किया।

2

विग्रह की परिणति

उत्तर वैदिक काल में राम-रावण युद्ध एवं महाभारत युद्ध के पूर्व के 'भार्गव हैहय काल' के नाग-हैहय युद्ध और हैहय-भार्गव युद्ध सामाजिक बदलाव के लिये महत्त्वपूर्ण सिद्ध हुए।

प्राचीन साहित्य के अनेक कथानकों से यह ज्ञात होता है कि आर्यों के प्रसार के काफी समय बाद तक भी वर्णव्यवस्था पर्याप्त लचीली थी। उन दिनों नागों और उच्चवर्णीय ब्राह्मणों में विवाह संबंध होने लग गए थे। उस काल में नाग स्वयं को नाग ही मानते थे, वे अपनी पहिचान वर्ण के माध्यम से नहीं व्यक्त करते थे। जरत्कारु ऋषि भृगु अंगिरस गोत्रीय ब्राह्मण थे जो सबसे प्राचीन गोत्रों में से एक हैं तथा जिस के ब्राह्मणों ने अनेक ऋचाओं का प्रणयन किया, जब उन्होंने अपने ही नाम की नागकन्या जरत्कारु से विवाह किया तब तक नाग स्वयं को ब्राह्मण क्षत्रिय या वैश्य नहीं कहते थे। परवर्ती काल में व्यवस्था में परिवर्तन आया तथा व्रत पालन करने वाले इस प्राचीन समाज को वर्णव्यवस्था में स्थान दे दिया गया। मनुस्मृति की सामाजिक व्यवस्था में नागवंश के ही ब्राह्मण, क्षत्रिय एवं वैश्यों का वर्णन है। नागवंशीय समाज में वर्णव्यवस्था के संबंध में कुल इतना ही निश्चित रूप से कहा जा सकता है कि यह अपने मूल रूप में हैहय-परशुराम के काल में किसी रूप में विकसित हुई होगी। संभावना यही है कि 'महिष्मती' नगरी जो कर्कोटकों की राजधानी थी के नगरीय क्षेत्र के नाग सर्वप्रथम क्षत्रिय वर्ण में वर्गीकृत किए गए होंगे। परवर्ती पुराणों में कर्कोटकों को शूद्र वर्ण का माना है, इसका अर्थ यह भी हो सकता है कि परवर्ती काल में वे संपन्न न रह पाए रहे होंगे। कर्कोटक पराजित राजवंश था इसलिए भी उसे शूद्र माना गया।

यहां यह स्पष्ट करना उचित होगा कि नाग वर्णव्यवस्था में आने के पूर्व न तो जंगली थे और न ही असभ्य वस्तुतः उनका सामाजिक संगठन हो या कि आर्थिक वे आर्यों के स्तर पर ही थे। वह यह अवश्य है कि उनकी सामाजिक विशेषताएं एवं आर्थिक कार्यकौशल आर्यों के समान न होकर भी अपने आप में विकास के लगभग

उसी सोपान पर थी जिसमें आर्य थे। उदाहरण के लिये यदि आर्य अश्व एवं गोपालक थे तो नाग हस्ति एवं महिष पालक। यदि आर्य यव पैदा करते थे तो नाग चावल, इसी तरह यदि आर्यों को स्थल यातायात अधिक पसंद थे तो नाग जलमार्गों के अच्छे जानकार थे तथा अच्छे नाविक थे।

प्राचीन साहित्य में आर्यों के प्राचीन ब्राह्मणों के मूल चार गोत्र ही कहे गए हैं जो क्रमशः अंगिरा, कश्यप, वशिष्ठ और भृगु थे। महाभारत (12/285/17) में उल्लेख है :

सुगोत्राणि चत्वारि समुत्पन्नानि पार्थव।
अंगिराः काश्पश्चैव वशिष्ठो भृगुरेव च॥

इन चारों गोत्रों के आदि पुरुषों का ऋषियों का संबंध प्राचीन नाग गोत्रों से रहा है। महाभारत के अनेक वर्षों पश्चात् पुराण में इन नाग गोत्रों तक को वर्णाश्रम में बांट दिया गया। जाहिर है कि इस प्रकार के विवरण प्रस्तुत बाद के हैं।

तालिका : पुराणों में नागवंशों के वर्ण, वंश, दिशा तथा चिह्न इत्यादि के निर्देश

	नागवंश	वर्ण	रंग	दिशा	चिह्न
1.	अनंत	ब्राह्मण	शुक्ल	पूर्व	पद्म
2.	वासुकि	क्षत्रिय	आश्वेत	आग्नेय	उत्पल
3.	तक्षक	वैश्य	पीत	दक्षिण	स्वस्तिक
4.	कर्कोटक	शूद्र	कृष्ण	नैर्ऋत्य	कमल
5.	पद्म	शूद्र	कृष्ण	पश्चिम	पदम
6.	शंखपाल	क्षत्रिय	आरक्त	उत्तर	छत्र
7.	कुलिक (कंबल)	ब्राह्मण	शुक्ल	ईशान	अर्द्धचिह्न
8.	महापद्म	वैश्य	पीत	वायव्य	शूल

उपर्युक्त तालिका में अनेक पुराणों में से सामग्री संकलित की गई है। तालिका के विवरणों में कुछ ऐतिहासिक तथ्य सामने आते हैं, एक तथ्य नागवंशों के पहिचान, चिह्नों का है। प्रागैतिहासिक सभ्यताओं में संस्कृतियों की पहिचान, पहिचान चिह्नों से भी की जाती थी। प्राचीन पुराणों की सूची में 'कालिय नागवंश' का नाम सदैव नहीं मिलता।

जिस तरह प्राचीन ब्राह्मणों के चार प्राचीन वंशों का विवरण मिलता है उसी प्रकार नागवंशों का वर्णन भी प्राप्त होता है।

सामान्यतः पुराणों में निम्नलिखित नव नाग समाजों का वर्णन है। नाग टोटम के भी अनेक भेद हो चुके थे और उनका वितरण भारत के अलग-अलग क्षेत्रों में

था। प्रस्तुत नौ नाग प्राणि देवता भी थे जो एक ही टोटम (नाग) के विभिन्न वर्गों के पूज्य देवता थे।

अनंतं वासुकि शेषं पद्मनामं च कंबलम्
शंखपालं धृतराष्ट्र तक्षक कालिय तथा।
एतानि नव नामानि नागाना च महारत्नाम्।

टोटम और प्राणिदेवी मान्यताएं दोनों अनन्योश्रित हैं। अर्थात प्राणिदेव का आधार बड़ी मात्रा में टोटम है। प्राचीन नाग समाज का प्रमुख गोत्र चिह्न नाग या सर्प था, जो समाज की पहिचान और देवता दोनों ही था।

नाग राजवंशों की उत्पत्ति

कर्कोटक का महिष्मती पर प्रभुत्व समाप्त हुए अब आधी शती से भी ऊपर होने को थी। वृद्ध कर्कोटक यद्यपि अब शतायु होने के निकट थे, पर उनमें अभी भी पर्याप्त शक्ति शेष थी। प्रकृति के निकट रहने वालों पर जरा का प्रभाव तो पड़ता है परंतु ऐसे लोग वार्धक्य में भी अशक्त और निर्बल नहीं होते। कर्कोटक अब नगर सभ्यता से दूर एक ग्राम में निवास करते हैं। ग्राम क्या है मानो एक बड़ा परिवार ही है जो कुछ भी पैदा होता है वह गांव के सभी सदस्यों का है। फिर चाहे वह सदस्य दूध पीता बच्चा हो या कि बड़ी उम्र का वृद्ध।

कर्कोटक ने भले ही वृद्धावस्था में जनसंकुलता से दूर रहने का निश्चय किया हो उनका इतिहास उन्हें नहीं छोड़ता। नई दो या तीन पीढ़ी के लोग उनके पुराने महत्त्व को जानते हैं और नागों की कुल परंपरा के अनुरूप उन्हें आदर देते हैं। उन्हें अपनी किशोरावस्था में बिताए वे दिन याद आते हैं जब वे महिष्मती के एक बड़े से भवन में रहा करते थे। उनके पिता भी कर्कोटक ही कहलाते थे।

पीढ़ियों से नाग प्रमुखों की दिनचर्या में बदलाव नहीं आया था। उनका संपूर्ण दिन राज्य की सुरक्षा में तैनात मल्लों के साथ युद्ध कौशल या युद्ध के अभ्यासों, मृगया, वनों से हाथियों के पकड़ने और उन्हें पालतू बनाने और प्रशिक्षित करने में क्षेत्र से प्राप्त होने वाले सामूहिक अन्न और व्यापार से होने वाले धन की व्यवस्था करना ही तो था। रात्रि में सामूहिक नृत्य होते जिसमें नए गायकों के गायन की प्रतिभा तथा वाद्य बजाने वालों के हुनर सामने आते। नगर और ग्रामों में रहने वाले नाग सूती वस्त्र पहिनने क्योंकि वे कपास का उत्पादन करते थे। सूत से बने वस्त्र कीमती होते थे क्योंकि कपास का उत्पादन सीमित था। वनों में रहने वाले नाग ही क्या अन्य समाज के लोग भी वृक्षों की छालों को सुखाकर उनको वस्तुओं से वस्त्र बनाते और पहनते थे, या कि फिर वन्य पशुओं के चमड़ों से भी पहनने लायक वस्त्र बना लिये जाते थे। यज्ञ करने वाले समाज अभी भी अधिकतर ऊनी

वस्त्र पहिनते थे किंतु नागों के साथ रहते हुए उनमें भी सूती वस्त्रों का प्रचलन प्रारंभ हो गया था।

दोपहर का समय–

गांव के बीच में लगे एक विशाल वटवृक्ष के नीचे एक चबूतरा है जिस पर एक गजचर्म बिछा रहता है। दोपहर में भोजन के पश्चात् थोड़ा विश्राम कर कर्कोटक शाम होने के पहले ही यहां आकर बैठ जाते हैं। यह वह समय होता है जब वे वहां पर एकाकी ही रहते हैं, उनसे एक दो दशक कम उम्र के वृद्ध वहां कुछ देर से ही पहुंचते हैं। युवक-युवतियां सभी अपने-अपने कार्यों में व्यस्त रहते हैं, पर बच्चे पूरे गांव में खेलते-कूदते रहते हैं।

गांव में शांति व्याप्त रहती है, पक्षियों के चहचहाने की आवाजें अवश्य आ जाती हैं।

तभी, कर्कोटक को लगा मानो दूर कोई बड़ा कोलाहल हो रहा हो। वे उठ खड़े हुए। वे जिस तरफ जाएं यह सोच ही रहे थे कि बच्चों का एक समूह किलकारी मारते हुए आया और उनसे कुछ बतलाने लगा।

बच्चों ने जो कहा सो कहा कर्कोटक समझ गए कि आसपास के अनेक प्रतिष्ठित लोग वहां आ रहे हैं। कर्कोटक को बहुत अधिक प्रतीक्षा नहीं करनी पड़ी। कुछ ही देर में गगनभेदी नारों के साथ सैकड़ों लोग गांव के मध्य के मैदान में आकर खड़े हो गए, पूरा मैदान ठसाठस भर गया।

इस भीड़ को देखकर कर्कोटक वृक्ष के नीचे बने चबूतरे पर फिर से चढ़ गए जहां वे कुछ ही देर पहले बैठे थे, पर अब वे खड़े थे और देख पा रहे थे कि पूरे मैदान में अनेक लोग सुंदर वस्त्रों में हैं तथा उनके साथ चारों ओर भाला लिये हुए सैनिक उनकी सेवा में तत्पर हैं।

वे कुछ सोच समझ पाते, तब तक भीड़ में से किसी ने आवाज लगाई, 'महाराज कर्कोटक की जय हो'। कर्कोटक अपने लिये यह संबोधन सुनकर घोर आश्चर्य में डूब गए। राजा या महाराजा का संबोधन तो उन्होंने अब तक अन्य संस्कृतियों के लोगों में सुना था। नाग समुदाय में यह नया संबोधन और वह भी उनके लिये जिसके पास न तो स्वर्ण है और न ही सेना, जो समाज का मुखिया तो है पर वह भी बीते समय का। अचानक वह महानायक कैसे बन गया इसे वह नहीं समझ पा रहा था।

तभी भीड़ में से एक और आवाज आई 'राजाओं के राजा महाराजा कर्कोटक की जय हो।'

कर्कोटक समझ ही नहीं पा रहे थे कि जब वे कभी राजा नहीं थे तब वे महाराजा कैसे हो गए।

कर्कोटक ने ध्यान से देखा तो वह उन बच्चों को पहिचान गया जो अब वयस्क हो चुके थे, ये किशोर उस समय जब वह महिष्मती के प्रासाद में रहता था तब अपने

पिताओं के साथ आया करते थे, पहिचानना इसलिए भी संभव हुआ क्योंकि जब वे भुजा उठाकर उसकी जय-जयकार कर रहे थे तब उनके हाथों में जो गुदने गुदे थे वे केवल क्षेत्रीय नागप्रमुखों के हाथ में ही परंपरा से गुदवाए जाते थे।

कर्कोटक ने दोनों हाथ उठाकर जय-जयकार करने वाली भीड़ को आशीर्वाद दिया तथा उनमें से कुछ लोगों को पास आकर इस प्रसन्नता का कारण बतलाने को कहा।

संपूर्ण भीड़ में से केवल सात व्यक्ति ही आगे गए जिनकी वेशभूषा सुंदर थी। ये वे ही व्यक्ति थे जिनके हाथों के गुदनों को दूर से देखकर कर्कोटक ने उनके वंशों का अनुमान लगाया था।

कर्कोटक को सादर प्रणाम करते हुए जब इन सातों युवकों ने उन्हें अपने नाम बतलाए तो उसे कुछ आश्चर्य हुआ। ये सात युवक बाहुक, अंगवेग, शरभ, कक्षक, मांडलिक, कोटिक एवं मणिस्कंध थे। कर्कोटक की उम्र अधिक थी परंतु उनकी स्मृति बहुत ही स्पष्ट थी, उन्हें लगा कि ये नए नाम हैं, ये वे नाम नहीं हैं, जो उन्होंने अपनी युवावस्था में बालकों के पिताओं के मुंह से सुने थे। वे कुछ आश्चर्यचकित होकर इन युवकों को देखने लगे।

तीक्ष्ण बुद्धि वाले नाग युवकों ने कर्कोटक के उहापोह को समझ लिया और स्थिति स्पष्ट की। तथ्य यह था कि कर्कोटक ने अपनी युवावस्था में जिन बालकों को देखा था वे इन युवकों के पिता थे, उनके हाथों में बने गुदने पारंपरिक होने से ऐसे ही गुदने उनके हाथों में भी थे, वे समय के अंतराल को विस्मृत कर गए थे, इसलिए पहिचानने में भ्रम की स्थिति बनी। स्थिति स्पष्ट होने पर जब कर्कोटक ने इन युवकों से अपने पिताओं की कुशलक्षेम पूछी तब सन्नाटा छा गया। कर्कोटक को यह ज्ञात नहीं था कि पिछले कुछ दशकों में चल रहे अनेक युद्धों में न जाने कितने व्यक्ति वीरगति को प्राप्त कर चुके थे। इन दशकों में हजारों नाग, भृगुवंशीय ब्राह्मण और क्षत्रियों ने युद्ध करते हुए प्राण त्यागे थे। कर्कोटक को युद्धों की खबर तो थी, पर अपनों में से कब कितने दिवंगत हो गए इसकी जानकारी उसे गांव के लोग कभी न देते, वे नहीं चाहते थे कि वृद्धावस्था में वे दुख के सागर में डूबें।

किंतु आज सब कुछ स्पष्ट हो चुका था, नागयुवक स्वयं ही अब कर्कोटक को सारा इतिहास बतलाना चाह रहे थे, क्योंकि अब इनका स्वयं का नया इतिहास लिखा जा रहा था। कर्कोटक सोचने लगे कि समय चक्र कितनी तेजी से चला कि पीढ़ियों के अंतर को भुला बैठे, उनका भी क्या दोष, वे रहे भी ऐसी जगह थे जहां इतिहास स्थिर सा हो जाता है।

बीते बरसों की कुछ घटनाएं उनके मस्तिष्क में दौड़ गईं। इन्हीं युवकों के पिताओं ने ही तो आकर उन्हें बतलाया था कि हैहयराज कार्तवीर्य अर्जुन ने सारी मर्यादा लांघते हुए जब ऋषि जमदग्नि से उनकी नन्दिनी गाय छीन ली तब भार्गवों

को लगा कि उनकी सहिष्णुता की पराकाष्ठा को पार किया जा चुका है। परशुराम के हिमालय से आते ही युद्ध के नगाड़े बज उठे। हैहयराज की सहायता के लिये सुदूर आर्यावर्त से उनके मित्र राजाओं की सेनाएं आ जुटीं। परशुराम के नेतृत्व में भार्गवों के साथ उनके क्षत्रियों का संगठन तैयार हो ही रहा था कि रेवाखंड के सारे नागवीरों ने परशुराम का साथ देने का निर्णय लिया। नागों के लिये यह एक उचित अवसर था जब वे महिष्मती पर बलात् अधिकार करने वाले हैहयों से प्रतिशोध ले सकते थे। परशुराम के नेतृत्व की अनेक संस्कृतियों वाली सेना और कार्तवीर्य के मित्र क्षत्रियों की सेना ने घोर युद्ध नगाड़े बजा दिए।

कर्कोटक एक बड़े जनसमुदाय के सामने खड़े होकर भी भूतकाल की स्मृतियों में खो गए थे। पास हुए सातों युवकों ने सोचा कि शायद भाव-विह्वल हो गए हैं। कर्कोटक नई पीढ़ी की वीरता को जान चुके थे।

सातों युवकों ने कर्कोटक के पास आकर जैसे ही उन्हें प्रणाम किया वैसे ही भीड़ ने सातों युवकों के नाम के साथ राजा शब्द जोड़कर जय-जयकार करना प्रारंभ कर दिया। कर्कोटक समझ गए कि सामने आए बाहुक, बांगवेग, शरभ, तक्षक, मंडलक, कोटिक एवं मणिस्कंध अब गणप्रमुख न होकर राजा के रूप में समाज को मान्य हो चुके हैं। इस तरह कर्कोटक का स्थान महाराजा का ही तो हुआ। इनके अपने यौवनकाल में उनके सहायक उनके मातहत नहीं होते थे।

सातों युवकों ने जनसमुदाय का अभिनंदन करते हुए कर्कोटक की इस बात के लिये प्रशंसा की कि उन्होंने नागवंश के संकट के समय भी किस तरह वनवासी, ग्रामवासी और नगरवासी नागों को एक सूत्र में बांधे रखा। उन्होंने कहा कि संकट समाप्त नहीं हुआ है पर वे नाग संस्कृति को आगे बढ़ाने का कार्य करेंगे।

इस उद्‌बोधन के पश्चात् सभा विसर्जित हुई। सातों युवक कर्कोटक के साथ उनके घर गए, जहां घर के सदस्यों ने उनका स्वागत किया।

कर्कोटक को कुछ समय पहले इन युवकों के पिताओं से विस्तार में ज्ञात हुआ कि परशुराम के नेतृत्व में हैहयराज के पुत्रों के साथ युद्धों का एक बड़ा सिलसिला प्रारंभ हो चुका है। हैहयराज के पुत्र क्षत्रिय राजकुमार थे और बड़े-बड़े राजप्रासादों में रहते थे, दूसरी ओर भार्गव वीर ब्राह्मण थे और उन्हें कुटिया में ही रहना था। अतः प्रारंभिक समस्या यह भी थी कि जीते हुए राजप्रासादों और संपत्ति का क्या किया जाए। परशुराम ने कुछ नियम बनाए और यह तय कर दिया कि धन सम्पदा का दुरुपयोग नहीं होना चाहिए तथा कोषों की सुरक्षा की व्यवस्था भी उन्होंने की।

भार्गवों की ओर से कान्यकुब्ज, विदेह और काशी राज्य के राजाओं की सेनाओं के वीरों ने शस्त्र सम्हाल लिये थे। हैहय क्षत्रियों का सामना भार्गव नागवीर एवं क्षत्रियगण करने को उद्यत थे। युद्ध के शंख बजाने के पश्चात् कार्तवीर्य के दो परम पराक्रमी राजाओं बृहदबल और सोमदत्त ने एक ही साथ परशुराम पर आक्रमण कर

दिया पर परशुराम के वाणों ने आधी घड़ी में दोनों ही वीरों को रणक्षेत्र में सुला दिया। हैहयराज कार्तवीर्य अपने पांच सौ संसप्तक योद्धाओं के साथ युद्ध में जब आया तो ऐसा प्रतीत हुआ मानो वह एक हजार हाथों से युद्ध कर रहा हो। परशुराम और हैहयराज का युद्ध मध्याह्न से सायंकाल तक चला तब तक परशुराम ने हैहयराज के सभी अंगरक्षकों को यमलोक भेज दिया था। हैहयराज अर्जुन जब खड्ग लेकर युद्ध के लिये स्वयं आगे बढ़ा तब दोनों पक्षों की सेनाओं ने युद्ध बंद कर दिया। परशुराम के भयंकर परशु प्रहारों को हैहयराज ने अपने खड्ग से रोकना प्रारंभ किया परंतु यह देर तक नहीं चल सका। कुछ ही देर में हैहयों की सेना में भगदड़ मच गई। परशुराम के जयघोष से समरांगण गूंज उठा। हैहयराज का शिरच्छेद होना एक अकल्पनीय घटना थी।

कर्कोटक को याद है इस घटना को सुनाते समय नागयोद्धा जो इन नागवीरों के पिता थे कितने उत्तेजित थे। वे प्रसन्न थे कि उनकी भूमि को स्वतंत्र कराने में उनका भी योगदान था।

पर एक माह भी नहीं बीता था जब पुनः इन्हीं नाग-योद्धाओं ने आकर उन्हें यह भी दुखद समाचार दिया था कि परशुराम की अनुपस्थिति में हैहयराज के पुत्रों ने परशुराम के पिता जमदग्नि का शिरच्छेद कर अपने पिता राजा कार्तवीर्य की मृत्यु का बदला ले लिया। उसके पश्चात् जब परशुराम दुबारा लौटे तो उन्होंने हैहयवंश के क्षत्रियों के वंश का नाश करने वाले युद्धों का क्रम ही चला दिया।

इन घटनाओं के पश्चात् कर्कोटक एकांतवास में चले गए। कितने युद्ध हुए, युद्धों के परिणाम हुए उन्हें कुछ पता ही नहीं चला। परशुराम के सहयोगी क्षत्रिय राजाओं की अधिकांश सेनाएं तो हैहयराज कार्तवीर्य की मृत्यु के पश्चात् ही अपने-अपने राज्यों की ओर लौट गई थीं। दुबारा प्रारंभ हुए युद्धों की शृंखला लंबी चल रही थी। अब यह युद्ध भार्गवों और नागों को ही साथ मिलकर हैहयों से लड़ना था।

युद्धों में हैहय पराजित होकर जब भागते तब कभी-कभी भवनों में आग लगा देते, तब उस पर नियंत्रण करना पड़ता। सारी नर्मदा घाटी में अराजक स्थिति बन गई। परशुराम के ब्राह्मण सैनिक वीर तो थे पर अब केवल युद्ध ही नहीं करना था राज्य भी चलाना था।

इस संक्रमण काल में भार्गव ऋषियों ने नागों को क्षत्रिय मानते हुए जीते हुए प्रदेशों का राजा कर दिया। नागों ने अपनी पुरानी गणव्यवस्था में किंचित परिवर्तन के साथ ब्राह्मणों का यह अनुशासन मान लिया।

कर्कोटक : 'बच्चो, मुझे क्षमा करना, मैं तुम लोगों में और तुम्हारे पिताओं में अंतर न कर सका। तुम्हारे पिता कहां हैं और कैसे हैं।'

मांडलिक ने उत्तर दिया 'हे देव, हैहय पराजित हुए अवश्य पर समूल नष्ट नहीं हुए, उनके अनेक राजकुमारों की युद्ध क्षेत्र में मृत्यु भी हुई, फिर भी रणक्षेत्र से भागे

हुए हैहय दूसरे क्षत्रियों के साथ मिलकर हमारे राज्यों में चाहे जब आक्रमण कर देते जब परशुराम कहीं दूर किसी अन्य हैहयवंशी राजा से युद्ध कर रहे होते। युद्धों की इस शृंखला में बड़ा नरसंहार हुआ। हम सबके पिता भी परवर्ती युद्धों में अपनी प्रजा का रक्षण करते हुए वीरगति को प्राप्त हुए।'

कर्कोटक : 'तो क्या युद्धों की यह शृंखला अभी भी चल रही है।'

मांडलिक : 'जी हां, अब तक सैकड़ों छोटे बड़े युद्ध हो चुके हैं परंतु बड़े युद्ध जिनमें परशुराम ने स्वयं नेतृत्व किया है, उनकी संख्या भी अब लगभग बीस हो चुकी है।'

कर्कोटक : 'इतने वर्षों तक युद्धों और जनहानि से क्या इस यज्ञ करने वालों की अब तक युद्धेच्छा पूरी नहीं हुई है। वे शांति क्यों नहीं चाहते, अब जबकि कार्तवीर्य और उनके पुत्र भी मारे जा चुके हैं।'

मांडलिक : 'परशुराम का यह कहना है कि वे सभी विष वृक्षों को जब तक समूल नहीं उखाड़ फेंकेंगे तब तक वे चैन से नहीं बैठेंगे। परंतु अब अनेक ऋषिगणों ने उन पर युद्ध से विरत होने के लिये सघन प्रयास प्रारंभ कर दिए हैं।'

कर्कोटक : 'तो क्या युद्ध शीघ्र समाप्त हो जाएंगे?

मांडलिक : 'शायद एकाध युद्ध और हो पर युद्धों की शृंखला का अंत तो अब निकट ही है।'

कर्कोटक : 'नागवंश का भविष्य क्या है?'

मांडलिक : 'हमारी वंश परंपरा में अब बहुत कुछ नया हो चुका है। हमारे गण प्रमुखों को अब दूसरे क्षत्रिय राजा ही कहते हैं। ब्राह्मणों ने भी हमें राज्य करने योग्य मान लिया है, इतना ही नहीं विगत दो दशकों में तो दूसरे क्षत्रिय कुलों और नागकुलों में रोटी बेटी के संबंध भी स्थापित हो चुके हैं।'

कर्कोटक : 'यह तो गणप्रमुखों की बात हुई, हमारे उन नागों की क्या स्थिति है जो वनों में या ग्रामों में रहते हैं।'

मांडलिक : 'इन दिनों नगरों और ग्रामों में रहने वाले नागों के पास धन बढ़ा है क्योंकि नाग राजा कोषों को भरने के स्थान पर प्रजा की प्रसन्नता को वरीयता देते हैं। अन्न की उपज से ग्रामों में और व्यापार की उन्नति से नगरों के नाग संपन्न हुए हैं।'

कर्कोटक : 'परंतु, वनवासी नागों की स्थिति कैसी है?'

मांडलिक : 'ब्राह्मणों और क्षत्रियों के इस युद्ध का लाभ कहीं न कहीं राक्षसों को मिला है। वनों में उनका प्रभाव पहले से कहीं अधिक बढ़ चुका है। वनों में रहने वाले नागों पर उनका प्रभाव दिख जाता है।'

कर्कोटक : 'यह तो चिंता का विषय है।'

मांडलिक : (वार्ता प्रवाह मोड़ते हुए) 'हम सातों नाग प्रमुख अब समाज की दृष्टि में राजा हैं अतः हम चाहते हैं कि आपको हम 'राजाधिराज' की पदवी से अलंकृत

करें, इसके लिये एक बड़ा आयोजन होगा, जिसकी पूर्व स्वीकृति के लिये ही हम यहां पर आए हुए हैं।'

कर्कोटक : 'मैं तुम सभी के श्रद्धा और आदर भाव से अत्यधिक प्रसन्न हूं। समय के अनुसार समाजों में परिवर्तन आते हैं, हमारे समाज में भी आ रहे हैं, पर हम नागों की संस्कृति में सामाजिक समानता की भावना को सबसे बड़ा महत्त्व प्राप्त है। 'राजाधिराज' की पदवी इस भावना के प्रतिकूल है इसलिए मैं इसे धारण करना उचित नहीं समझता। जहां तक तुम लोगों के 'राजा' होने की बात है उसे स्वीकार किया जा सकता है क्योंकि तुम्हें उस समाज में रहना है और कार्य करना है जहां नागों के अतिरिक्त और भी बहुत से समाज हैं। तुम लोगों की पीढ़ी ने जिस तरह से नई भाषा तथा ज्ञान विज्ञान में रुचि दिखलाई है वह प्रशंसनीय है, किसी भी समाज को आगे बढ़ाने में ज्ञान का ही सर्वोपरि महत्त्व होता है।'

मांडलिक : 'आप जो भी दिशा-निर्देश देंगे उसका हम पालन करेंगे, हम सभी आपको राजाधिराज की पदवी इसलिए देना चाहते हैं ताकि आपकी छवि सदैव हमारे साथ रहे।'

कर्कोटक : (हंसते हुए) 'उसका उपाय मैं किए देता हूं। तुम सातों के हाथ में एक पारंपरिक गुदना गुदा है, वह हमारे कर्कोटक समाज का चिह्न कमल है, अब से सब कमल चिह्न का उपयोग वे सभी राजकुल कर सकेंगे जो नागवंश के हों, अब वह केवल सात कुलों तक सीमित नहीं रहेगा यह चिह्न उन सभी नागों के लिये उपलब्ध होगा जिन्होंने वीरता के कृत्यों से राजा का पद प्राप्त किया है।

मैं तुम सभी के सामने दूसरी घोषणा भी करता हूं वह यह कि बदलते हुए समाज में आज से 'कर्कोटक' नाम उन सभी नागों को प्राप्त होगा जो मूलतः रेवाखंड में रहे हैं। भविष्य में नाग समाज का कोई भी व्यक्ति कर्कोटक नाम रख सकेगा फिर चाहे वह वनवासी हो, ग्रामवासी हो या कि नगरवासी।'

टिप्पणी

भार्गव हैहयकाल : भारतीय प्रागैतिहासिक घटनाओं को यदि ईसा पूर्व या ईसवी शताब्दी के स्थान पर उस काल के महत्त्वपूर्ण व्यक्तियों के आधार पर यदि विवेचित किया जाए तो उचित होगा। परशुराम भार्गव-हैहय काल के महानायक थे।

संस्कृत के महाकवि भास ने परशुराम का वर्णन इस प्रकार किया है :

विद्युल्लता कपिलतुंग जटाकलाप
मुद्यत्प्रभावलपिनं परशु दधानम्।
क्षत्रान्तकं मुनिवरं भृगुवंश कंतुम्
गत्वा प्रणम्य निकटे निभृतः स्थितोऽस्मि ॥

महाभारत काल में कर्ण और परशुराम का वर्णन कवि ने किया है। महाभारत के नायकों के साथ परशुराम का संबंध निश्चित ही आश्चर्यप्रद है क्योंकि दाशरथि राम के समय से महाभारत के कृष्ण, भीष्म या कर्ण का समय अनेक पीढ़ियों के बाद का है।

कुछ विद्वानों का यह मत सार्थक प्रतीत होता है कि आदि परशुराम के पश्चात् भृगुवंश में और भी परशुराम हुए, यह असंभव प्रतीत नहीं होता क्योंकि अनेक प्राचीन राजवंशों एवं ऋषियों के वंशों में इतना अलग-अलग कालखंडों में एक ही नाम के व्यक्तियों के होने के प्रचुर प्रमाण मिलते हैं। प्रस्तुत कथा में केवल उन्हीं परशुराम का वर्णन है जो रावण और कार्तवीर्य अर्जुन के समकालीन थे।

वाल्मीकि रामायण के 'शिव धनु भंग' आख्यान से यही पता चलता है कि दाशरथि राम के पहले भारत के महानायक परशुराम ही थे।

ऐतिहासिक दृष्टि से परशुराम का दाशरथि राम या वैश्रवण रावण के काल से लेकर महाभारत काल तक जीवित रहना संभव नहीं माना जाता। एक विचार यह भी है कि भृगुवंश में एक से अधिक परशुराम हुए हों, तथा सभी युद्ध विद्या में निष्णात रहे हों। यह संभव है कि परशुराम प्रथम की शौर्य कथाओं ने उन्हें चिरंजीवी बना दिया हो। महाभारत में क्षत्रिय के रुधिर से कुण्डों को भर देने की बात कहीं गई है। जो एक काव्यात्मक उक्ति है जैसे ''रक्त के आंसू बहना।''

महाभारत में परशुराम के इस कृत्य का वर्णन इस प्रकार है :

स सर्वं क्षत्त्रमुत्सार्य स्ववीरवेणामलाद्युतिः।
समन्त पंचके पंके चकार रोधिरान् ह्द्यान्॥

परशुराम की प्रसिद्धि इसी से पता चलती है कि संपूर्ण भारत में उनके नाम पर तीर्थ है, उन्हें निम्नलिखित नामों से पुकारा जाना उनके महत्त्व को दर्शाता है। जामदग्न्य, परशुराम, आजन्वेश्वानस, श्रुत्यर्थवीथी गुरु, भार्गव, भर्गशिष्य, रेणुकापुत्र, गिरीशवालशिष्य, भृगु, पुंगव, इंदुशेखरारिथष्य, नीलोहितशिष्य, रेणुकेय, जमदग्निसनु, भृगुनंदन, भार्गवपुंग, जमदग्निज, चंडीशिष्य और रेणुका सूनुः इन नामों से यह ज्ञात होता है कि तत्कालीन समाज में जगदग्नि और रेणुका भी प्रसिद्ध व्यक्ति थे साथ ही शिवभक्ति के लिये परशुराम विश्वविख्यात थे।

महिष्मती नगर राज्य के पतन के पश्चात् का इतिहास : प्राचीन नागवंश के राजाओं का, राजकुल का विश्वसनीय विवरण नर्मदा घाटी के महिष्मती नगर के नागराज्य से मिलता है जिसका शासक कर्कोटक था। कर्कोटक संभवतः उपाधि थी कुछ उसी तरह जैसे परवर्ती काल में मौर्यों से पहले मगध शासनों में 'नंद' उपाधि प्रचलित थी। ऐसा भी कहा जाता है कि उन दिनों जनजातीय गणराज्य थे जिनका अध्यक्ष गणाध्यक्ष होता था, बाद के समय में वही गणाध्यक्ष राजा कहलाए।

उत्तरवैदिक काल के स्मृतिकारों ने समाज में वर्णव्यवस्था को लागू करवा प्रारंभ कर दिया था। शुद्धतावादी स्मृतिकार केवल गौरवर्ण के व्यक्तियों को ब्राह्मण और क्षत्रिय

मानने के पक्षधर थे परंतु यथार्थवादी स्मृतिकारों ने कर्म के आधार पर सभी के लिये वर्णव्यवस्था के द्वार खोल दिए थे। शुद्धतावादी स्मृतिकार मूलतः दार्शनिक थे जबकि यथार्थवादी स्मृतिकार रोजमर्रा की जिंदगी को समझने वाले व्यक्ति थे।

यज्ञ संस्कृति के परमज्ञानी होने के बाद भी भृगुवंश के स्मृतिकार चाहे वह शुक्राचार्य रहे हों या फिर च्यवन मनुष्यों की उस एकता पर विश्वास रखते थे जिसमें गंधर्व, राक्षस और नागों में कोई अंतर न था। विरोध वर्णव्यवस्था में रहने वाले और वर्णव्यवस्था से बाहर के लोगों का उतना महत्त्वपूर्ण न था जितना सामाजिक न्याय का पालन करने वालों और न करने वालों का था। भारत की इस सामाजिक व्यवस्था में भृगुवंश में पैदा हुए भारत के प्रथम महानायक परशुराम।

परशुराम को क्षत्रिय कुलद्रोही का पर्याय माना जाता है। कुछ विद्वानों के अनुसार भृगुवंशी ब्राह्मणों एवं हैहय क्षत्रियों का झगड़ा हुआ, यह बारह पीढ़ियों का चला इसलिए प्राचीन इतिहास में 2450 ई. पूर्व से 2350 ई. पूर्व तक के काल को कुछ विद्वानों ने 'भार्गव हैहय' काल का नाम भी दिया है। इस वैर की सीमा हैहयराज कार्तवीर्य और जामदग्न्य परशुराम के बीच सर्वाधिक बढ़ी। इस युद्ध में परशुराम ने हैहयराज का वध कर दिया। पौराणिक आख्यानकों के अनुसार इस वध का बदला हैहयराज के पुत्रों ने परशुराम के पिता को उनकी अनुपस्थिति में मारकर लिया। इस वध का प्रतिशोध परशुराम ने हैहयवंशी क्षत्रियों को इक्कीस बार युद्ध में पराजित कर लिया। हैहयराज कार्तवीर्य और परशुराम के युद्ध का संक्षिप्त निर्देश अथर्ववेद (5/18/10) में है जिसके अनुसार कार्तवीर्य ने जमदग्नि को धेनु हठात् ले जाने का प्रयास किया इसलिए परशुराम द्वारा कार्तवीर्य और उसके वंश का पराभव हुआ। अन्य प्राचीन ग्रंथों के अनुसार परशुराम ने केवल हैहय राजाओं का वध किया था, अन्य क्षत्रिय वंशों से उनका बैर न था।

कुछ इतिहासकारों के अनुसार हैहय-विरोधी युद्धों में अयोध्या, कान्यकुब्ज, वैशाली, विदेह एवं काशी के राजा भार्गवों के समर्थक थे जबकि विदर्भ, निषध और मगध के राजा हैहयराज के साथ थे।

पौराणिक आख्यान में जिसमें कार्तवीर्य द्वारा गाय के हरण की बात कही गई है वस्तुतः 'गाय' किसी दैवी पशु का बोधक न होकर धन का बोधक है। उस काल में भार्गव श्रेष्ठ नाविक थे और उन्होंने गुजरात के समुद्र तट से समूची नर्मदा घाटी में अपना शांतिमय वर्चस्व स्थापित कर रखा था। कार्तवीर्य ने जमदग्नि से बलात् सब कुछ छीनना चाहा था। इससे युद्ध की स्थिति बनी। सहस्रबाहु से तात्पर्य हजार हाथों के बल वाला राजा है न कि हजार हाथों वाला मनुष्य। पुराणों में स्पष्ट निर्देश है कि परशुराम ने आक्रमण के पूर्व शस्त्र और सेना एकत्रित किए और फिर कार्तवीर्य को युद्ध में ललकारा। युद्ध में परशुराम का सर्वप्रथम सामना कार्तवीर्य में मातहत राजाओं बृहदबल और सोमदत्त नामक राजाओं ने किया था, जो शीघ्र ही मारे गए। हैहयराज कार्तवीर्य की युद्ध में मृत्यु हो जाने के पश्चात् पहला युद्ध समाप्त हुआ। हैहयराज के पुत्रों ने युद्ध को पुनः उकसाया, फलतः 21 युद्ध और हुए।

पौराणिक कथाओं में यह स्पष्टता से मिलता है कि हैहयों को पराजित करने के पश्चात् भार्गवों ने सत्तासूत्र स्वयं नहीं संहाले। भार्गवों और नागों के मधुर संबंधों की कथाएं पुराणों में मिलती हैं अतः संभावना तथा परंपरा के अनुसार नर्मदा घाटी में राजकाज का भार भार्गवों ने नागों को ही सौंपा। इक्कीस युद्धों के समाप्त हो जाने पर परशुराम ने जीती हुई पृथ्वी अन्य राजाओं को दान में दे दी, इसका कुल अर्थ यही है कि उन्होंने अन्य ब्राह्मणों को नागराजाओं का कुल पुरोहित बना दिया।

3

भारतीय प्रागैतिहासिक समाजों की समरसता

पौराणिक कथाओं में मनसा और 'देवी जरत्कारु' को एक ही बतलाया गया है। वे नागकुल की थीं। ऐतिहासिक काल में जरत्कारु व मनसा की मूर्तियां मिलती हैं जिनमें देवी मनसा क्षुधापीड़ित और क्लांत ऋषि जरत्कारु को अपनी गोद में आश्रय देती शिल्पित हैं। भुवनेश्वर संग्रहालय में 10 वीं सदी की एक ऐसी ही मूर्ति है। आस्तीक-मनसा मूर्तियां भी इसी काल में शिल्पित हुईं। उनमें देवी एक शिशु को गोद में लिये हुए प्रदर्शित की गई है।

आस्तीक की स्वतंत्र मूर्तियां भी प्राप्त होती हैं। ये सभी मूर्तियां 10 वीं से 13 वीं सदी तक की कही जाती हैं।

पौराणिक काल से पूर्व भी नागों की स्वतंत्र संस्कृति थी। वाल्मीक रामायण में सुरसा को नागों की माता कहा गया है। सुरसा और मनसा में कितना संबंध है यह ठीक ज्ञात नहीं है। ऐतिहासिक काल में युगों के अनुसार कथाएं बदलती रही हैं। युगों के काल खंडों में नैतिक मूल्य और सामाजिक मूल्य भी बदलते रहे हैं।

इन सभी ऐतिहासिक तथ्यों के साथ पुरातन भारतीय संस्कृति का एक ध्रुव सत्य यह भी है कि भारत में सामाजिक समरसता की कथाएं उतनी ही पुरानी हैं जितना भारतीय समाज है। नागों का प्राचीनतम वंश वासुकि का माना जाता है उसी तरह भारतीय आर्यों में भृगुओं का वंश भी प्राचीनतम वंशों में से एक रहा है। ऋग्वेद के मंत्रद्रष्टा ऋषियों में भृगुकुल के अनेक ऋषि हुए हैं।

परवर्ती संस्कृत साहित्य में 'जरत्कारु' शब्द के स्थान पर 'जरत्कार' शब्द भी मिलता है।

जरत्कारु

भृगु आंगिरस ऋषियों में विवाहित रहकर तपस्या करने की परंपरा थी। इन ऋषियों के आश्रम सरस्वती से लेकर नर्मदा के तट तथा संपूर्ण गंगा एवं उसकी सहायक नदियों की घाटियों में थे। प्राचीन काल से ही भृगु आंगिरस वंश के ऋषियों और वनों

में निवास करने वाली जातियों में मेलजोल रहा है। बहुत से शुद्धतावादी विप्रों को मेलजोल की इतनी उदारता पसन्द न थी। भौतिक विद्याओं में वे अपने समय के सभी समाजों से बढ़-चढ़कर थे, फिर चाहे वह धनुर्वेद हो या फिर आयुर्वेद। दार्शनिक ऋषियों को भृगु आंगिरसों की भौतिकता पर कटाक्ष करने का जब भी अवसर मिलता, वे कभी न चूकते थे।

ब्रह्मचारी ऋषि कुमार जरस को दार्शनिकों की यह बात सुनकर चिढ़ हो जाती कि उनके वंश में कठोर तप करने वाले व्यक्तियों का अभाव है तथा उनके वंश में तत्त्व चिन्तन का वह स्थान नहीं है जो विप्रकुल में अपेक्षित है। ऋषिकुमार हठी तो थे ही एक दिन उन्होंने किसी की न सुनी और चल दिए तपस्या करने। सघन वन में पहुंचकर एक नदी के तट पर बैठकर घंटों योगाभ्यास करते, तत्वचिंतन करते, कुछ देर के लिये उठते और आसपास के वन में उपलब्ध पदार्थों से आधी अधूरी उदरतृप्ति कर लेते। वनोपजों की जानकारी उन्हें अच्छी थी इसलिए विभिन्न जातियों के वृक्षों से वे जड़, फूल,फल एवं पत्तियों से उन्हें आहार मिल जाता। ग्रीष्म काल में वृक्षों की हरियाली खत्म होने लगी, वृक्षों से प्राप्त होने वाला भोजन और भी कम हो गया। नदी के जल से जीवन तो बच रहा था परंतु शरीर जर्जर होने लगा। नागराज वासुकि उस वन क्षेत्र के स्वामी थे। एक दिन उनके अनुचर नागों ने तपस्यारत ब्रह्मचारी ऋषिकुमार की कठोर तपस्या का समाचार नागराज को सुनाया। यह समाचार सुनने के बाद वे सोचने लगे कि ये ब्राह्मण न जाने किस पारलौकिक वस्तु की प्रत्याशा से शरीर को इतना कष्ट देते हैं।

नागराज ने सोचा कि उनके राज्य की सीमा के भीतर जो भी हो रहा हो उसे स्वयं देखना चाहिए।

नागकुल में स्त्रियों को पर्याप्त स्वतंत्रता है, वे युवावस्था में अपने भाइयों और पिता के साथ वन भ्रमण तो कर ही सकती हैं, उन्हें अकेले घूमने पर भी परिवार के किसी व्यक्ति को कभी कोई आपत्ति नहीं होती। नाग परंपरा यही है कि जहां तक संभव हो नागकन्या विवाह कर अपने पति को भी अपने पितृगृह ले आए। पितृगृह में सामूहिक भोजन व्यवस्था होने के कारण भोजन की कभी समस्या नहीं रहती। यह व्यवस्था ऋषिकुलों से एकदम विपरीत है जहां विवाह के उपरांत पत्नी को पतिगृह आना अनिवार्य है।

नागराज वासुकि : 'मानसी, क्या तुमने सुना कि नदी के तट के पास वाले अश्वत्थ वृक्ष के नीचे कोई तपस्वी पिछले कई दिनों से तपस्या कर रहा है।'

मानसी : 'क्या वह व्रत कर रहा है?'

नागराज : 'नहीं, वह व्रत नहीं कर रहा है, वह नाग नहीं है, यदि व्रत कर रहा होता तब वृक्ष के नीचे क्यों दिन रात बैठा रहता है। पत्र, पुष्प, फल चढ़ाकर व्रत पूरा कर अपनी दैनंदिनी में लग जाता, वह कोई ऋषि कुल का है।'

मानसी : 'तब भी क्या, ऋषि लोग भी तो हवन और संध्या करने से बचे समय में कृषि करते रहते हैं या फिर उपवन में पुष्प या फलों के वृक्षों की देखभाल करते हैं। मैंने तो उन्हें कभी लगातार बहुत दिनों तक एक ही स्थान पर बैठे नहीं देखा।'

नागराज : 'बहिन, ऐसा नहीं है। कुछ ऐसे भी ऋषि हैं जो गर्मियों में पंचाग्नि तापते हैं तो शीतकाल में गले तक डूबकर ध्यानस्थ रहते हैं।'

मानसी : 'किसका ध्यान करते हैं?'

नागराज : 'उसे ये आत्म परमात्म तत्त्व कहते हैं। ऋषि कुलों में जो सबसे अधिक तपोलीन रहता है उसकी प्रतिष्ठा सबसे अधिक होती है।'

मानसी : 'फिर जब ये तपस्यालीन रहते हैं तब भोजन पानी की व्यवस्था कौन करता है।'

नागराज : 'अपने राज्य में बहुतों की भोजन व्यवस्था तो हमारे नाग ही कर देते हैं। ऐसे ध्यानरत लोगों के सामने प्रतिदिन एकाध फल या कंद उनके सामने रखकर आ जाते हैं। आंखें बन्द होने के कारण तथा आत्मलीन होने के कारण वे इस प्रकार से प्राप्त भोजन को न तो मना करते हैं और न ही हां करते हैं, परंतु यह अवश्य है थोड़ा बहुत भोजन करके दिन अवश्य काट लेते हैं।'

मानसी : 'ऋषि तो मैंने बहुत से देखे हैं, अपने राज्य के वनों में उनके बहुत से आश्रम हैं पर इस तरह अपने शरीर को कष्ट देते मैंने अब तक किसी को नहीं देखा।'

नागराज : 'तब फिर मेरे साथ चलो, तुम भी देख लो, मैं सोचता हूं कि उससे बात करूंगा कि वह तप छोड़े, मैं नहीं चाहता मेरे राज्य में कोई भूखा-प्यासा मर जावे।'

मानसी नागराज तथा दो अनुचरों के साथ उस अश्वत्थ वृक्ष के पास पहुंचती है जहां ऋषिकुमार तपस्यारत है। चारों व्यक्ति तपस्यारत ऋषि कुमार के पास पहुंच गए परंतु ऋषिकुमार तपस्या में इतने लीन थे कि उन्हें चारों के आने की आहट भी न हुई।

पहला नाग चर : 'नागराज, हमने तो इसे दूर से देखा था, हमें लगा कि यह एक वृद्ध ऋषि है।'

दूसरा नागचर : 'परंतु यह तो वृद्ध नहीं है, हमने यह सुना है कि वृद्ध ऋषि इसलिए तपस्या करते हैं कि उन्हें सशरीर स्वर्ग मिले।'

नागराज : 'क्या तुम दोनों ने इसके सामने भी भोजन रखा था।'

दोनों : 'नहीं महाराज, हम लोगों ने इसे उठकर वनों से भोजन संकलित करते देखा था अतः यह तो निश्चित हो गया था कि यह अशक्त नहीं है, हम लोग अशक्त तपस्वियों की ही सहायता करते हैं।'

नागराज : 'यह अशक्त तो नहीं है परंतु बहुत कृश हो गया है, बहुत दिनों से इसे उचित भोजन नहीं मिल रहा है।'

मानसी : (कुछ और पास आकर देखते हुए सोचती है) 'अरे यह कितना रूपवान युवक है, न जाने क्यों अपने शरीर को कष्ट देने के लिये उतारू है।'

नागराज अपनी इस बहिन को युवक की ओर टकटकी लगाकर देखते हुए देख उसके मनोभाव को ताड़ जाते हैं पर ऊपर से कुछ और ही कहते हैं : 'बहिन, यह बेचारा यदि इसी तरह यहां बैठा रहा तब तो इसका बचना असंभव हो जाएगा, यदि तुम कहो तो मैं इसको समाधि से जगाकर इसे तप से विरत होने को कहूं।'

मानसी : 'उत्तम विचार है, भ्रातावर। आपके राज्य में कोई भूख-प्यास के कारण कष्ट पाए यह उचित नहीं होगा।'

नागराज : 'मेरी बहन, सत्य ही बहुत कोमल स्वभाव की है।'

मानसी : 'भाई, फिर विलंब क्यों, इन्हें तप से विरत कर बात कीजिए।'

नागराज : 'ठीक है।'

इसके पश्चात् नागराज वासुकि ने ध्यानस्थ ऋषिकुमार को समाधि से जगा दिया। समाधि से जगते ही युवक ने अपने सामने एक सुकेशी सुंदर युवती को देखा जिसके गले में एक मणिमाला पड़ी थी एवं जो एक महीन परिधान धारण किए थी। ऋषिकुमार को लगा कि वे तपस्या के फलस्वरूप सीधे सशरीर स्वर्ग पहुंच गए हैं तथा किसी अप्सरा से उनका सामना हो गया है। वे उसे अपलक देखते रह गए। मानसी की नजरें भी जब इस युवक से मिलीं तो वह भी कुछ क्षण के लिये मानो सम्मोहित हो गई।

किंतु यह क्या–

युवक को लगा कि वह चेतनाशून्य हो रहा है, मानसी को लगा कि एक क्षण का भी यदि विलंब किया गया तो युवक नीचे गिरकर चोटग्रस्त हो सकता है। वह शीघ्रता से बढ़ी और उसने गिरते हुए युवक को सम्हालने की चेष्टा की। वह एक पैर मोड़कर बैठ गई और उसने युवक का सिर अपनी गोद में रख लिया।

युवक की आंखें मुंद गई थीं। वासुकि ने दोनों चरों को इशारा किया, वे शीघ्रता से भागकर एक बड़े से दोने में नदी का निर्मल जल ले आए, और उसे मानसी के सामने रख दिया। मानसी ने शीतल जल से जैसे ही युवक के मुख को पोंछा वैसे ही उसकी चेतना लौट आई।

भूख और दिन की गर्मी ने पहले से ही दुर्बल हुए युवक को मूर्च्छित सा कर दिया था।

मानसी के स्पर्श से युवक में नई चेतना का संचार हुआ। वह उठकर बैठ गया। वह पास ही लंबे-चौड़े वासुकि को देखकर कुछ लज्जित हुआ।

अब तक खड़े हुए वासुकि पास के एक पत्थर पर बैठ गए, मानसी भी कुछ दूर जाकर बठ गई।

वासुकि ने अपने चरों की ओर इशारा किया, दोनों चर शीघ्रता से वन में चले गए और जब लौटे तब उनके हाथ में थोड़े से फल थे। यद्यपि ऋषिकुमार दूसरों के लाए हुए फल ग्रहण करना नहीं चाह रहे थे पर मानसी की थोड़ी सी मनुहार के पश्चात् उन्होंने फल खाये, उनके शरीर में शक्ति का संचार हुआ। वासुकि अब उनसे चर्चा कर सकते थे। आभूषण और वस्त्रों को देखकर ऋषिकुमार समझ चुके थे कि यह पुरुष और युवती राजकुल के हैं।

वासुकि : 'ऋषि कुमार, आपका नाम क्या है और आपने इस कम उम्र में कठिन तप का निर्णय क्यों लिया है।'

ऋषिकुमार : 'नाम में क्या है, आत्मा अजर अमर है। प्रत्येक जन्म में नाम बदलते रहते हैं।'

वासुकि : (हंसते हुए) आप सत्य कह रहे हैं, यदि आपका कोई नाम नहीं है और आपको आपत्ति न हो तो मैं आपका नामकरण किए देता हूं। (फिर मानसी की ओर देखकर) इनका नाम जरत्कारु ही उचित रहेगा।

मानसी ने इस नाम का अर्थ जानना चाहा। यद्यपि उसने कुछ सीधे-सीधे नहीं पूछा पर वासुकि उसकी जिज्ञासा को समझ गए। कहने लगे कारू का अर्थ शरीर है और इसने अपने शरीर को तप से क्षीण किया है इसलिए यह जरत्कारु ही हुआ।

ऋषिकुमार : 'मान्यवर, मुझे आपके द्वारा दिया गया नाम स्वीकार है परंतु क्या आप अपना परिचय भी देंगे।'

वासुकि : 'अवश्य, मैं नागों का राजा वासुकि हूं और यह मेरी छोटी बहन है।

मैं आपसे यह जानना चाहता हूं आप किस कुल के हैं तथा किस हेतु साधना कर रहे हैं।'

जरत्कारु : 'नागराज, मैं भृगु कुल से हूं तथा इस वन में आत्मचिंतन कर 'अस्ति' 'नास्ति' के गूढ़ अर्थ कर जानना चाहता हूं।'

वासुकि : 'ऋषिपुत्र, मुझे तुम्हारा यह प्रयास तुम्हारे कुल और परंपरा के अनुरूप नहीं लगता। तुम्हारी कुल परंपरा में तो वे लोग हुए हैं जिनका सामना समरागण में क्षत्रियों की सेनाएं भी नहीं कर सकतीं। तुम्हारे कुल में उन शास्त्रों पर चिन्तन और मनन किया जाता है जो पूरी तरह मनुष्य के जीवन में काम में आते हैं। क्या तुम्हारे पूर्वज ऋषिवर भृगु ने 'भृगुसंहिता' की रचना इसलिए नहीं की कि मनुष्य आगामी संकटों को जान सके और उनसे स्वयं की तथा आपने परिवार की रक्षा कर सके। क्या तुम्हारे पूर्वज च्यवन सार्वकालिक भेषज विज्ञानी नहीं हुए हैं। तुम्हारे पूर्वजों में से मैं तो जितनों को जानता हूं उनमें से किसी ने भी अपना घर-बार छोड़कर वन में भूखा-प्यासा रहकर किसी ज्ञान की खोज में अपने शरीर का क्षय नहीं किया, जिस तरह तुम कर रहे हो। मुझे तो तुम्हारा जीवन दर्शन

तुम्हारे कुल की परंपरा के विपरीत प्रतीत हो रहा है। तुम यहां पर भूखे रखकर कौन सा ज्ञान प्राप्त कर सकोगे? क्या तुम्हारी पत्नी तुम्हारी राह नहीं देख रही होगी।'

जरत्कारु : 'नागराज, मैं अविवाहित हूं।'

वासुकि : 'यदि मैं तुम्हारे ही विश्वास की बात करूं तब अविवाहित रहकर तो तुम अपने पितरों को कैसे संतुष्ट कर सकोगे। प्रकृति के नियम को समझो।'

यह कहते हुए वासुकि ने पास ही उगी हुई घास की ओर इशारा किया।

वहां एक चूहा घासों को एक-एक कर कुतर रहा था। कुछ घासों में बीज थे कुछ बिना बीज के भी थे।

जरत्कारु : 'मैं चूहे और घास दोनों को देख रहा हूं, चूहा घास कुतर रहा है।'

वासुकि : 'तुम्हें आस्ति नास्ति का अर्थ इस साधारण सी घटना से समझ लेना चाहिए। चूहे को काल समझ लो जिसका धर्म ही क्षय करना है। वह बीज सहित घास का भी समापन करेगा, बिना बीज के घास का भी। फर्क यह है कि बीज सहित घास का समापन होने पर भी वह सदा के लिये विनष्ट नहीं होगी। उसके बीज से अगली ही वर्षा के पश्चात् पुनः नई घास पैदा हो जाएगी पर बीज रहित घास का क्या वह तो एक बार नष्ट हुई सो हुई। बीच सहित अस्ति है और बीज रहित घास नास्ति।'

जरत्कारु : 'नागराज मैं आपकी बात को समझ रहा हूं। मैं पितृगृह लौट जाऊंगा और प्रयास करूंगा कि मुझे कोई गृहपति अपनी कन्या भार्या के रूप में प्रदान करे, पर इस हालत में मुझे विश्वास नहीं है कि मुझे भार्या मिल पाएगी।'

अब तक अपने भाई और जरत्कारु की वार्ता सुन रही मनसा ने अवसर देख अपने भाई से कहा : 'भ्राता, इस शारीरिक अवस्था में यदि ये वन में पैदल चलकर जाएंगे तो कहीं गिर भी सकते हैं। इनके शरीर में इतनी शक्ति नहीं है। मेरा सुझाव है कि इन्हें अपने गृह ले जाकर कुछ दिनों रखा जाए फिर इनका स्वास्थ्य ठीक हो जाने पर इन्हें इनके घर जाने की अनुमति दी जाए।'

जरत्कारु तो चाह भी यही रहे थे कि किसी तरह सुंदरी का संग मिले। नागराज के आमंत्रण को उन्होंने तुरंत स्वीकार किया।

नागराज वासुकि चाहते भी यही थे कि उत्तम कुल का यह सुंदर युवक यदि उनके गृह में कुछ दिन रहे तो वे अपनी भगिनी का विवाह उससे कर देंगे।

नाग परंपरा के अनुसार भी यदि भावी वर वधू के यहां रहे तो उसे उत्तम माना जाता है।

नागराज के विशाल भवन में रहते हुए तथा राजकुमारी की देखरेख में उनका स्वास्थ्य शीघ्र ही सुधर गया। दोनों एक दूसरे पर आसक्त हो चुके थे।

वासुकि ने शुभ अवसर पर दोनों का विवाह करने का निश्चय कर लिया।

मानसी और जरत्कारु एकांत में बैठे घंटों प्रेमालाप करते, इस बीच जरत्कारु मानसी को बार-बार राजकुमारी कहकर संबोधित करते, यह मानसी को ठीक न लगा। उसने इस पर आपत्ति जताई तब जरत्कारु ने कहा–

'हे देवि, न तो मैंने कभी तुमसे तुम्हारा नाम पूछा और न तुमने अपना नाम बतलाया। अब तुम ही बतला दो कि मैं राजकुमारी को किस नाम से संबोधित करूं।'

मानसी ने कुछ सोचकर कहा : 'मैंने सुना है आर्यों में पत्नी को अर्धांगिनी कहा जाता है, क्या यह सच है?'

जरत्कारु : 'तुमने सत्य ही सुना है।'

मानसी : 'तब तुम्हारे यहां पुरुष के आधे शरीर का नाम कुछ और तथा शेष आधे का कुछ और क्यों होता है?'

जरत्कारु मानसी के तर्क से चमत्कृत हुआ और कहने लगा–

'फिर क्या होना चाहिए?'

मानसी : 'मेरे ख्याल से तो पति-पत्नी दोनों के नाम एक ही हों तो उत्तम होगा।'

कुछ दिनों बाद जब विवाह के अवसर पर जरत्कारु वर वेशभूषा में थे और मानसी वधू की वेशभूषा में अग्नि के सामने बैठे तब पुरोहित ने वर का नाम जरत्कारु एवं वधू का नाम भी जरत्कारु घोषित कर सबको चौंका दिया।

विवाह के आठ माह पश्चात् ऋषि जरत्कारु को पितृगृह जाना पड़ा।

राजकुमारी को प्रसव होना था इसलिए वह भाई के यहां रुक गई।

जब राजकुमारी के प्रसव का समय निकट आ गया तब वासुकि ने अपनी बहिन से कहा कि आज रात्रि में स्वयं देवाधिदेव शिव तुम्हें स्वप्न में मंत्रोच्चार सुनाएंगे, तुम ध्यान से सुनना।

एक रात्रि में जब राजकुमारी शयन कर रही थी तब उसने स्वप्न में एक प्रकाश पुंज देखा जिसमें से डमरू की ध्वनि के साथ प्रणव मंत्र के शब्द निकल रहे थे, यह कुछ क्षण ही चला कि राजकुमारी की नींद खुल गई। प्रातः होने को था, वासुकि प्रातः काल से कुछ पूर्व ही उठकर पास के शिवमंदिर में शिव स्तोत्र का पाठ कर रहे थे। राजकुमारी को लगा कि उसके गर्भ की संतान विलक्षण होगी। राजकुमारी ने भाई वासुकि को स्वप्न की जानकारी दी। वासुकि स्वयं भी अनेक गुह्य विद्याओं के ज्ञाता थे। उन्होंने सब कुछ समझ लिया था।

नियत समय पर राजकुमारी ने एक सुंदर पुत्र को जन्म दिया।

वासुकि ने शीघ्र ही यह समाचार ऋषि जरत्कारु को प्रेषित किया। ऋषि जरत्कारु ने अपने आश्रम के वयोवृद्ध ऋषि नवग्व से बालक का भविष्य पूछा। नवग्व ने भृगुसंहिता का गहन अध्ययन किया था, वे ज्योतिष में पारंगत थे, उनकी भविष्यवाणियां सदैव ही सटीक रही थीं।

नवग्व ने गणना कर बतलाया कि तेरे पुत्र का नाम आस्तीक होगा। 'अस्ति' के जिस गुह्य ज्ञान को बड़े-बड़े ऋषि मुनि वर्षों तक तपस्या कर प्राप्त नहीं कर पाते वह ज्ञान तुम्हारे पुत्र को गर्भ में ही क्षण भर में भोलेशंकर की कृपा से प्राप्त हो चुका है। यह बालक जन्म से ही अत्यंत मेधावी और परम विद्वान् होगा।

जरत्कारु प्रसन्नता के अतिरेक में कुछ भी बोलने में असमर्थ से हो गए, तभी नवग्व ने आगे कहा : 'हे जरत्कारु तेरा यह पुत्र विश्व शांति का एक ऐसा अद्वितीय कार्य करेगा जिससे लाखों लोगों की प्राणरक्षा होगी तथा पृथ्वी पर शांति की स्थापना होगी। अपने इस कृत्य के लिये उसे पीढ़ियां महामानव के रूप में याद रखेंगी।'

जरत्कारु ने प्रसन्नता से विह्वल होकर वृद्ध नवग्व के पैर पकड़ लिये। वृद्ध नवग्व ने उसे उठाकर गले से लगाया और कहा मुझे तो इस बात की प्रसन्नता है कि मैं एक युग पुरुष के पिता से भेंट कर रहा हूं।

4

सामाजिक नियमन की जटिलताएं

ऊपरी नर्मदा घाटी में पांच शताब्दयों तक एक दीर्घजीवी साम्राज्य रहा है जिसे इतिहासकार गढ़ा-कटंगा या गढ़ा-मंडला का राज्य कहते हैं। यह साम्राज्य मुगलों से पूर्व स्थापित हुआ और मराठों के काल तक स्थापित रहा। इस साम्राज्य के स्थापकों को गोंड़ या राजगोंड़ कहा जाता है। इन राजगोंड़ों की उत्पत्ति एक नाग से हुई। यह लोक कथा आज भी प्रचलित है तथा राजगोंड़ कुल के वंशजों में आज भी मान्य है। राजगोंड़ों के सबसे प्रतापी नरेश संग्राम शाह ने स्वयं को पौलस्त्य कहा। उसके राज्य का विस्तार आधुनिक यूरोपीय देश पुर्तगाल या इटली के बराबर था। उसने स्वर्ण, रजत और ताम्र सिक्के चलवाए थे। इन सिक्कों में उसने अपना परिचय पौलस्त्य के रूप में दिया है।

ऊपरी नर्मदा घाटी में ही शांडिल्य ऋषि से संबंधित एक अन्य आख्यान भी प्रचलित है जिसके अनुसार शांडिल्य ऋषि ने पौलस्त्य रावण के एक पुत्र का लालन-पालन किया था तथा उसे विद्वान और विलक्षण बनाया था।

कहा यह भी जाता है शांडिल्य ऋषि की इसी पालित संतान से राजगोंड़ों का अभ्युदय हुआ। कालक्रम में पुलस्त्य ऋषि के पौत्र रावण की संतान की संतानें आटविक हो गईं तथा उन्होंने स्वयं को नाग की संतान मान लिया। जो भी हो इन कथाओं में प्राचीन नाग संस्कृति के संकेत तो स्पष्ट हैं ही। यहां यह ध्यातव्य है कि आटविक समाज अपनी पहिचान जो कि नाग या कोई अन्य पशु-पक्षी हो सकती है को अत्यधिक महत्त्व देता है।

भारत में प्राचीन काल में भी सामाजिक नियमों की जटिलताएं सदैव ही रही हैं।

गंधर्वकन्या-शांडिल्य कथा

सांडिया शांडिल्य ऋषि के तपस्या के लिये जाना जाता है। जानकारों का कहना है सांडिया का वास्तविक नाम शाडिल्यपुर था। सांडिया का रेवाखंड के लम्हेटाघाट से

निकट संबंध है। नर्मदा किनारे के शांडिल्यपुर और लम्हेटाघाट के संबंधों की रोचक कथा है। कथा इस प्रकार है कि अति प्राचीन काल में जब नर्मदा क्षेत्र में असुर, नाग, गंधर्व इत्यादि भी आर्यों के साथ रहा करते थे तब एक बार एक सुंदर गंधर्व कन्या नर्मदा तट के इस क्षेत्र में विहार करने को निकली। उन दिनों आर्यों के दो वर्ग ही वनों में निवास करते थे। वे आर्य पुत्र जिन्हें देश निकाला दे दिया गया हो साथ ही वे आर्यपुत्र भी जो युद्ध में हारकर प्रतिष्ठा गंवा चुके हों तथा आर्यऋषियों के परिवार जो या तो तपस्या करते हुए आश्रम में रहते थे या फिर जप-तप के साथ बटुकों या छात्रों को शिक्षा दिया करते थे। अधिकतर बटुक या छात्र शिक्षा ग्रहण करने के पश्चात् गृहस्थाश्रम का रास्ता अपनाते पर कुछ ऐसे भी रहते जो कुछ समय और उच्च शिक्षा या तप में गुजारना पसंद करते। ऐसे छात्र सामान्यतः पूर्ण युवक हो जाया करते हैं और भरी जवानी में वे ब्रह्मचर्य तथा अन्य बहुत से इंद्रिय निग्रही व्रत किया करते थे। आर्यों में जहां इंद्रिय निग्रही व्रतों का प्रचलन था वहां अन्य समाज यथा गंधर्व, नाग और असुरों में मुक्त समाज था। परिणाम यह था कि इंद्रिय निग्रही आर्य ऋषि युवकों को यदि मौके-बेमौके इन अन्य समाजों की युवतियों से सम्पर्क हो जाए तो फिर ऋषियुवकों की अग्निपरीक्षा हो जाती या यूं समझें आग के पास घी आने से जो स्थिति होती है वही स्थिति अनेक बार ऋषिकुमारों की हो जाती।

सांडिया में प्रचलित लोककथाओं के अनुसार एक ऐसे ही ऋषिकुमार थे हमारे शांडिल्य ऋषि। युवक थे, ब्रह्मचारी थे और घर-परिवार अभी तक बसाया नहीं था। अपने जीवन की इस कठिन व्रत की अवधि को वैसे तो वे ठीक ही काट रहे थे परंतु एक दिन उनके आश्रम से निकली एक गंधर्व कन्या या अप्सरा। गंधर्व कन्याएं तो क्या वैसे भी यौवन प्राप्त कन्याएं सुंदर तो होती ही हैं फिर गंधर्व कन्याओं का कहना ही क्या। उनकी सुंदरता तो देवलोक तक चर्चित थी। सोलह श्रृंगार कर घूमना अप्सराओं की मान्य परंपरा थी। देवलोक में गंधर्व कन्याओं की बड़ी पूछ थी। उन्हें वहां की राजकीय नर्तकियों का पद सहजता से प्राप्त हो जाता था। चूंकि नर्मदा तट पर घूमने में उन्हें कोई रोक नहीं थी इसलिए यहां उनका सामना ऋषि कुमारों से हो जाता था।

शांडिल्य आश्रम के पास से अप्सरा के निकलने पर कुल मिलाकर स्थिति यह बनी कि दो परंपराओं में टकराव-सा आ गया। ऋषिकुमार स्वयं के चंचल होते चित्त को रोकने का काफी प्रयास करते रहे परंतु ज्ञानयोग उनके लिये विफल ही रहा क्योंकि इंद्रियों रूपी घोड़ों ने उनके मन को काबू से बाहर कर दिया। मन इंद्रियों की वल्गा को थाम न सका और युवा ऋषि कुमारी अप्सरा पर आसक्त हो गए। यह कोई बहुत नई बात हो ऐसा नहीं था पर ऋषिकुमार संयम खो बैठे और जाकर अप्सरा से प्रणय निवेदन कर बैठे।

साधारण तौर पर ऐसी घटनाएं उन दिनों बहुत गंभीर रूप से ली जाती रही हों ऐसा नहीं होता था। मुक्त समाज की बालाओं को ऋषिकुमार का संपर्क सामान्य तौर पर पसंद आ जाता था परंतु स्त्रियों की मनोदशा भी कोई चीज होती है और उसी ने संभवतः सुंदर षोडशी अप्सरा को इस प्रणय निवेदन न स्वीकार करने के लिये प्रेरणा दी और अप्सरा ने ऋषिकुमार का प्रणय हंसकर अस्वीकार कर दिया। इस हास्य का अर्थ ऋषिकुमार कुछ ठीक नहीं समझ पाए। गलती उनकी भी नहीं थी, वे कोई काव्यशास्त्र का पठन-पाठन तो कर नहीं रहे थे योगाभ्यास और ब्रह्मविद्या के चिन्तन में डूबे थे। अचानक ही सुंदरी को देख चित्त बेकाबू हो गया और प्रणय निवेदन कर बैठे। षोडशी अप्सरा मुनिकुमार को देखकर मुस्कुराती लजाती वहां से चली गई। इसका विचार करना मुनिकुमार ने उचित न समझा क्योंकि तब तक उनके अध्यात्म ने उन्हें फिर घेर लिया और उन्होंने यह कहकर मन को समझाया कि यदि मन में विकार उठे तो उसे बढ़ने से बचाना ही उचित है और प्रयास किया कि वे सुंदर अप्सरा के चितवन से घायल मन को प्रकृतिस्थ कर लें।

यद्यपि सुंदरी के हावभाव उनके चित्त को उद्वेलित करते रहे पर मुनिकुमार भी तपस्या में पक्के थे और उन्होंने काफी प्रयास कर चंचल चित्त को वश में कर लिया। चित्त तो वश में हो गया पर मन में अप्सरा को जाते देखकर जो दुख हुआ वह भगाए नहीं भगता था।

उधर अल्हड़ किशोरी को युवा और सुंदर मुनिकुमार को सताने में पर्याप्त आनंद आया परंतु वह अनजाने में उन्हें हृदय दे बैठी, इसके पहले वह अनेक मधु के पीछे भागने वाले भौरों को रास्ते से हटा चुकी थी पर उसने महसूस किया कि यह ऋषिकुमार भौंरे नहीं थे। अप्सरा के समाज में विवाहपूर्ण रति मान्य थी। उसे मुनिकुमार सुंदर और आकर्षक लगे परंतु मुनिकुमार में उतना भी काम कौशल नहीं था जो मूढ़ व्यक्तियों में भी प्रकृतिजन्य पाया जाता है अर्थात् प्रणय के लिये मनुहार। यहां तक पशु-पक्षियों में भी एक प्राकृतिक प्रवृत्ति होती है कि जब मादा किसी नर को दूर हटाती है तब नर उसे भगाना थोड़े ही मान लेता है। सुंदरी सोचने लगी कि विधि की भी क्या विडम्बना है सुंदर देहयष्टि, प्रदीप्त मुखमंडल और तेजस्वी शरीर के धनी युवक को ईश्वर ने सामान्य कौशल से वंचित रखा।

अब कुछ किया तो जा नहीं सकता था अतः वह नर्मदा तट पर आगे बढ़ती चली गई। कुछ दूर रास्ते में उसे नर्मदा से सद्यः स्नान कर बाहर आता एक सुंदर युवक दिखलाई दिया। उसके शरीर से राजसी आभा बिखर रही थी वह स्वर्ण आभूषण पहने हुए था तथा कौशेय वस्त्र धारण किए हुए था। अप्सरा दूर से ही ठिठककर इस युवक को देखने लगी।

युवक ने स्नान के पश्चात् वहीं बैठकर ईश्वरोपासना की और सबसे निवृत्त होकर एक शिलाखंड के पास जा बैठा। नदी का तट सदैव ही निष्कटंक नहीं रहता।

अप्सरा जहां पर ठिठककर खड़ी हो गई थी ठीक उसके पास ही नर्मदा के उथले पानी में एक विशाल व्याघ्र अपनी गर्मी बुझाने पड़ा हुआ था। युवती की आहट से व्याघ्र ने अंगड़ाई ली और जैसे ही उसने खड़े होकर इधर-उधर देखा कि अप्सरा को लगा कि अब व्याघ्र से उसके प्राण नहीं बचेंगे अतः न चाहते हुए भी उसके मुंह से चीख निकल गई।

अप्सरा ने देखा कि व्याघ्र ने अब उसे देख लिया था और क्षणमात्र में वह उसे दबोचने के लिये उस पर टूटने ही वाला है। भय के कारण उसके नेत्र बंद हो गए और वह मूर्च्छित हो गई।

अप्सरा ने कुछ देर बाद आंखें खोलीं। उसके मुंह और आंखों पर नर्मदा के पानी से छीटें मारे जा रहे थे। एक क्षण के लिये उसकी समझ में नहीं आया कि इतनी देर में क्या हो गया है। जैसे ही वह प्रकृतिस्थ हुई उसने देखा कि वही सुंदर युवक उसके मुख को प्रेम से धो रहा है और शीतल जल के छीटें मार रहा है। वह सकुचाकर उठ बैठी, उसने घबराकर युवक की ओर देखा।

युवक ने थोड़ी ही दूर पड़े मृत शेर के शरीर की ओर इशारा किया, वहीं उसकी विशाल गदा पड़ी था। युवक ने अप्सरा को प्रेम से उठाते हुए कहा 'देवि, मेरे रहते किसी भी सुंदरी को क्षति पहुंचे यह संभव नहीं है।'

अप्सरा युवक के वज्र जैसे शरीर की अजस्र शक्ति को अनुभव कर ही थी वह समझ गई थी कि शेर के आक्रमण के पूर्व ही इस युवक ने उस पर गदा का प्रहार कर उसका सिर विदीर्ण कर दिया था।

यह महाशक्तिशाली युवक अन्य कोई नहीं उस समय नर्मदा तट पर अपनी संप्रभुता निश्चित करने घूम रहा महाबली राक्षसेन्द्र रावण था।

अप्सरा राक्षसेन्द्र पर मर मिटी। राक्षसेन्द्र रावण की छावनी में कुछ और भी सुंदरियां थीं नागकन्याएं तथा अन्य कुलों की। अप्सरा को इससे कोई अंतर नहीं पड़ा। रावण सभी को एक सा प्रेम करता। शीघ्र ही अप्सरा पुत्रवती हो गई। न तो राक्षसों में और न ही अप्सराओं में संतान प्राप्ति के लिये विवाह एक आवश्यक शर्त थी। आर्य इसे घृणित मानते थे परंतु फिर भी विवाह पूर्व हुए स्वयं के पुत्र को आर्य कुछ स्थितियों में सामाजिक मान्यता दे देते थे।

यहां राक्षसेन्द्र रावण अपना कार्य पूरा कर चुका था और अब वह लौटकर राजधानी लंका जाने का उपक्रम कर रहा था। उसने अपने सभी अनुचरों को आज्ञा दी कि वे उसकी रानियों को साथ ले चलने की श्रेष्ठ व्यवस्था करें। व्यवस्थाएं हो गईं। चलने का दिन तय हो गया। अब तक लगभग चार वर्ष हो चुके थे। अप्सरा का पुत्र ही तीन वर्ष का होने को था।

अप्सरा इन चार वर्षों में और अधिक सुंदर दिखने लगी थी। ऐसा लगता था मानो कोई कली प्रस्फुटित हो सुंदर फूल के रूप में खिल गई हो। राक्षसराज रावण

अपनी सभी प्रियाओं को समान प्रेम देने के कारण स्त्रियों में बहुत प्रिय थे। शास्त्रज्ञ रावण से ज्ञान के किसी भी क्षेत्र में चर्चा की जा सकती थी, वे सभी तर्कों को उचित मान्यता देते थे साथ ही वे सभी समुदायों की परंपराओं को भी पूरा आदर देते थे।

अतः एक दिन जब राक्षसराज ने अप्सरा को कुछ चिंतित देखा तो उन्होंने चिंता का कारण पूछ लिया। अप्सरा ने कहा कि वह सुदूर लंका जहां की भाषा और संस्कृति भिन्न है, में नहीं बसना चाहती, वह तो शेष जीवन नर्मदा तट पर रहना चाहती है। उसने अपने पुत्र को भी साथ में रखने की बात कही।

राक्षसराज ने उससे कहा कि यदि वह ऐसा चाहती है तो वे उसके रुकने जीवनयापन आदि की पूर्ण व्यवस्था नर्मदा तट पर कर देने को राजी हैं परंतु अप्सरा ने इसे आत्मसम्मान के विपरीत माना और कहा कि वह आत्मनिर्भर रहकर जीवन यापन करना अधिक श्रेयस्कर समझती है।

राक्षसराज ने उसे बहुत प्रकार से सुविधाएं एवं द्रव्यादि देना चाहा पुत्र को भी अपने साथ रखने के लिये उसे सहमत करना चाहा पर अप्सरा ने सारा कुछ अस्वीकार कर राक्षसराज से केवल सौहार्द्रपूर्ण विदा मांगी, जो राक्षसराज ने उसे किंचित संकोच के साथ प्रदान की।

राक्षसराज रावण अपनी पत्नियों एवं सारे अनुचरों के साथ लंका विदा हो गए।

अप्सरा ने अपने बच्चे की उंगली पकड़ी और फिर नर्मदा तट पर पूर्व की बढ़ी। बच्चे को लेकर वह चलती ही चली गई।

अंत में शांडिल्य आश्रम आ गया।

बच्चा अब तक थक गया था। यद्यपि रास्ते में जितना भी संभव था अप्सरा उसे अपने कंधे पर बिठाते हुए लाई थी। आश्रम के बाहर एक चबूतरा था जिस पर कुश का आसन पड़ा था, वृक्ष की छांह भी थी अतः बच्चे को कुश के आसन पर बैठा दिया, उससे कहा वह कहीं जाएगा नहीं और उसने मुनि को वहीं आसपास ढूंढ़ना प्रारंभ किया।

मुनि पास ही में मिल गए, अप्सरा को देखा तो लगा कि जलते हुए हृदय पर किसी ने हिमखंड रख दिया हो। वे अभी भी अविवाहित थे। इच्छा हुई कि दौड़कर उसे गले से लगा लें परंतु पूर्व का अनुभव ठीक नहीं था इसलिए अपलक देखते हुए रुक गए। अप्सरा की आखों में जो था वह इस बार ऋषि ने पढ़ लिया था, फिर भी स्वयं को रोके रहे परंतु तभी अप्सरा ने व्यर्थ के अंतराल को तोड़ा और कहा :

'ऋषिकुमार, कुछ विलंब से ही सही परंतु मुझे लगा कि आपके पास आना चाहिए।'

ऋषि शांडिल्य : 'अहो भाग्य, तुम्हें पाकर मैं धन्य हो गया, तुम्हारे जैसा नारी रत्न पाकर कौन पुरुष नहीं पाना चाहेगा।'

ऋषि शांडिल्य अप्सरा को अपलक देख रहे थे, उसकी सुंदरता द्विगुणित हो चुकी थी।

ऋषि आगे बढ़कर अप्सरा को गले लगाने के लिये बढ़े, तभी एक छोटा बच्चा पास ही की पर्णकुटी से 'मां' कहता हुआ अप्सरा से लिपट गया।

यह देखते ही ऋषिकुमार पीछे हट गए। उनकी आंखें क्रोध से दहकने लगीं और उन्होंने अप्सरा से पूछा : 'यह कौन है?'

अप्सरा ऋषि के बदले हुए रूप को देखकर कुछ परेशान हो गई परंतु फिर भी शांत भाव से उसने कहा : 'मेरा पुत्र है, महात्मन्।'

ऋषि कुमार मानो आसमान से जमीन पर आ गिरे, उनके नेत्रों से अब क्रोध की ज्वाला फूटने लगी। उच्च स्वर में उसे शाप देते हुए बोले : 'अरे पुंश्चली, तूने मुझे पाप पंक में घसीटने का यत्न किया अतः तू आज सूर्यास्त के साथ ही पंक में निवास करने वाली मकरी हो जा।'

अप्सरा का मुख भय, क्रोध और घृणा से विवर्ण हो गया। एक क्षण के लिये वह मूर्तिवत् खड़ी रह गई फिर उसे सत्यता का अनुभव हुआ। ऋषि के शापवश आज उसके जीवन का अंतिम दिन है, उसे कठोर सजा दी गई पर किस अपराध की सजा? वह स्वयं से पूछ रही थी परंतु इसका उत्तर जब उसे स्वयं से न मिला तो उसने शांत भाव से पूछा :

'ऋषिवर, मुझे मेरे किस कृत्य की सजा आपने दी है , क्या यह मेरे प्रेम का प्रतिदान है?'

ऋषिकुमार : 'निर्लज्ज, तुझे अब भी अपने किए गए भयानक पातक का दुख नहीं है, अरी ओ पुंश्चली तूने विवाहित एवं एक पुत्र की माता होते हुए भी परपुरुष से संपर्क करने की इच्छा रखकर संपूर्ण नारी जाति का तो अपमान किया ही है मेरा भी धर्म भ्रष्ट करने का प्रयास कर तूने पाप किया है?'

अप्सरा : 'क्षमा करें ऋषिवर, आपका शाप आपकी एकांगी सोच का प्रतिफल है। पुत्रवती स्त्री को प्रेम करने का अधिकार किस नीति ने छीना है। आप जैसे महात्मा को मुझे पुंश्चली कहने का भी कोई अधिकार नहीं है। आपने बिना पूरी बात समझे ही मुझे यह शाप दे डाला, यह कौन सा बड़प्पन या दूरदर्शिता है।'

ऋषिकुमार : 'इस बालक को देखकर और तू इसकी माता है यह जानकर अब क्या और जानने को शेष रह गया है?'

'शेष रह गया है और बहुत कुछ शेष रह गया, मैं जो कहूंगी उसके अनुसार जो शेष रह गया है वह है आपका अज्ञान तथा ज्ञान का मिथ्या दंभ।' अप्सरा किंचित रोष से बोली फिर उसने कहा :

'ऋषिवर, ध्यान से सुनें, नर्मदा घाटी केवल आर्यों की बपौती नहीं है। वहां हम यक्ष,राक्षस, नाग और गंधर्व जैसी कितनी ही जातियां न जाने कितनी सहस्राब्दियों

से रह रहे हैं अतः इस भूमि पर हमारे नैतिक मूल्यों का भी उतना ही महत्त्व है जितना आपके नैतिक मूल्यों का। ऋषिवर, हमारे समाजों में स्त्रियों को यह अधिकार है कि वे अपने पुरुषों से आपसी सहमति के आधार पर संबंध विच्छेद कर सकती हैं। इस तरह हमारे समाज में नारी किसी पुरुष विशेष की जीवन भर की दासी नहीं रहती, यही अधिकार पुरुष को भी है। मैंने जिस पुरुष से इस बालक को जन्म दिया है उसकी सहमति से ही संबंध तोड़कर आपके पास आई थी, इसमें आपने मुझे पुंश्चली कहकर मेरा अपमान किया। मैंने अपनी परंपरा का निर्वहण कर कौन सी चारित्रिक शिथिलता दिखलाई है?'

ऋषिकुमार का क्रोध अब तक उतर चुका था। उनका पूर्णिमा के समान तेजस्वी मुख म्लान होकर पंचमी के चंद्रमा के समान रह गया। उन्हें लगा कि उनके शरीर की तेजस्विता आधी रह गई।

हुआ भी यह था, आवेश में आकर दिए गए शाप ने उनकी तपस्या से अर्जित शक्ति और पुण्य क्षीण कर दिए। कठिन तपस्या का आधा भाग हाथ से निकल चुका था और ऋषिकुमार को उसकी प्रतीति हो रही थी, फिर भी बोले : 'किंतु जब तुम्हें पुत्र की प्राप्ति भी हो गई, तब तुम मेरे पास क्यों आईं।'

अप्सरा ने तितिक्षा भरे स्वर से कहा : 'ऋषिवर यह प्रश्न मुझसे पूछने के स्थान पर स्वयं से पूछिये, क्या अभी कुछ क्षण पहले जब आप क्रोध से पशु नहीं बन गए थे और एक सहृदय मानव थे तब आपके हृदय में क्या था? उसे याद कीजिए।'

फिर थोड़ा रुककर अप्सरा ने कहा :

'यह प्रकृति का कौन सा नियम है कि पारस्परिक स्नेह और प्रेम के लिये पुरुष ही स्त्री की ओर पहला हाथ बढ़ाये, क्यों आसमान गिर जाता है जब एक स्त्री अपने प्रणयी की ओर अपना हाथ पहले बढ़ा देती है? मुझे यह भी बतलाइये कि किस विधान से एक युवा नारी माता बनने के पश्चात् प्रेयसी नहीं बन सकती?'

अब ऋषिकुमार के स्तब्ध होने की बारी थी। अप्सरा बैठ गई। उसने अपने बच्चे को गले से लगाया और जोर से रो पड़ी। वह मानो पागल होकर चिल्ला पड़ी : 'मैंने तो उस दिन जब कौतुकवश एक सीधे-साधे सरल हृदय ऋषिकुमार का मन न रखा तब से कहीं आज तक मैं इस अपराध बोध से ग्रस्त थी कि एक बार, जीवन में एक बार मैं उस कोमल हृदय पुरुष की भावनाओं के पुष्प पर शीतल प्रेम का जल अवश्य छिड़कूंगी ताकि वह सभी स्त्रियों को पाषाण हृदय मानकर नारी जाति से ही घृणा न करने लग जाय परंतु यह तो स्वयं मनुष्य न होकर पाषाण की मूर्ति है।'

ऋषिकुमार : 'देवि, लगता है कहीं अनजाने में मैंने अपराध कर दिया है?'

अप्सरा : (अनसुना करते हुए) 'ऋषिवर, जानते हैं यह पुत्र किसका है?'

ऋषिकुमार : 'नहीं?'

अप्सरा : 'तो सुनिए, यह विश्वविजयी एवं षडदर्शनों के ज्ञाता महापंडित रावण का पुत्र है, अरे तपस्या पर अभिमान करने वाले ऋषि यह तो बता तू राक्षसराज से किस तपस्या या ज्ञान में श्रेष्ठ है, यह भी बता तुममें ऐसा क्या है जो मैं तुझे धोखा देकर प्राप्त करती।'

ऋषिकुमार स्तब्धता से सुनते रहे।

अप्सरा : 'मैं तेरे पास से तेरी तपस्या या अन्य कोई वस्तु छीनने नहीं आई थी, मैं तो एक स्त्री के नाते आई थी जिसने तेरे प्रणय का मान न रखा था पर व्यर्थ, तू पाषाण हृदय ऋषि 'माननी' का अर्थ क्या समझे? मैंने तब तेरे मन की टीस को समझा था और अब जब समय आया तब अपनी कुल परंपरा का निर्वाह करते हुए ही तेरे पास आई पर हाय अब मेरे इस बच्चे का क्या होगा।'

आर्य परंपरा के लेखकों ने इस कहानी को कुछ इस प्रकार बढ़या, उनके अनुसार :

इसके बाद अप्सरा विलाप करने लगी।

ऋषिकुमार अब तक सब कुछ सही परिप्रेक्ष्य में समझ चुके थे, तपस्वी थे इसलिए उन्होंने बिना लाग-लपेट के अपनी गलती को स्वीकार कर लिया और कहा : 'देवि, जिस तरह धनुष से निकला बाण कभी वापस नहीं होता मेरी वाणी भी अन्यथा नहीं हो सकती किंतु मैं दो कार्य अवश्य कर देता हूं, पहला यह कि मकरी होने पर भी तुम्हारी स्मृति का क्षय नहीं होगा और शीघ्र ही तुम्हारे शाप का निवारण हो जाएगा। तुम अब हिमालय जाओगी, वहां कालनेमि के आश्रम में हनुमान आएंगे तब वहां तुम एक शुभ कार्य संपादित करोगी। उसी के साथ तुम्हें तुम्हारा दिव्य स्वरूप प्राप्त हो जाएगा। तुम अपने पुत्र का अवसाद मत करो, आज से इसका पालन-पोषण मेरा कर्तव्य होगा तुम निश्चिंत हो सकती हो क्योंकि इसका वंश अक्षय होगा। इसके वंशज रेवाखंड पर रहेंगे।'

अप्सरा : 'ऋषिवर, मैंने आवेश में यदि कुछ अन्यथा कहा हो तो क्षमा करें।'

ऋषिकुमार : 'मैं तुमसे क्या कहूं, मुझे तो यह सब विधि का विधान ही मानना होगा।'

कुछ वर्षों बाद शांडिल्य ऋषि की वाणी सत्य हुई। अप्सरा को पुनः अपना सुंदर रूप प्राप्त हो गया। अप्सरा पुत्र का पालन ऋषिपरंपरा के अनुकूल किया गया और उनके नाम पर नर्मदा का एक घाट 'लम्हेटा घाट' प्रसिद्ध हुआ।

आर्य परंपरा के ऋषि भी सहृदय व्यक्ति थे। नारी मन की व्यथा को समझ रहे थे पर साथ ही परंपरा पालन का कठोर व्रत भी उन्हें पालन करना था। वे परंपराओं की भिन्नता और उनके मूल्यों की विपरीतता को भी जानते थे अतः वे अपनी कथा में एक और अप्सरा का उद्धार कराते समय उसे दिव्य रूप दिलवाना न भूले पर साथ ही उन्होंने 'पुत्र' को भी ऋषि का दर्जा दिलवाने में कोताही नहीं बरती।

कहा जाता है 'देवगोंड़' और 'राजगोंड़' जिन्होंने गढ़ा-मंडला राज्य की नींव डाली वे रावण एवं अप्सरा के पुत्र के वंशज 'पौलस्त्य' ही थे।

टिप्पणी

शांडिल्य : शांडिल्य गोत्र के ऋषि की कथा का विवरण 'शिवकथामृत महाकाव्यम्' में भी है जो लिखता है :

पुरारिभक्तिः किलनर्मदाया-स्तटे सुधर्माख्यपुरे महात्मा।
विश्वानरो विप्रवरो महात्मा शांडिल्यगोत्रश्च पवित्रमूर्तिः॥

अर्थात् शिव के परमभक्त सुधर्म नामक नगर में विश्वानर नामक एक शिवभक्त ब्राह्मण शांडिल्य गोत्र का है। इस श्लोक में शांडिल्य गोत्र का नाम है व्यक्ति का नहीं।

यह ध्यातव्य है कि जब गोत्र की चर्चा हो तब मान लीजिये कि कथा बहुत पुरानी है जैसे जब हम भार्गव गोत्र की बात करें तो कथा प्रारंभ होगी 'भृगु' से, ये मूल पुरुष थे, ऋग्वैदिक ऋषि थे। इस गोत्र के लोगों के साथ ही ये एक श्लोक में तो शांडिल्य गोत्र के विश्वानर नाम के एक ऐसे व्यक्ति का संदर्भ है जो शांडिल्य ऋषि का वंशज है, न जाने कितनी पीढ़ी बाद का। शायद सैकड़ों पीढ़ी बाद का। इस शांडिल्य गोत्र में ही कितने और शांडिल्य ऋषि हुए होगे कौन जानता है परंतु उनमें से ही एक शांडिल्य हमारी कथा का नायक है।

नागकुल : गढ़ा-मंडला के राजकुल की उत्पत्ति कथा में कहा गया है कि प्राचीन काल में किसी नाग और गोंड़ कन्या के संपर्क से जो बालक पैदा हुआ वह इस वंश का आदि पुरुष था।

लम्हेटा घाट : नर्मदा तट पर लम्हेटा घाट आज भी है। 'लम्हेटा' गोंड़ी भाषा का शब्द है जिसका अर्थ है पूर्व पति से उत्पन्न पुत्र।

5

आदिम संगीत के सुर

'नग' का अर्थ पर्वत होता है, इस तरह पर्वतों में रहने वाले समाजों को भी नाग कहा जाता था। पर्वत में रहने वाले ये समाज स्वयं को पर्वत पुत्र इसलिए मानते थे क्योंकि उनकी मान्यता के अनुसार वे पर्वत की माटी से उत्पन्न हुए थे। पर्वत के निर्माण में नागों की भी परोक्ष संगत थी क्योंकि समाज का चिह्न नाग था। नर्मदा घाटी की कोरकू जनजाति के आदिम विश्वास से जुड़ी उनकी अपनी उत्पत्ति की एक कहानी है जिसमें रावण को दैवी स्थान दिया गया है।

कहा जाता है कोरकू आदि दंपती को जहां महेश्वर शिव ने उन अनाजों का रहस्य बतलाया जो बिना हल चलाए पैदा किए जा सकते थे वहीं रावण ने अपना वह वाद्य कोरकू आदि दंपती जो उसकी वरद संतान भी थे, को दिया ताकि वे वनों में संगीत का आनन्द उठाते रहें।

मानव सभ्यता के धुंधलके में पतितपावनी नर्मदा के कूल में क्षेत्रीय सभ्यताओं की स्थिति कुछ वैसी ही थी जैसे निबिड़ अंधकार में दीपक टिमटिमाते दिखाई देते हैं। विंध्याचल और सतपुड़ा के शैल शिखर सघन वनों से आच्छादित थे। प्रकृति के इस राज्य में सबसे नया आगंतुक मनुष्य ही तो था। ऋक्ष, वानर, किरात, नाग, हैहय क्षत्रिय और भार्गव ब्राह्मण अपने-अपने जनपदों में वैवस्वत् मन्वंतर के प्रारंभ होने से लेकर वर्तमान तक की घटनाओं को जनश्रुतियों के माध्यम से जीवित रखने का प्रयास करते थे। जब तक समीपवर्ती क्षेत्रों में हो रही घटनाओं से वे अपनी-अपनी सभ्यताओं में वैज्ञानिक या सामाजिक सत्य का एक अध्याय और जोड़ लेते। पूरी नर्मदा घाटी में महेश्वर के स्तवन की गूंज होती रहती। पूजा, तप और यज्ञ विधान द्वारा भी महादेव को प्रसन्न करने का प्रयास होने लगा था। युगद्रष्टा महर्षि अगस्त्य बिखरी हुई संस्कृतियों को यज्ञविधान की संस्कृति में पिरोना चाह रहे थे, किंतु महाकांतार की दुर्भेद्यता से भी बड़ा था जनपदीय संस्कृतियों का अपनी प्राचीनता का गौरव। जहां देवसंस्कृतियां महादेव के रुद्ररूप की स्तुति करती और उन्हें देवेतर समुदायों का महाकाल निरूपित करतीं वहीं देवेतर समुदायों के लिये महेश उनके अपने अधीश्वर

थे, जो अपने वरों से सतत् उनकी रक्षा करने में तत्पर थे। विश्व की रक्षा के लिये गरलपान करने वाले आशुतोष का संहारक रूप न जाने क्यों प्रतिद्वंद्वी शक्तियों को अधिक आकर्षित करता।

नर्मदा तट के अनेक आदिवासी समुदायों की अपनी-अपनी उत्पत्ति गाथाएं हैं, इनमें से अनेक कथाओं में महादेव एवं पार्वती का विवरण मिलता है। अनेक आदिवासी समुदायों में भारतीय संस्कृति के कुछ अन्य नायकों की भी कथाएं हैं, आवश्यक नहीं कि इन कथाओं में इन नायकों का विवरण पौराणिक मान्यताओं के अनुरुप ही हो। कोरकू जनजाति की उत्पत्ति विषयक कथा में वैश्रवण रावण प्रतिनायक नहीं है।

कोरकू जनजाति के विस्तार क्षेत्र में अपवादस्वरूप ही सही दशहरे के दिन रावण वध का उत्सव नहीं मनाया जाता। कुछ दशकों पूर्व तक इस क्षेत्र में 'रावण हत्था' नामक वाद्य यहां प्रचलित और लोकप्रिय था।

बीसवीं सदी के पश्चात् स्थितियों में भारी फर्क आ गया है, अब रावण-हत्था भीलों के बीच तो दिख जाता है पर कोरकुओं के बीच नहीं।

रावण-हत्था को सारंगी का आदिम रूप भी कहा जाता है।

कोरकू उत्पत्ति कथा

हजारों वर्ष पूर्व नर्मदा के तट पर–

प्रातः काल की बेला में, नर्मदा स्नान के बाद तट की रेत पर बनाए हुए शिवलिंग पर वैश्रवण रावण बिल्वपत्र चढ़ाते हुए शिवस्त्रोत का तन्मयता से गायन कर रहा है।

रावण की अर्चनास्थली से कुछ दूर आड़ में उसके साथ रहने वाले योद्धा सतर्कता से अपने स्वामी की सुरक्षा के लिए टहल रहे हैं। वे आपस में वार्ता करते हैं।

विद्युन्माली : 'धूम्राक्ष, हिमवान से विंध्याटवी तक ही क्या आगे समुद्र तट तक भी रुद्र सर्वत्र ही पूज्य हैं फिर भी उनके आराधकों में आपसी वैमनस्य क्यों है?'

धूम्राक्ष : 'वैमनस्य, अरे वैमनस्य शब्द तो काफी शिष्ट और उदार है, अब देखो वे हमारे स्वामी रावण को ही वे चारों वेदों के ज्ञाता हैं फिर भी देवताओं ने उन्हें वेद-विरोधी कहना प्रारंभ कर दिया है आश्चर्य नहीं होगा मुझे तो, यदि कुछ दिनों में हमारे स्वामी के चरित्र और आचरण को भी बदनाम किया जावे।'

सारण : 'बदनाम किया जावेगा? नहीं, बदनाम किया जा रहा है और वह भी लम्पट इंद्र के द्वारा।'

शुक : 'स्वामी के प्रताप से सबसे अधिक वही तो चिंतित है, वह कोई ऐसी राह ढूंढ़ रहा है कि जिस तरह कूटनीति से त्रिपुर साम्राज्य ध्वस्त हो गया वैसी ही नियति लंका के साम्राज्य की भी हो जाए।'

विद्युन्माली : 'अरे, नहीं वह तो स्वामी पर धोखे से वार करना चाहेगा।'

धूम्राक्ष : 'किंतु हमारे स्वामी भी कोरे योद्धा नहीं हैं, उनकी कूटनीति के सामने देवताओं की क्या हस्ती, उन पर तो चतुरानन के साथ ही साथ महादेव की भी असीम अनुकम्पा है।'

विद्युन्माली : 'तुम लोग पास के वनों वाले हाथियों पर नजर रखो, वे महाराज का ध्यान न बंटा पाएं। सभी सुभट शस्त्रों को लेकर समीपवर्ती वनक्षेत्र में चले जाते हैं।'

रावण स्तोत्र समाप्त करने के बाद शिवलिंग को साष्टांग प्रणाम करता है, किंतु उठते समय वह विस्मय से भर जाता है, शिवलिंग से अजस्त्र प्रकाश दीप्तिमान हो रहा है और उस प्रकाशपुंज में साक्षात नर्मदेश्वर शिव मंदहास के साथ रावण से पूछते हैं कि किस विशिष्ट प्रयोजन से इस पवित्र स्थल पर उनकी आराधना कर रहा है।

रावण : 'प्रभु आपकी जिस पर कृपा हो क्या उसे त्रैलोक्य में कहीं भी किसी भी वस्तु की कुछ मांगने की इच्छा हुई है? हे देवाधिदेव, रेवा एवं विंध्याटवी का यह समूचा ही क्षेत्र जनशून्य है, यदि इस सघन अरण्य में मानव सभ्यता का प्रकाश फैल जाता तो यह लोकहित में होगा।'

महेश्वर : 'हे रावण, पृथ्वी पर आकर जीवात्मा कर्म तो करेगा ही, फिर कर्मफल उसे किस दिशा में ले जावेगा इसका निर्णय क्या तू करेगा?'

रावण : 'हे देवाधिदेव, महाकाल के रहस्य को सिवा आपके कौन जान सकता है। प्रभु, यदि देवराज इंद्र की प्रार्थना पर आपने समीपवर्ती त्रिपुर की समस्त सभ्यता को क्षण भर में निःशेष कर दिया तो क्या मैं इतनी भी प्रार्थना नहीं कर सकता कि विध्वंस के इस महाशून्य में आप एक अल्प सृष्टि को पुनः पनपा दें, हे जगदीश्वर, आपके सिवा और विश्व में कौन है जो मृत को जीवनदान दे सकता है, हे प्रभु मेरे कंठ से निकल रहे ये शब्द भी तो आपकी कृपा के बिना सुने नहीं जा सकते।'

इतना कहकर रावण ने सदाशिव को पुनः प्रणाम किया।

रावण ने देखा कि महादेव के ध्यान करते ही कागेश्वर नामक गण वहां उपस्थित हो गया जिसे देवाधिदेव ने भंवरगढ़ की ओर भेजा और आदेश दिया कि वह नागों की बांबियों से जिन्हें चींटियां बनाती हैं, उनमें से किसी एक बिल की लाल मिट्टी ले आवे। रावण के देखते ही देखते कागेश्वर ने उसके सामने भंवरगढ़ से लाई नागों की बांबियों की लाल मिट्टी का ढेर लगा दिया। भगवान ने रावण को निर्देश दिया कि मिट्टी से एक पुरुष और स्त्री की आकृति बनाए और फिर महाकाल के बीज मंत्र से उन्हें अभिरहित कर दे। मूर्तियां पुरुष और स्त्री के रूप में जीवित हो जावेगी और नई सृष्टि का श्री गणेश होगा।

वैश्रवण रावण ने यत्न से नारी और पुरुष की मृदा मूर्तियां बनाईं, अपना सारा कला-कौशल उसने इस पुरुष और स्त्री के रूप में समाहित कर दिया। अब आंख बंद कर शिव के बीज मंत्र से मूर्तियों को अभिहित ही तो करना शेष था। तदनंतर

मूर्तियों को स्वमेव ही प्राणवान मानव शरीर में रूपांतरित हो जाना है। यह सोचकर रावण ने अपनी आंखें बंद कीं।

किंतु नेत्र बंद करते ही मानो किसी भयंकर भूचाल ने सारी धरती को हिला दिया। अरे यह सैकड़ों अश्वों की हिनहिनाहट कैसी। रावण ने आंखें खोलीं, सामने लाल मिट्‌टी का रौंदा हुआ ढेर पड़ा था। रावण अवाक् होकर सोच रहा था कि क्षण भर में जो कुछ भी घटा क्या वह विभ्रम था? अथवा यह उसके जन्मजात शत्रु देवेंद्र की माया थी या कोई अन्य वास्तविकता थी।

शायद वास्तविकता ही थी क्योंकि उसके हाथों में लाल मिट्‌टी के कण अब तक लगे थे।

अपने थोड़े से सैनिकों के साथ क्या वह उस ओर युद्ध के लिए बढ़े जिस ओर घोड़े के जाने के निशान हैं, रावण निश्चय करने में स्वयं को असमर्थ पा रहा है। क्रोध और हताशा की मानसिक स्थिति में उसे उन मंत्रों का स्मरण नहीं आ रहा है, जिनसे वह विश्वजयी शक्तियों को आहूत कर सकता है। समीप रखे हुए चन्द्रहास खड्‌ग को वह उठाता है पर उसे प्रतीत होता है कि जैसे इस दिव्य शस्त्र की शक्ति कहीं लुप्त हो गई है, वह साधारण कृपाण सा प्रतीत होता है। इस शस्त्र से वह क्या वज्रपाणि के भीषण प्रहार को झेल सकेगा, शायद नहीं। उसे चतुरानन द्वारा अजेय होने का वर याद है पर उसे देवताओं की कुटिल चालों का अनुमान है, वे भावावेश में उसे पथभ्रष्ट करना चाहते हैं। वह कपटी देवताओं को सबक सिखाएगा किंतु अपनी योजना के अनुसार ही। महाबली अनुज कुंभकर्ण की अनुपस्थिति में विशेषतः जब पुत्र मेघनाद तपस्यारत हो तब युद्ध छेड़ने के प्रतिकूल दूरगामी परिणाम की आशंका से रावण व्यग्र हो उठा।

रावण ऐसा व्यक्ति तो था नहीं कि एक बार की विफलता से वह अपने उद्‌देश्य से विरत हो जाए अतः दूसरी बार उसने जब पुनः मिट्‌टी की मूर्तियों को बनाकर भूमि में रखा और महादेव शिव के बीज मंत्र का उच्च स्वर में घोष किया कि उसे पुनः एक बवंडर-सा उड़ता दिखलाई दिया। इस बार रावण आसन्न संकट से सजग था। उसने देखा कि बवंडर जैसे-जैसे पास आ रहा है उसमें श्यामकर्ण घोड़ों की आकृतियां स्पष्ट हो रही हैं इससे कुछ और आगे जब तक वह सोचे तब तक अश्ववाहिनी रूपी वह बवंडर उसकी बनाई हुई मूर्तियों को भूमिसात कर पुनः नर्मदा के अरण्य में विलीन हो गया।

इस बार रावण के हृदय में क्रोध उत्पन्न नहीं हुआ, उसे लगा यह उसकी पराजय नहीं वरन् स्पष्ट रूप से देवेश्वर शंभु का अपमान है। उसने अंजुली भरकर नर्मदा जल भगवान शिव को अर्पित किया और पुनः शिव की आराधना की इसके पहले कि वह तीसरा और अंतिम प्रयास करता उसने प्रश्न किया कि हे प्रभु मेरे सत्कार्य में आपकी आज्ञा रहते यह विघ्न क्यों?

रावण ने तीसरी बार मूर्तियां बनाईं और उनमें प्राण फूंकने के लिए जैसे ही उसने शिवमंत्र का जप करना चाहा वैसे ही इस बार दो अलग दिशाओं से भीषण रव हुआ। रावण ठिठककर देखने लगा। इस बार और भी विशाल बवंडर दिखाई दिया। किंतु यह क्या, वायु वेग से दौड़ने वाले घोड़ों की गति मंद क्यों पड़ गई? वह सोच रहा था कि क्षण भर में पुनः उसके द्वारा बनाई मूर्तियों पर प्रहार हो जाएगा किंतु यह अचानक ठहराव कैसा?

तभी पीछे से आने वाले कोलाहल ने उसका ध्यान खींचा। अरे यह क्या? कराल डाढ़ों वाले सैकड़ों श्वानों का झुंड, क्या जंगली कुत्ते हैं ये? यदि ऐसा है तो ये जंगली पशु देवराज की शक्ति का क्या सामना करेंगे? लेकिन उसने ध्यान से देखा कुत्ते नियंत्रित गति से बढ़ रहे हैं जैसे कोई व्यूह रचना कर रहे हैं और ये श्वान जंगली सोन कुत्ते नहीं हैं वरन् बलिष्ठ शरीर वाले रक्त नेत्रीय कृष्ण वर्णीय पालतू शिकारी कुत्ते हैं। कुत्तों की अगली पंक्ति का नायक श्वान मूर्तियों की रक्षा के लिए प्रेरित लगा, वह घोड़ों और मूर्तियों के बीच आकर खड़ा हो गया। रावण कुछ विस्मित सा यह सब देख रहा था कि घोर गर्जना के साथ समूची नर्मदा घाटी पर मौसम की काली घटाएं छा गईं। तब क्या भीषण वर्षा से इंद्र मिट्टी बहा देगा? कुत्ते ने तभी मूर्तियों के पास अपनी जिह्वा से किसी अदृश्य व्यक्ति को चाटा और पूंछ हिलाई तभी रावण की दिव्य शक्तियों ने उसे दिव्य दृष्टि दी। अब रावण देख सकता है साक्षात काल भैरव श्वान वाहनी के आगे देवराज से मुकाबले के लिए अदृश्य रूप से हाथ में चमचमाता त्रिशूल लिए खड़े हैं, नायक श्वान उनके ही पैर चाटने का यत्न कर रहा है। भैरव गंभीर गर्जना के साथ 'ॐ नमः शिवाय' कहकर श्वानों को आगे बढ़ने का आदेश देते हैं, इसके बाद श्वान कुछ ही दौड़ पाते हैं कि सामने बढ़ रहे अश्व विद्युत गति से पीछे मुड़कर दिगंत में खो जाते हैं। अब न अश्वों का पता है और न घुमड़ते हुए मेघों का। रावण की दिव्यदृष्टि ने विदा ली या स्वयं काल भैरव अंतर्ध्यान हो गए हैं, रावण समझने का प्रयास करता है तब तक सारी नर्मदा घाटी को अपनी आवाज से प्रतिध्वनित करने वाले श्वानों के भौंकने की ध्वनि का भी लोप हो जाना रावण की समझ में आ जाता है। महेश्वर ने नर्मदा घाटी में अपने भक्त का मान रख लिया था।

भक्ति भाव से पुलकित रावण के निर्मल अंतःकरण से जैसे ही शिव का बीजमंत्र निकला, सामने पड़े हुए पुरुष और नारी की मूर्ति वास्तविक नर नारी के रूप में उठ खड़े हुए।

उन दोनों के यह पूछने पर कि उनका जन्म कैसे हुआ, वे कौन हैं, रावण ने नर्मदा की बालू से नर्मदा तट पर शिवलिंग बनाकर कहा कि यही तुम्हारे जनक हैं, यही तुम्हारे आराध्य हैं।

वैश्रवण रावण तो वेदज्ञ भी था, उसने अनुभव कर लिया कि सृष्टि की रचना का जो श्रेय महेश्वर शिव ने उसे प्रदान किया वह अब तक बड़े से बड़े तपस्वियों और देवताओं के लिए भी अप्राप्य था।

रावण ने प्रकृति की इन संतानों को उनकी अपनी पीढ़ी का मूल माना अतः उसने पुरुष को मूल नाम प्रदान किया। कालांतर में यह पुरुष उसके वंशजों द्वारा 'मुला' कहलाया जो 'मूल' शब्द का अपभ्रंश है, उसकी पत्नी को भी मुलाई कहा गया।

कोरकू जनजाति के आदि पुरुष की यह कथा कुछ और आगे बढ़ती है जिसमें मुला और मुलाई अपने लिए नए खाद्यान्नों की कृषि की चाह करते हैं। परमेश्वर शिव प्रसन्न होकर कोदों, कुटकी इत्यादि सर्वथा नवीन खाद्यान्नों का रहस्य इस दंपती को बतला देते हैं। कोरकू जनजाति तभी से इन नए खाद्यान्नों की कृषि करने लगती है। लोक कथा में यह भी कहा जाता है कि रावण ने कोरुकू आदि पुरुष को सदा प्रसन्न रहने का वर दिया साथ ही रावण हत्था नामक वाद्य प्रदान किया ताकि वे जंगल में गीत-संगीत का आनंद उठाते रहें।

कोरकू जनजाति के लिए महेश्वर शिव और मां नर्मदा के साथ रावण भी उपासना का पात्र हो गया। कोरकू पुरा कथाओं में रावण और मेघनाद के अतिरिक्त भीम, कागेश्वर (दोनों ही शंभु गण) से संबंधित घटनाओं का भी उल्लेख मिलता है।

टिप्पणी

रावण हत्था : रावण हत्था नामक एक वाद्य कोरकू जनजाति में पिछले कुछ दशकों तक प्रचलन में था। यह वाद्य सारंगानुमा था। ऐसा समझा जाता है कि अपने मूल रूप में यह तारों से बजाए जाने वाले वाद्यों का आदिम यंत्र था। क्षेत्रीय जनों में यह भी विश्वास है कि यह वाद्य मूल रूप से वही है जो शैव मंदिरों में रावणानुग्रह मूर्तियों में कभी-कभी दर्शाया जाता है। रावणानुग्रह मूर्ति भगवान शिव पार्वती की वह मूर्ति है जिसमें रावण को कैलास पर्वत को उठाते हुए दिखलाया जाता है। पौराणिक आख्यानों के अनुसार रावण के कैलास उठाने पर उमा भयभीत हो गईं साथ शिव ने रावण का गर्व चूर करने के लिये अपने एक अंगूठे से पर्वत को दबा दिया। इससे रावण बुरी तरह कुचला जाने लगा। उसके प्राणों पर संकट आ गया परन्तु परम शैव रावण बुद्धिमान और गुणी भी था उसने महादेव की स्तुति की, मंदिरों के शिल्पों में उसे शिव की स्तुति करते समय एक वाद्य को बजाते हुए भी बतलाया गया है। शिल्पों में तो यह वीणा ही है पर कहा यह भी जाता है कि उस पुराने समय में रावण ने वीणा के प्रारंभिक रूप रावण हत्था को बजाकर शिव को प्रसन्न किया था।

रावण और नागों का संबंध : नर्मदा घाटी की अनेक लोक कथाओं में रावण को नायक का दर्जा प्राप्त है। रावण ने अपने पुत्र मेघनाद का विवाह नागों के राजा वासुकि की पुत्री से किया था। पुराणों और जनजातीय लोककथाओं में रावण के चरित्र में पर्याप्त अंतर है।

6

नागों से मैत्री

पुराणों में नागों के आठ वंशों का वर्णन मिलता है। इन आठ वंशों के आदि पुरुष क्रमशः अनंत, वासुकि, तक्षक, कर्कोटक, पद्म, महापद्म शंखपाल और कुलिक (या कंबल) थे। पुराणों में नागों के वर्ण भी बतलाए गए हैं जिनसे यह संकेत मिलता है कि नाग महाभारत काल तक चातुर्वर्ण में स्थान प्राप्त करने लग गए थे। नाग जरत्कारु ब्राह्मण हो चुके थे तथा क्षत्रिय नागों की कमी न थी। काश्मीर के नागों को जलस्थानों का राजा कहा जाता है। प्रागैतिहासिक कथानकों में नागों को समुद्रों और नदियों में भ्रमण करते हुए कहा गया है। इसका अर्थ यह भी है कि नागों की एक बड़ी संख्या व्यापारियों की भी थी जो दूर समुद्री क्षेत्रों तक व्यापार करते थे तथा नदियों में भी नावों द्वारा दूर दूर जाते थे। महापद्म और तक्षक नागों को वैश्य वर्ण मानने के पीछे यही तर्क प्रतीत होता है।

उन सभी नागवंशों को जो अब भी ब्राह्मण, क्षत्रिय या वैश्य जातीय स्तर तक नहीं पहुंच पाए थे अब भी शूद्रों के तुल्य माना जाता था वे अब भी अपना जीवन यापन अधिकतर वनों में करते थे। साधारणतः ये नाग अन्य शूद्रों की तरह ही दस्तकार, कारीगर या कुछ इसी प्रकार के धंधे में लगे लोग थे। नागवंश के पद्म और कर्कोटक वंशों के अधिकतर नाग शूद्र थे यह अलग बात है कि वंशों के संदर्भ में कहीं स्थायित्व न था। ऋषिगण किसी भी वंश के नाग को ब्राह्मण या शूद्र घोषित की क्षमता रखते थे।

कर्कोटक वंश के नागों को कृष्णवर्णीय बतलाया गया है। इनकी अधिकांश जनसंख्या ब्रह्मावर्त के नैर्ऋत्य में थी। नागों को यह वंश कमल पुष्प को अपना चिह्न मानता था। ब्राह्मण चाहे जो कहें या मानें नागों की अपनी परंपराएं थीं उन्हें इससे कम फर्क पड़ता था कि किस क्षेत्र के नागों को ब्राह्मण किस वर्ण का मान रहे हैं। सभी वंशों के नाग आवश्यकता पड़ने पर युद्ध क्षेत्र में लड़ते थे। सभी नागवंश अपना व्यवसाय बदल सकते थे साथ ही सभी नागों की नैतिक और सामाजिक मान्यताएं वे न थीं जो ब्राह्मणों ने तय कर रखी थीं।

महाभारत युद्ध के पश्चात् जनमेजय के सर्पसत्र में सभी नागवंशीय कुलों से जनमेजय ने युद्ध किया था फिर चाहे ब्राह्मण उस कुल को क्षत्रिय मानते रहे हों या न मानते रहे हों।

महाभारत (वन पर्व 55-75) में नाग कर्कोटक का उल्लेख है। इस उल्लेख में उसकी कथा कुछ पीढ़ियों पुरानी बतलाई गई है अर्थात् कर्कोटक का काल महाभारत से भी प्राचीन समय का था। इस कथा के नायक राजा नल हैं। जिनके संबंध में महाभारत में कहा गया है कि महाभारत युद्ध को उन्होंने देवराज इंद्र के साथ उनके विमान में बैठकर देखा था। लौकिक अर्थों में राजा नल महाभारत के पहले दिवंगत हो चुके थे।

महाभारत में वर्णित राजा नल के आख्यान में कर्कोटक को सरीसृप नाग ही कहा गया है, जो उस काल की मान्यता के अनुसार उचित ही था, नाग स्वयं की पहिचान सरीसृप नाग से ही करते थे, किंतु कथा की घटनाएं ऐसी हैं कि कर्कोटक को नाग पुरुष ही माना जाएगा।

महाभारत में कर्कोटक वृत्तांत वनपर्व में वर्णित है। पांडवों के वनवास काल में युधिष्ठिर ने वृहदश्व ऋषि से कहा 'मेरे जैसा दुर्भाग्यपूर्ण राजा इस विश्व में कोई नहीं होगा।' इस पर वृहदश्व ऋषि ने युधिष्ठिर की सांत्वना के लिये राजा नल की कथा सुनाई। राजा नल जब अपने दुर्भाग्य को झेल रहे थे तभी संयोगवश उनकी मुलाकात कर्कोटक नाग से हुई। कर्कोटक ने राजा नल के दुर्भाग्य को कम करने में सहायता की।

महाभारत में वर्णित कर्कोटक-नल वृत्तांत में कर्कोटक द्वारा विष के प्रयोग की बात कही गई है, एक सरीसृप नाग द्वारा वंश की बात परंतु एक सरीसृप नाग न तो वस्त्र दे सकता है और न ही मनुष्य की भाषा में वार्तालाप कर सकता है। कथा की घटना दो मनुष्यों के बीच घटित होने पर भी केवल इसलिए मिथकीय बना दी गई क्योंकि नाग व्यक्तियों में सरीसृप नाग से तादात्म्य जतलाने का आग्रह बहुत ही अधिक हुआ करता था। पुराण लेखकों को इस प्रकार की मानसिकता से रोचक वृत्तांत लिखने की प्रेरणा मिली।

कर्कोटक-नल वृत्तांत

गंगा नदी में एक डोंगी में कुछ पोटलियां रखे हुए एक व्यक्ति दोनों हाथों से चप्पुओं को तेजी से चला रहा था, क्योंकि नदी के दोनों ओर सघन वन थे, उसे मालूम था कि सबसे पास का नाग ग्राम भी दो कोस से कम दूरी पर नहीं है। सघन वन में रात्रि गुजारना वैसे भी मौत को आमंत्रण देना है, पर क्या करे शरीर थकता चला जा रहा है, जैसे सूर्य अस्ताचल की ओर जाते दिख रहा है वैसे उसके हृदय की धड़कन

बढ़ती जा रही है। उसके लिये न तो नदी नई है और न ही आसपास के जंगल। वह अक्सर ही अपने गांवों के परिवारों द्वारा बनायी गयी वस्तुओं को ले जाकर दूर नगरों तक ले जाता था। उसे अंततोगत्वा तो जाना अयोध्या था परंतु पहला गंतव्य तो गंगातट का वह नाग बहुल गांव था जहां के उत्पादों को भी उसे एकत्रित करना था। नगरों में सारा माल देखते ही देखते खप जाता है पर इस माल को सघन वनों में बसे गांवों से एकत्रित करना साधारण काम नहीं है। इन गांवों तक वह या तो हाथी पर बैठकर जाता था या फिर नावों के द्वारा, प्रवाह की दिशा की ओर बसे गांवों में नाव द्वारा पहुंचना अधिक सुगम होता है, पर आज का दिन ही ठीक नहीं था। रास्ते में अनेक बार मगर मिले इसलिए नाव रोकनी पड़ी, और अब रास्ते में ही सांझ हो चली।

सूर्यास्त होने के कुछ पहले ही न चाहते हुए भी नाविक ने नाव रोक ली। उसे एक रस्सी से नदी तट की एक शिला से बांध दिया। और नाव पर रखी पोटलियों को उठाकर नदी के तटबंध को पार कर नदी तट के पास के वन में चला गया।

कुछ दूर जाने पर उसे एक पगडंडी दिखलाई दी, उसे याद आया कि यह रास्ता विदर्भ से कोशल की ओर जाने का है। उसने रास्ते के पास ही एक छोटा सा मैदान देखा जिसके चारों ओर मध्यम उंचाई की झाड़ियां थीं। उसे यह स्थान निरापद लगा। ऊंचे वृक्ष होने से चित्रव्याघ्रों (तेंदुओं) का पता ही नहीं चलता, वे कभी भी ऊंचे वृक्षों से कूदकर आक्रमण कर सकते हैं। झाड़ियों में भी चित्रव्याघ्र छुप जाते हैं, कभी-कभी वन्यशूकर भी झाड़ियों में छुपे रहते हैं। इसे सोचकर उसने सोचा क्यों न चारों ओर लकड़ियां रखकर अग्नि प्रज्वलित कर ली जाए ताकि वन्य पशुओं से सुरक्षा हो सके। वन में लकड़ियों की भला क्या कमी। उसने पत्थर घिसकर प्राप्त अग्नि से चारों ओर रखे ढेरों में आग लगा दी। आग धीरे-धीरे सुलगने लगी।

सूर्य डूबने को था, ऐसे समय भला नींद किसको आती है पर दिन भर नाव चलाते हुए बाद में श्रम कर लकड़ियां एकत्रित करते हुए अग्नि जलाने तथा सामान ढोकर इतनी दूर तक लाने से यह पथिक बहुत क्लांत हो गया था।

एक वृक्ष के तने के पास गठरियां रखकर उसने जैसे ही अपनी पीठ टिकाई उसे अनिवर्चनीय सुख प्राप्त हुआ। शरीर ढीला पढ़ गया, नेत्र बंद हो गए और नींद लग गई।

गहरी नींद में डूब कुछ ही पल बीते होंगे कि अचानक तेज हवा चली, इस तीव्र वायु ने मद्धिम गति से जलती लकड़ियों की आग भड़का दी, आस-पास की घास में आग लग गई।

पथिक के सीधे पसरे पैर तक आग जैसे ही पहुंची उसकी नींद टूट गई। शरीर और मन से क्लांत पथिक बुरी तरह घबरा गया। चारों ओर की लपटें बढ़ चुकी थीं। पथिक ने जोर से सहायता के लिये आवाज लगाई। उसे यह भान न रहा कि वह निर्जन जंगल में है।

यह निर्जन वन तो था परंतु यह एक प्रमुख मार्ग पर फैला वन था। इस मार्ग पर एक अन्य पथिक दुख में डूबा हुआ कहीं जा रहा था।

यह व्यक्ति शरीर से ऊंचा पूरा सुंदर और स्वस्थ था परंतु उसके शरीर पर मात्र एक छोटा वस्त्र था। उसकी कमर में एक छोटी क्षूरि भी थी। वैसी क्षूरिकाएं साधारणतः राजकुल के लोग ही रखते हैं। इस पथिक का रंग गोरा था पर अब मलिन हो गया था, उसके सुंदर केश धूल धूसरित हो रहे थे। इस पथिक ने वन में जलती हुई आग देखी परंतु उसे मालूम था कि वनों में ऐसी आग लगती रहती है। कभी बांसों की रगड़ से तो कभी-कभी वनवासी भी आखेटादि के लिये आग लगा देते हैं। यह कुछ नया नहीं था।

परंतु उसे लगा कि आग लगे इस वन से कोई व्यक्ति सहायता के लिये पुकार रहा है। वह रुका, उसने फिर वही सहायता की पुकार सुनी।

उसे अपने क्षत्रिय धर्म का ध्यान आया। वह भले ही परेशानी में हो पर उसे क्षत्रिय धर्म का पालन तो करना ही था। क्षत्रिय का अर्थ ही रक्षा करने वाला होता है। उसने गौर से देखा कि आग के वृत्त के भीतर एक व्यक्ति फंसा है, वह निकलने का प्रयास तो कर रहा है पर निकल नहीं पा रहा है।

पथिक ने ध्यान से देखा कि अग्नि वलय के एक हिस्से में शीघ्रता से प्रवेश कर निकला जा सकता है। वह अत्यंत फुर्ती से अग्नि वलय में आवाज देते हुए घुसा, तब तक आग में फंसे व्यक्ति ने अपने बचाने वाले को देख लिया। उसने तुरंत ही पोटली को अपने कंधे पर रखा और फिर अग्नि वलय के भीतर आ चुके व्यक्ति के साथ उसके द्वारा बतलाई विधि से बाहर निकल गया।

अग्नि वलय से दूर आकर दोनों व्यक्ति ने एक-दूसरे को देखा। आग के तेज प्रकाश में वे एक-दूसरे को ठीक से देख पा रहे थे। जिस व्यक्ति को बचाया गया उसके लिये तो यह व्यक्ति मानो ईश्वरीय दूत ही था। उसने उसके साहस की प्रशंसा की और कहा कि वह उसका जीवन भर आभारी रहेगा।

कुछ देर में दोनों व्यवस्थित हो गए, रात गहराने लगी, पास ही पर्याप्त अग्नि जल रही थी, अब उससे कोई खतरा न था। दोनों ही पास की शिलाओं को साफ कर बैठ गए। परिस्थिति ने दो अजनबियों को मित्र बना दिया। उपकृत होने से उन दोनों में से एक स्वयं को अपने त्राणकर्ता का ऋणी महसूस कर रहा था, कैसे प्रत्युपकार किया जाय वह समझ नहीं पा रहा था। जिस व्यक्ति ने बचाया था वह अब भी अपने दुख में डूबा था। यह उपकार तो उसने संस्कारवश अपनी कर्तव्य भावना से प्रेरित होकर किया था।

यदि एक पथिक अपने दुखों के कारण परेशान था तो दूसरा अब इस बात से परेशान था कि उसका रक्षक मौन क्यों है और वह किस चिंता में डूबा है।

कुछ देर बाद एक ने चुप्पी तोड़ी और दूसरे से पूछा : 'मान्यवर, आप कौन हैं आपने मेरे प्राण बचाकर मुझे जीवनदान दिया है अतः मैं अपने देवता का नाम जानना

चाहता हूं, आप अपने सुनहरे शरीर से मुझे तो देवता या यक्ष से प्रतीत हो रहे हैं यद्यपि आप रत्नजटित आभूषण धारण नहीं किए हैं परंतु मैं राजकुलों में पहने जाने वाले आभूषणों को उतारने से बने चिह्नों को आपके शरीर पर स्पष्ट रूप से देख पा रहा हूं। आपकी कटि में बंधी क्षूरिका की रत्नजटित मूंठ से मुझे यह लगता है आप राजा या देवता ही हैं।'

लगातार अपनी प्रशंसा सुनते हुए दुखी मन वाले पथिक ने अब गौर से उस व्यक्ति को देखा जो लगातार कुछ न कुछ बोले जा रहा था, उसके चेहरे पर किंचित मुस्कान आ गई।

उसने देखा कि प्रशंसा करने वाले का रंग बहुत काला तो नहीं है परंतु पर्याप्त श्याम है वह व्यक्ति भी उसी की भांति लंबे कद का है पर उसकी आयु अब उससे दूनी होगी, वह वृद्ध तो नहीं है पर एक ऐसा प्रौढ़ व्यक्ति है जिसमें युवाओं जैसी चपलता है। वह अपनी दाहिनी बांह में एक स्वर्णबंध बांधे हुए था जिसका आकार कुंडली मारे हुए नाग जैसा था। आश्चर्य यह था कि आग के वृत्त से निकलते समय भी जब उसके प्राण संकट में थे तब उसने अपने पोटली नहीं छोड़ी थी, वह उसे साथ लेकर ही निकला। आखिर ऐसा क्या है उस पोटली में जिसे उसने प्राणों के समान साथ रखा, यह सोचते हुए उसने सोचा कि वह इसे अपना परिचय देने के स्थान पर पहले उससे ही उसका परिचय क्यों न पूछ लें।

यह सोचकर उसने कहा : 'बंधु, तुम्हें बचाने वाला न तो कोई देवता है और न यक्ष, वह तो भाग्य का मारा एक साधारण मनुष्य है, परंतु तुम कौन हो और यहां कैसे इस आग में फंस गए?'

पथिक : 'मान्यवर मैं नागवंशीय यायावर हूं, मेरा नाम कर्कोटक है, यात्राएं हम नागों का जीवन यापन का एक आवश्यक अंग है।'

इतना कहकर उसने कुछ और महत्त्वपूर्ण बातें अपने इस नए मित्र को बतलाईं, जिन्हें सुनकर उसे अच्छा लगा।

दूसरा पथिक : 'मित्र, तुम्हारा परिचय पाकर मुझे प्रसन्नता हुई, पर चूंकि तुम अब मेरे मित्र हो इसलिए कुछ भी छुपाना ठीक नहीं है।'

'मैं भाग्य का मारा निषध देश का राजा नल हूं।'

कर्कोटक : (आश्चर्य से) 'निषध देश के महाराज नल, मुझे तो आपकी यह दशा देखकर बड़ा संताप हो रहा है, क्या मैं जान सकता हूं आपके दुर्भाग्य का कारण क्या है।'

राजा नल : 'द्यूत क्रीड़ा, बंधु धूत क्रीड़ा ने ही मेरा सर्वस्व हरण कर लिया है।'

कर्कोटक : 'राजा, क्या आप अपने इस मित्र को सारी बात कुछ विस्तार से बतलाएंगे?'

राजा नल : 'क्यों नहीं मित्र कर्कोटक, सारे विश्व को जो बात पता है उसे भला छिपाकर मैं क्या करूंगा।' (यह कहकर उन्होंने कहना प्रारंभ किया)

'मैं अच्छा भला राजकाज चला रहा था। मैं भाग्यवान हूं कि मुझे सुंदर पत्नी दमयन्ती मिली, उससे मुझे एक पुत्र और पुत्री भी हुई। मेरा पारिवारिक जीवन सुखमय था, मेरी प्रजा मुझे बहुत सम्मान देती थी पर मुझे ही न जाने क्या सूझा, मैंने अपने रिश्ते के भाई पुष्कर को द्यूत खेलने का निमंत्रण दिया।

जब द्यूत क्रीड़ा प्रारंभ हुई तब नगर के सभी गणमान्य लोग राजभवन में एकत्रित थे। उन्हें द्यूत क्रीड़ा देखने के लिये आमंत्रित किया गया था। मैं पहले तो कुछ दांव जीता पर बाद में जब लगातार हारने लगा तब नगर के गणमान्य नागरिकों ने मुझे द्यूत क्रीड़ा से विरत करने के अनेक प्रयास किए पर जुआरी तो मानो जुए में पागल हो जाते हैं, मेरे साथ भी यही हुआ। धीरे-धीरे मैं राज पाट धन सम्पत्ति सब कुछ गंवा बैठा। जब मैं दांव पर दांव हार रहा था तब मेरी बुद्धिमति पत्नी ने पुत्र और पुत्री को एक विश्वसनीय सारथि के रथ में बैठालकर ननिहाल कुंडिनपुर भेज दिया।

सब कुछ जुए में गंवा बैठने के बाद मैं कुछ सोच पाता तब तक पुष्कर ने नगर में ढिंढ़ोरा पिटवा दिया कि जो भी नागरिक मेरे परिवार को शरण देगा उसका शिरच्छेद कर दिया जाएगा परिणामतः मुझे अपनी पत्नी दमयन्ती सहित अपना राज्य छोड़ना पड़ा। पत्नी ने मुझसे अपने पिता के यहां चलने की सलाह दी पर मैं न माना। दुर्योग अब भी कम न हुआ था। बुद्धि भ्रष्ट होने के कारण मेरी पत्नी भी मुझसे बिछुड़ गई। इसी दुख में डूबा मैं वन में जा रहा था कि मैंने तुम्हारी आवाज सुनी फिर भी जो हुआ उसे मैं क्या दुहराऊं इतना अवश्य है कि तुम्हें अग्नि वलय से निकालकर मुझे कुछ शांति ही मिली।'

बातों ही बातों में सारी रात निकल गई।

कर्कोटक ने नल की सारी आप बीती ध्यान से सुनी थी। प्रातः होने पर उसने राजा से कहा : 'राजन् मैं आपके उपकार का बदला तो कभी भी नहीं चुका पाऊंगा किंतु मैं चाहता हूं मैं आपकी कुछ सहायता करूं।'

राजा नल ने पूछा : 'क्या सहायता करोगे?'

कर्कोटक : 'राजन् आप मेरे कहे अनुसार कार्य करें, साधारण कार्य है, बस आपको कुछ कदम चलना है, प्रत्येक कदम के साथ गिनती भी गिनना है। पहले कदम पर जोर से उच्चारित करें। एक इसी भांति दूसरे कदम पर दो का उच्चारण करें, इसी तरह कदम बढ़ाते जाएं और संख्या का उच्चारण करते जाएं।'

राजा नल को यह कार्य विचित्र सा लगा पर सोचा इसे करने में भला क्या हानि है।

तभी कर्कोटक ने पास में पड़ी हुई पोटली से हाथी दांत का बना एक पात्र निकाला जिसका ढक्कन मजबूती से बंद था। उसने उस पात्र को खोला और पास की भूमि से एक नुकीला कुश उखाड़ा तथा राजा की ओर देखने लगा। राजा ने भी कर्कोटक को यह सब करते देखा।

राजा ने कर्कोटक से कहा : 'मित्र देखो, तुम्हारी इच्छानुसार अंक बोलते हुए कदम उठा रहा हूं।'

राजा ने एक दो तीन इत्यादि कहते हुए जैसे ही दसवें कदम को पूरा करते हुए 'दस' शब्द का उच्चारण किया वैसे ही उन्हें लगा कि उनकी पीठ पर मानो सर्प ने दंश मार दिया हो। क्षण भर के लिये वे व्याकुल हो गए, उन्होंने देखा कि कुश में द्रव की बूंदें लगी हुई हैं। उन्हें समझते देर न लगी कि कर्कोटक ने कुश की नोक से उस द्रव को जो हाथीदांत के पात्र में रखा है उनके शरीर में प्रविष्ट करा दिया है। इसी द्रव के कारण वे व्याकुल हो उठे थे। तभी उन्होंने गौर किया कि उनका सारा शरीर धीरे-धीरे काला पड़ रहा है। उनके हाथ पैर सभी कुछ ही देर में पूरी तौर से एकदम काले हो गए हैं, उन्होंने मुंह पर हाथ फेरा देखा माथे पर गूमड़ उठ आया है तथा उनकी सुंदर चिबुक फूल गई है तथा नासिका भी कुछ टेढ़ी हो गई है।

राजा नल क्रोधित हो गए, मुंह से शब्द न निकला, क्रोध और अधिक द्विगुणित हो गया जब देखा कि कर्कोटक सामने खड़ा मुस्कुरा रहा है।

गुस्से में उनका हाथ कटार पर जा पहुंचा, पर वे कटार निकालते इसके पहले ही कर्कोटक ने राजा से कहा : 'महाराज क्रोधित न हों, मैंने आपका कोई अहित नहीं किया है, आप शांत हों और मेरी बात सुनें, आप मेरी बात सुनकर प्रसन्न ही होंगे।'

राजा नल दुर्दैव से पहले से ही पीड़ित थे, उन्होंने क्रोध पर संयम रखते हुए पूछा : 'इस तरह मुझे विरूपित कर तुमने भला मेरा क्या उपकार किया है।'

कर्कोटक ने कहा : 'महाराज, आप जल में अपनी छाया जब देखेंगे तब आप भी स्वयं अपने को पहिचान न पाएंगे। आप सर से पैर तक घोर कृष्णवर्णीय और कुरूप हो चुके हैं, पर यह कुरूपता केवल तब तक के लिये है जब तक आप अपनी इच्छा से कुरूप रहना चाहें।'

राजा नल : (कुछ आश्वस्त होते हुए) 'परंतु तुमने ऐसा किया क्यों?'

कर्कोटक : 'महाराज आप इन दिनों आपाद स्थिति में हैं, आपको आपके वास्तविक रूप में देखकर उस समय जब आप सो रहे हों या कि सतर्क न हों तब आपके शत्रु आपको हानि पहुंचा सकते थे। आप पर कुछ दूसरे भी संकट आ सकते हैं परंतु जब आपको कोई पहिचानेगा ही नहीं तब आप अपनी इच्छानुसार कार्य करते रह सकेंगे। जब आप अपने जीवन के इस संकट का हल ढूंढ्य लें तब आप सरलता से अपना पूर्व रूप पा सकेंगे।'

राजा : 'उसके लिये मुझे क्या करना होगा।'

कर्कोटक : 'कुछ विशेष नहीं, मैं आपको एक वस्त्र दे रहा हूं जिसे आप सम्हालकर रखिये, जब भी आप इस वस्त्र से अपने शरीर को आवृत्त करेंगे तभी कुछ ही क्षणों में इस वस्त्र के प्रभाव से आप अपने पूर्व रूप को प्राप्त कर लेंगे।'

राजा नल : 'मित्र कर्कोटक, अद्भुद् शक्ति है इस वस्त्र में।'

कर्कोटक : 'राजन् अद्‌भुत कुछ भी नहीं है। हम नाग लोग परंपरा से विष प्रयोग के विशेषज्ञ हैं। आपको जिस विष की मात्रा कुश के द्वारा दी गई है उससे व्यक्ति की मृत्यु नहीं होती केवल उसका रंग-रूप बलदता है इसी तरह इस विष के प्रभाव को कम करने वाले विष की भी हमें जानकारी है। विष से विष दूर होता है। इस विष के प्रभाव को दूर करने वाले विष से हमने इस वस्त्र को इस तरह बनाया है कि ऊपरी तौर से देखने पर सब कुछ सामान्य है पर यह वस्त्र पुराने विष का प्रभाव शीघ्र ही हरण कर लेता है।'

यह कहकर कर्कोटक ने अपनी पोटली से एक बहुत महीन वस्त्र निकाला। उसे तह कर उसने एक बहुत छोटे सूखे फल के भीतर रख कर दे दिया। राजा ने उसे सावधानी से अपनी करधनी में बांध लिया।

राजा नल को वह वस्त्र दे कर्कोटक ने राजा को सलाह दी कि वे अयोध्या चले जाएं क्योंकि वहां का राजा एक उत्तम व्यक्ति है। राजा नल अपने बदले हुए रूप में अयोध्या की ओर चल दिए तथा कर्कोटक ने अपने नागग्राम की राह पकड़ी।

दुर्दिनों का अंत भी होता ही है। राजा नल के दुर्दिनों में अनेक उतार-चढ़ाव आए पर अंत में जब वे अपने बदले हुए रूप में अपने परिवार से मिले तब उनकी पत्नी दमयन्ती उनके लक्षणों को देखकर उन्हें पहिचान तो गई परंतु उनके रूप को देखकर विश्वास न कर सकी। इस उहापोह का अंत तभी हुआ जब राजा नल ने कर्कोटक का प्रदान किया हुआ दिव्य वस्त्र धारण किया। राजा नल ने अपने पूर्व रूप को जैसे ही पाया उनका पूरा परिवार हर्ष से भर गया।

7

आदिम संघर्ष

पाषाण काल से ही मनुष्य ने समूहों में रहना प्रारंभ कर दिया था। उत्तर पाषाण काल और ताम्रयुग की सभ्यताओं में समूह समाज बन चुके थे। ये समाज अपनी पहिचान को सुनिश्चित करने के लिये स्वयं किसी प्रकार का चिह्न धारण करना आवश्यक समझते थे। इन समाजों की उत्पत्ति की अपनी कथाएं थीं। नाग समाज टोटमी था अतः वह नाग चिह्न को पवित्र मानता था, उसकी अपनी वंश परंपरा आदिशेष से प्रारंभ होती थी। समकालीन प्राचीन समाजों में गंधर्व समाज भी था, जो मूलतः देव समाज का अंत्यज कुल था।

नाग और गंधर्व दोनों ही स्वयं को मानवेतर मानते थे, जबकि प्रजातीय दृष्टि से ये सब एक ही थे। भारतीय उपमहाद्वीप में तब 'मानव' केवल उन लोगों को माना जाता था जो स्वयं को 'मनु' की संतान मानते थे। इनकी वंश परंपरा के अनुसार वह युग 'वैवस्वत मनु' का था। वैवस्वत मनु इस समाज के आदि पुरुष थे। यद्यपि यह भी सत्य है कि ऋषि वैवस्वत मनु से भी प्राचीन मनुओं की परंपराओं का उल्लेख करते थे।

भूमि को लेकर इन समाजों में युद्ध की स्थितियां बनी रहती थीं। मानव समाज के लिये भूमि कृषि और पशुचरण के लिये आवश्यक थी तो अन्य समाजों के लिये आखेट, फल संचयन तथा वनोपजों के लिये। सभी को अपनी भूमि प्रिय थी। नागों को अपनी भूमि कुछ उसी प्रकार प्रिय थी जिस प्रकार आधुनिक समय में भारतीयों को अपनी मातृभूमि (Motherland) यूरोपीयों को पितृभूमि (Fatherland) होती है। फर्क यह है कि नाग समाज इस भूमि को भगिनी भूमि (Sisterland) मानता था।

पुरुकुत्स कथा भले ही मूल रूप से एक भूमि संघर्ष का विवाद रहा हो परंतु यह कथा एक रूपक भी है। इस कथा में 'नर्मदा' (अर्थात् नर्मदा नदी का क्षेत्र) को भगिनी के रूप में दिए जाने का वर्णन है।

नर्मदा भ्रातृभिर्दत्रा पुरुकुत्साय योरगैः
तथा रसातलं नीतो भुजगेन्द्र प्रयुक्तया।

(भावार्थ : भ्राताओं (नागों) द्वारा दी गई नर्मदा नागराज की आज्ञा से पुरुकुत्स को रसातल ले गई।)

उपर्युक्त उद्धरण में नाग कन्या नर्मदा को अपने राजा 'नागराज' की आज्ञा का पालन करते हुए अपने पति पुरुकुत्स को रसातल ले जाते हुए बतलाया गया है साथ ही नर्मदा को नागों की बहिन बतलाया गया है।

पुरुकुत्स की कथा को परवर्ती कथाकारों ने बदलती हुई सांस्कृतिक स्थितियों में अनेक बार नए ढंग से कहा। पुराण लेखकों ने इस कथा में विष्णु को जोड़कर इस लौकिक कथा को अलौकिक बना दिया।

विष्णुपुराण में नागों और गंधर्वों के इस वैमनस्य का विस्तृत विवरण मिलता है, जिसके अनुसार पाताल में मौनेय नामक छह करोड़ गंधर्व निवास करते थे उनका पाताल के ही मूल निवासी नागों से विग्रह था। गंधर्वों ने नागों को पराजित कर उनकी सम्पत्ति छीन ली थी, व्यथित नागों ने अपनी बहन नर्मदा से सहायता मांगी। नर्मदा ने अपने वीर पति पुरुकुत्स को नागों की सहायता के लिये प्रेरित किया। नर्मदा की सहायता से पुरुकुत्स नागों के लोक रसातल पहुंचे और गंधर्वों से युद्ध कर उनका विनाश किया। इस वृत्तांत को कुल विद्वेष को घोषित करने वाला माना जाता है।

वायुपुराण में मान्धाता के पौत्र का भी वर्णन है, इस पुराण के अनुसार नर्मदा एवं पुरुकुत्स को त्रसदस्यु नामक एक पुत्र उत्पन्न हुआ था।

पुरुकुतसस्य दायादस्त्रसदस्युर्महायशाः।
नर्मदायांसमुत्पन्नः सम्भूतस्य चात्मजः॥

महाभारत के समान ही कुछ पुराणों में भी नर्मदा के विवाह की चर्चा की गई है। भागवत् पुराण लिखता है :

नर्मदा भ्रातृभिर्दत्ता पुरुकुत्साय योरगैः।
तथा रसातलं नीतो भुजगेन्द्र प्रयुक्तया॥

(भावार्थ : भ्राताओं द्वारा दी गई नर्मदा नागराज की आज्ञा से पुरुकुत्स को लेकर रसातल ले गई)

कथा के अनुसार पुरुकुत्स ने रसातल जाकर नागों के शत्रु गंधर्वों को मार डाला।

पुरुकुत्स कथा

वर्षों पहले नर्मदा तट के महाराज मान्धाता के पुत्र पुरुकुत्स ने नर्मदा से विवाह किया, उनसे उनके एक पुत्र भी हुआ। यह एक ऐसी प्राचीन कथा है जिस पर महर्षि लोमपाद के बटुक गण नर्मदा तट के आश्रमों पर जब तक चर्चा करते थे पर मन में संशय बना रहता क्योंकि नर्मदा को कुंआरी नदी मानने की भी एक अतिप्राचीन परंपरा है। महर्षि लोमपाद का यह विश्वास था कि बटुकों के इस प्रश्न का सर्वोत्तम समाधान

महर्षि मार्कण्डेय कर सकते थे यह एक संयोग था कि वे अपने शिष्य से मिलने पधारने वाले थे। नियत तिथि पर महर्षि मार्कण्डेय पधारे।

महर्षि मार्कण्डेय के शिष्य महर्षि लोमपाद का आश्रम नर्मदा तट पर था, जहां सदैव ही ऋषियों का आवागमन लगा रहता था।

मार्कण्डेय वर्षों से नर्मदा तट पर भ्रमण करते रहे हैं। संपूर्ण रेवाखंड में उनके शिष्यों के आश्रम हैं। वर्ष भर वे एक आश्रम से दूसरे आश्रम जाते रहते हैं। उनका यह भ्रमण सप्रयोजन है। वे यह अनुभव कर चुके हैं कि नर्मदा के उत्तरी और दक्षिणी तटों पर संकरे मैदान हैं जहां आर्यजन कृषि का विस्तार एक सीमित क्षेत्र में ही कर सकते हैं। दोनों ओर गहन वन और पठारी प्रदेश हैं जहां के समाजों के लिये कृषि वर्ष भर व्यस्त रखने वाला कार्य नहीं है। आर्यों को यव की कृषि श्रेष्ठ प्रतीत होती है जबकि अन्य समाजों को धान की। धान उत्तम अन्न है। अन्य समाज वर्षा काल में इसे सहज में ही उत्पन्न कर लेते हैं। पुराने समय में तो यज्ञ कर्म में केवल यव का ही उपयोग उचित माना जाता था पर उन्होंने अपने प्रयास से यव के साथ धान का प्रयोग भी प्रारंभ करा दिया है। मार्कण्डेय ने अपने आश्रमों में धान को अक्षत् या कभी नुकसान न होने वाले अन्न की संज्ञा दे दी है। इतना ही नहीं उन्होंने हल्दी, पुष्प और चंदन का प्रयोग भी यज्ञों के विधान में सुनिश्चित कर दिया है। इसका अच्छा परिणाम रहा है। गंधर्व और नाग जैसे समाज अब आर्यों के निकट आ चुके हैं, उन्होंने आर्यों की अनेक आदतों को सीख लिया है। नाग गायों का पालन नहीं करते थे परंतु जब से आर्यों ने उन्हें दूध पिलाना प्रारंभ किया है वे अब उसे मना नहीं कर पाते। महर्षि मार्कण्डेय को महर्षि अगस्त्य के समान ही आर्येतर जातियों की सभ्यताओं का जानकार माना जाता है।

महर्षि मार्कण्डेय का भ्रमण सदैव ही सोद्देश्य रहा है। आज भी उनका मन्तव्य शिक्षा केंद्रों में अध्ययन प्राप्त कर रहे बटुकों के मन में उत्पन्न करना रहा है। उसी संबंध में जब महर्षि लोमपाद ने पुरुकुत्स और नर्मदा के विवाह संबंधी आख्यान पर जब महर्षि लोमपाद ने अपने बटुकों की शंका रखी तो महर्षि प्रसन्न हुए।

महर्षि लोमपाद ने महर्षि मार्कण्डेय के प्रवचन में सभी बटुकों को बुलाया ताकि वे महर्षि की अमृतवाणी का लाभ उठा सकें।

महर्षि मार्कण्डेय ने बटुकों को संबोधित करते हुए कहा : 'बटुको, समय के अंतराल से तथ्य धुंधलाने लगते हैं और अनेक बार ऊपरी तौर पर दो एक सी वस्तुओं को एक ही मान लिया जाता है यह मानव स्मृति का स्वभाव है। तुम्हारी शंका के समाधान में मैं दो तथ्यों की ओर ध्यान दिलाना चाहूंगा। पहला तथ्य यह है कि अति प्राचीनकाल में 'मान्धाता' शब्द व्यक्तिवाची था, तदंतर एक से अधिक मान्धाता हुए और यह शब्द गुणवाचक या विशिष्ट राजाओं की पदवी का द्योतक हो गया। कुछ यही स्थिति नाग जाति की रही है। नाग जाति प्राचीन काल से भारत में निवास कर रही है पर समय के अनुसार उनमें भी कुछ अंतर आया, प्रारंभ में जहां वे अपनी पहिचान फणधारी सर्प के द्वारा कराने में गौरव मानते थे कालांतर में परम् शैव हो

जाने के कारण उनमें फणधारी सर्प की पहिचान का पुराना आग्रह समाप्त तो नहीं हुआ कम अवश्य हो गया। जिस तरह आर्य अपनी भूमि को मातृभूमि कहने में गर्व का अनुभव करते हैं, उसी तरह नाग भी जीवनदायिनी उन नदियों को जिनके किनारे वे निवास करते हैं अपनी भगिनी मानते हैं। इस तरह नाग नर्मदा को अपनी भगिनी मानते रहे हैं।

हमें मान्धाता पुत्र पुरुकुत्स का नर्मदा के विवाह की तथ्यात्मकता खोजनी होगी।

कुछ रुककर पुनः महर्षि मार्कण्डेय बोले : 'नर्मदा तट के मान्धाता के साथ कुछ और कथाएं जुड़ी हैं। प्रथम कथ्य उनके पुत्र पुरुकुत्स के संबंध में है। यह कथ्य प्राचीन है क्योंकि इसका उल्लेख महाभारत में मिलता है। इसके अनुसार मान्धाता ने तो नर्मदा तट पर यज्ञ किए ही उन्होंने भी नर्मदा तट पर अनेक सिद्धियां प्राप्त कीं :

अस्मिन्नरण्ये नृपते, मान्धातातुरपि चात्मनः।
पुरुकुत्सो नृपः सिद्धिं महतीं समवाप्तवान्॥

यहां तक तो ठीक है क्योंकि नर्मदा तट को पवित्र माना गया है और इसलिए जहां मान्धाता ने यज्ञ कर पुण्य कमाया वहां उनके पुत्र ने तप कर सिद्धियां प्राप्त कीं, परंतु इसके बाद का कथ्य प्रतीकात्मक है और उसकी विवेचना पुराणकारों ने अपने ढंग से की है, महाभारत के ही अगले श्लोक में कहा गया है :

भार्या समवद्यस्य नर्मदा सरितावरा।
सोऽस्मिन्नरण्ये नृपतिस्तपस्तह्वा दिक्त :॥

उपर्युक्त श्लोक में नर्मदा को मान्धाता के पुत्र पुरुकुत्स की पत्नी कहा गया है परंतु श्लोक में नर्मदा को 'सरितावरा' या श्रेष्ठ नदी भी कहा गया है अतः यह विवाह नहीं है, हमें यह मानना चाहिए कि पुरुकुत्स तो निश्चित ही मान्धाता के पुत्र हैं अर्थात् राजा हैं परंतु नर्मदा नदी ही है और इस नदी का किस पुरुष के साथ विवाह लक्षणात्मक है। एक विचार यह भी है कि नर्मदा नाम की कोई स्त्री भी हो सकती है किंतु 'सरितावरा' शब्द होने से इस विचार की संगति नहीं बैठती, अतः इस आख्यान में नर्मदा नदी ही है।

नर्मदा का कुमारी होना जगजाहिर है, अनेक पुराणों में नर्मदा को कुमारी नदी माना गया है। पुराणों और धर्मशास्त्रों में नदियों को देवी या स्त्री के रूप में मानकर उसे पवित्र मानने की परंपरा रही है।'

प्रवचन : महर्षि मार्कण्डेय के प्रवचन के पश्चात् प्रश्न सत्र आरम्भ हुआ। महर्षि भरद्वाज ने प्रवचन के दौरान जो शंकाएं रह गई थीं उन्हें पूछने के लिये अपने एक शिष्य विहव्य को नियत किया जिसने उपस्थित सभी श्रोताओं की शंकाओं को भली भांति समझ लिया था। इस तरह महर्षि मार्कण्डेय से एक ही बटुक को सभी श्रोताओं की शंकाओं को रखना था। बटुक विहव्य सभी बटुकों में अधिक कुशाग्र बुद्धि के थे।

बटुक विहव्य ने महर्षि मार्कण्डेय की आज्ञा पाकर प्रश्न रखना प्रारंभ किया।

बटुक : 'तृतीय मान्धाता ने रेवाखंड में अखंड राज्य का सपना संजोया था। क्या दूसरी कथा उन्हीं से संबंधित है।'

महर्षि : 'हां यह कथा तृतीय मान्धाता से संबंधित है, वे अपने पूर्वजों के ही अनुरूप क्षेत्रीय समाजों की महत्ता को समझते थे इसीलिए उन्होंने रेवाखंड के एक महत्त्वपूर्ण समाज से अपना रिश्ता जोड़ा। नागों से संबंध जोड़ने का अर्थ था भूमि पुत्रों से संबंध जोड़ना, इस तरह दो प्राचीन सस्कृंतियों में मेल जोल बढ़ने की प्रक्रिया विकसित हुई।'

बटुक : 'अर्थात् आर्य होकर भी आर्येतर जाति से संबंध?'

महर्षि : 'ठीक यही किया मान्धाता ने। तृतीय मान्धाता ने नर्मदा घाटी ही क्या संपूर्ण भरतखंड की सबसे प्रधान आर्येतर जाति 'नागों ' से संबंध जोड़ने का निश्चय किया और उन्होंने अपने प्रतापी पुत्र पुरुकुत्स का विवाह नर्मदा से कर दिया।'

बटुक : 'नर्मदा से? यह कैसे संभव है कि एक पुरुष का विवाह एक नदी से हो, फिर नर्मदा की तो वैसे भी कुंआरी मानने की परंपरा है।'

महर्षि : 'तुम्हारा असमंजस ठीक है, समय बदलते लोगों ने नदी और नारी को एक ही कर दिया, यह इसलिए भी संभव हुआ कि मूर्तिकला के विकास के साथ नर्मदा ही क्या सभी नदियों को नारी रूप में शिल्पित किया जाने लगा, परिणाम यह हुआ कि नदियों के पतियों की भी कल्पना कर डाली गई और जब पति की कल्पना हो गई तब विवाह की कहानी भी तैयार हो गई।'

बटुक : 'तात्पर्य यह कि पुरुकुत्स का विवाह किसी नर्मदा नामधारी कन्या से हुआ था।'

महर्षि : 'निश्चित रूप से ऐसा ही हुआ, आज भी देश में गंगा, जमुना, सरस्वती, नर्मदा, गोदावरी और कावेरी नाम की हजारों कन्याएं हैं।'

बटुक : 'फिर तो मेरा ख्याल है कि महाराज मान्धाता ने आपके द्वारा सुनाई गई प्रथम पुराकथा की अनिंद्य सुंदरी कोई गंधर्व कन्या चुनना चाहिए था नागकन्या को उन्होंने क्यों चुना।'

महर्षि : 'पहली बात तो यह बतला दूं कि नागकन्याएं भी सुंदरता में गंधर्व कन्याओं से कभी कम नहीं थीं, यही कारण है कि यदि महाप्रतापी रावण किसी गंधर्व कन्या पर रीझ गया था तो उसके पुत्र महाबली इंद्रजीत मेघनाद ने नागों की इच्छा के विरुद्ध नाग राजकुमारी का अपहरण कर उससे विवाह किया था।'

बटुक : 'तब फिर ऐसी कौन सी बात थी जिसके कारण महाराज मान्धाता ने नागकुल से संबंध जोड़ा?'

महर्षि : 'राजनैतिक कारण।'

बटुक : 'विवाह में भी राजनीति?'

महर्षि : 'हां, संभव है विवाह में राजनीति की यह बहुत ही प्रारंभिक घटना हो।'

बटुक : 'वह कैसे?'

महर्षि : 'यह एक तथ्य है कि भरतखंड में नागों का प्रसार गंधर्वों से कहीं बहुत अधिक था परंतु क्षेत्रीय दृष्टि से नर्मदा खंड के नाग गंधर्वों के राजनैतिक प्रतिद्वंद्वी थे। इस प्रतिद्वंद्विता के चलते उनमें युद्ध होता रहता था और धीरे-धीरे नाग कमजोर पड़ते चले गए। अंततः नागों ने नर्मदा तट के एक भाग को जिसे वे भगिनी भूमि मानते थे महाराज मान्धाता को देकर उनसे मैत्री प्राप्त की और फिर राजकुमारी नर्मदा का विवाह पुरुकुत्स से कर उस मैत्री को और अधिक दृढ़ किया। अंत में दोनों की सेनाओं ने गंधर्वों का नर्मदाघाटी से सफाया कर दिया।'

टिप्पणी

पौराणिक पुरुकुत्स कथा : पुराणों में नदियों और पर्वतों को नारी और पुरुष रूप में मान्यता प्राप्त है। सभी महान नदियों और पर्वतों के साथ कथाएं पिरोई गई हैं और सभी को दैवी शक्ति संपन्न मानते हुए भी उनसे मानवीय व्यवहार करते हुए दिखलाना पुराणों की अपनी विशिष्ट शैली है।

नर्मदा के संदर्भ में नर्मदा तो निश्चित ही वही नदी है जिसे हम आज भी देखते हैं परंतु भौगोलिक क्षेत्रों के नाम बदल गए हैं, उनकी पहिचान मुश्किल है जैसे रसातल। नर्मदा वृत्तांत में नर्मदा रसातल तक जाती है पर वह कहां है यह हम नहीं जानते। यह सुनिश्चित है कि गंधर्व और नाग दोनों ही भारत के विशाल क्षेत्र में रहने वाली प्रागैतिहासिक मानव जातियां थीं, और उनके कुछ कुल नर्मदा तट पर भी वास करते थे, भले ही गंधर्वों की संख्या छह करोड़ न रही हो पर वे नर्मदा तट की सभ्यताओं में अपनी पहिचान रखते थे। प्राचीन काल में भारत में मनुष्यों की पहिचान भौगोलिक क्षेत्रों के नाम के आधार पर भी की जाती थी यही कारण था कि तुर्किस्तान का व्यक्ति तुरुक और भारतवर्ष का निवासी भारत कहलाता था। श्रीमद्‌भगवद्‌गीता में भगवान श्रीकृष्ण ने अर्जुन को 'भारत' कहकर संबोधित किया है, इस तरह नर्मदा तट के निवासी नार्मदेय तो थे ही पर किसी नर्मदा क्षेत्र की स्त्री को नर्मदा कहा जा सकता है ठीक उसी तरह जिस तरह मद्र देश की स्त्री माद्री और पांचाल देश की पांचाली होती थी। यही कारण है कि नर्मदा पुरुकुत्स वर्णन में सुबंधु की 'वासवदत्ता' के टीकाकार शंकर ने पुरुकुत्स का संबंध नर्मदा में स्नान करती हुई सुंदरी से ही जोड़ा था। इस टीकाकार के अनुसार तपस्यारत पुरुकुत्स का संबंध नर्मदा में स्नान करती हुई सुंदरी से ही जोड़ा था। इस टीकाकार के अनुसार तपस्यारत पुरुकुत्स नर्मदा स्नानरत एक सुंदरी को देख कामाविष्ट हो गए और उन्होंने नीति को त्याग दिया। स्पष्ट है कि पुरुकुत्स ने नर्मदा तट की निवासी किसी सुंदरी से विवाह किया और वह सुंदरी नागजाति की थी अतः नाग उसे अपनी बहिन मानते थे। अपनी विपत्ति को दूर करने के लिये नागजाति के लोगों ने अपनी बहिन के माध्यम से पुरुकुत्स की सहायता प्राप्त की। एक दूसरा अर्थ भी संभव है वह यह कि इस नागकन्या का नाम भी नर्मदा रहा हो। नदी, पहाड़ों, वनस्पतियों और खगोल पिंडों के नामों के आधार पर अनेक यशस्वी भारतीयों के नाम प्राचीनकाल में रखे जाते थे और आज भी रखे जाते हैं।

प्राचीन साहित्य में विशेषतः पुराणों में अलौकिकता बोध के लिये देवताओं एवं अधिभौतिक शक्तियों को पार्थिव घटनाओं के साथ जोड़ने की परंपरा भी थी अतः उपर्युक्त घटनाक्रम में अर्थात् नागों एवं गंधर्वों की संघर्ष कथा में नर्मदा एवं पुरुकुत्स को अलौकिकता का प्रभामंडल पहिना दिया गया।

नागवंशी नर्मदा या नर्मदा नामधारी सुंदरी को परवर्ती संस्कृत विद्वानों ने 'रेवैव स्त्रीरूपेणागता इत्यपरे' अथवा उस नारी को नारीरूपधारिणी नर्मदा घोषित कर दिया अब जब पुण्यसलिला को नारी का रूप दे दिया गया तो उसके पति में भी दैवी छटा को निरुपित करना आवश्यक हो गया फलतः विष्णुपुराण में कहा गया है कि साक्षात् श्री विष्णु ने नागों की प्रार्थना से द्रवित होकर मान्धाता कुल में उत्पन्न पुरुकुत्स के शरीर में प्रविष्ट होकर नागों के शत्रुओं का नाश किया। जब श्री विष्णु ही सहायता कर रहे थे तो फिर सौ पचास गंधर्वों की बात पुराणलेखक क्यों करते सो उन्होंने पूरे छह करोड़ गंधर्वों के हनन की बात लिख डाली।

नर्मदा-शोण विवाह : महाभारत में नर्मदा के विवाह की चर्चा होने के बाद भी नर्मदा को कुमारी मानना इस विश्वास को और अधिक बल देता है कि महाभारत का आख्यान के निहितार्थ को समझना आवश्यक है क्योंकि परवर्ती पुराणकारों में से कुछ ने नर्मदा विवाह के सूत्र को आगे बढ़ाया है। यहां यह लिखना आवश्यक है कि स्थापित मत के विपरीत नर्मदा के विवाह का प्रसंग जनजातीय कथाओं तथा पौराणिक कथाओं दोनों में ही यत्र-तत्र मिलता है। जनजातीय लोककथाओं के अनुसार नर्मदा का विवाह शोणभद्र के साथ होना निश्चित हुआ था। इन लोककथाओं में शोणभद्र को नद (या पुरुष नदी) तथा नर्मदा को नदी कहा गया है। इन्हीं कथाओं में कतिपय कारणों का भी उल्लेख है जिनके कारण शोण एवं नर्मदा का विवाह नहीं हो सका तथा दोनों ने अपने जीवन के रास्ते बदल लिये अर्थात् शोणभद्र उत्तरगामी और नर्मदा पश्चिमगामी हो गए।

8

सामाजिक संविलयन के सूत्र

उपमहाद्वीपीय भारत में प्राचीन काल से उत्तर से दक्षिण और पूर्व से पश्चिम की ओर व्यक्तियों और समाजों का आवागमन होता रहा है। आधुनिक समय के बदले हुए परिदृश्य में प्राचीन तथ्यों को ऐतिहासिक साक्ष्यों के आधार पर ही समझा जा सकता है। ये साक्ष्य अनेक बार भौतिक न होकर भाषा या आचार के रूप में भी होते हैं।

अधिकांश भारतीय पुरातत्ववेत्ताओं का मानना है कि भारतीय उप महाद्वीप के धुर उत्तर पश्चिम में बसे तक्षशिला का संबंध 'तक्षक' से है। तक्षक नाग थे इसमें संशय नहीं है। तक्षशिला के आसपास का क्षेत्र नागों का था। कश्मीर के स्थानों के नामों में आज भी शब्द समान सा है। अनंत नाग से लेकर शेषनाग का क्षेत्र आज भी कश्मीर घाटी का जनसंकुल क्षेत्र है जहां इस प्रदेश की लगभग पन्द्रह प्रतिशत आबादी रहती है। अतिप्राचीन काल में ही इस क्षेत्र की उपजाऊ भूमि में छोटे-छोटे अधिवास बस चुके थे। ये सभी अधिवासी नागों के थे। कश्मीर घाटी के अनेक अधिवासों की सातत्यता तो आश्चर्यचकित कर देने वाली है। श्रीनगर तेरह सौ वर्ष पुराना नगर है। चीनी यात्री ह्वेनसांग ने यह नगर देखा था। इस यात्री के आने के पूर्व लिखे गए तक्षशिला से लेकर नालंदा तक में लिखे गए बौद्ध ग्रंथों में 'नाग' जाति के लोगों के स्पष्ट संकेत हैं। ये ऐतिहासिक नागों के विवरण हैं।

कुछ ऐसे ही एक यायावर नाग स्नातक का वर्णन उन लोगों के साथ किया गया है जो तत्कालीन अन्य प्रतिनिधि समाजों के लोग थे।

नागभट्ट की कथा

नागभट्ट तक्षशिला विश्वविद्या केंद्र के मेधावी स्नातक थे। उन्होंने अपना अध्ययन पूरा कर लिया था। उनके साथ ही उनके मित्र श्रीपाद और यशोधर्मन की भी शिक्षा पूर्ण हो चुकी थी। सभी अपने विद्यार्थी जीवन के पश्चात् नए जीवन में प्रवेश करना चाहते थे। तक्षशिला विश्वविद्या केंद्र के छात्रों को ज्ञान की अग्नि में तपाकर खरा बना दिया

जाता था अतः किसी भी राज्य की राजकीय सेवा में उन्हें प्राथमिकता मिलती यदि वे स्वयं का गुरुकुल प्रारंभ करना चाहते तो किसी भी क्षेत्र का राजा उन्हें हर प्रकार से सहायता देने को तत्पर रहता।

नागभट्ट, श्रीपाद और यशोधर्मन जब कुलपति से आशीर्वाद एवं विद्याकेंद्र का मुद्रायुक्त पत्र लेने गए तो कुलपति ने उन्हें प्रेम से पास में बैठाया। कुलपति ने कहा कि यदि तीनों एक वर्ष का विशेष अध्ययन कर अपने निष्कर्ष विश्वविद्या केंद्र को सौंप सकें तो सरस्वती की बड़ी सेवा होगी, वे स्वयं विशेष पत्र देकर उनके एक वर्ष के जीवन यापन एवं सुरक्षा का प्रबंध करेंगे यद्यपि इसके बाद भी मार्ग की बाधाएं तथा अतिरिक्त श्रम तो करना ही पड़ेगा। तीनों स्नातकों ने अध्ययन की रूपरेखा जाननी चाही। कुलपति ने कहा कि वे यह जानना चाहते हैं कि रेवाखंड में समकालीन नाग समाज की संस्कृति और सभ्यता का क्या स्वरूप है। आर्यावर्त के अन्य क्षेत्रों से तो उन्हें सभी समाजों के विश्वसनीय विवरण मिलते रहते हैं परंतु रेवाखंड विंध्याटवी की दुर्गमता के कारण दुष्प्रवेश्य सा ही रहा है यद्यपि नाग सभ्यता सहस्रों वर्षों से वहां पल्लवित होती रही है। कुलपति ने नागभट्ट को दो कारणों से इस अध्ययन हेतु चुना था एक तो इसलिए कि वे जानते थे कि नागभट्ट नागवंश का युवक है। दोनों अन्य स्नातकों में एक भेषज विशेषज्ञ था और दूसरा युद्धविद्या में विशारद। सघनवनों में अध्ययन के लिये जाने वाले स्नातक के लिये ये उपयुक्त सहायक थे।

तीनों युवकों ने प्रसन्नता से कुलपति की आज्ञा मानी, उन्हें आवश्यक पत्र प्रदान कर दिया गया यद्यपि वे सभी जानते थे कि इन पत्रों से नगरों में तो व्यवस्था हो सकती है पर वनों और वन्यग्रामों में इस पत्र की उपयोगिता सीमित ही रहेगी।

तीनों युवकों ने कुलपति को प्रणाम किया और यात्रा में निकल गए। लगभग दो माह की यात्रा के पश्चात वे नर्मदा के तट पर पहुंचे। उज्जयिनी से जब वे इस ओर बढ़े तो उज्जयिनी के सैनिकों ने सघन विंध्याटवी के प्रारंभ होने तक साथ दिया, यहां भील या शबर ज़ाति के आटविक रहते थे, परंतु एक सीमा के बाद सैनिकों ने तीनों स्नातकों को प्रणाम कर उनसे लौटने की आज्ञा मांगी।

आज्ञा मांगना तो औपचारिकता ही थी। तीनों स्नातक वनों में आगे बढ़े और अंत में एक स्थान पर पहुंचे जहां कुछ वन्य समाज के व्यक्तियों का ग्राम था, यहां से नर्मदा तट समीप ही था। क्षेत्रीय जनों ने इस क्षेत्र का नाम हापेश्वर बतलाया।

तीनों एक मंदिर के प्रांगण में पहुंचे। यह एक शिवमंदिर था, इसी मंदिर में एक पत्थर का कुंड था जिसमें विकराल विषधर नाग पले हुए थे। कूप इस तरह निर्मित था कि नाग बाहर न निकल सकें। इसे शेषकुंड कहा जाता था। तीनों आगंतुकों को देखकर मंदिर का परिचारक बाहर आ गया और उन्हें वह मंदिर के महंत जिनका नाम नागेश था के सम्मुख ले गया। नागेश शरीर में भस्म रमाए थे तथा त्रिपुंड लगाए हुए थे पास ही एक त्रिशूल गड़ा हुआ था।

तीनों युवकों को तक्षशिला से आया जानकर महंत ने उनके रुकने के लिये एक कुटी में व्यवस्था कर दी और कहा कि वे भोजन की चिंता न करें।

कुटिया में विश्राम करने के पश्चात् नागभट्ट आराम से बैठ गया, तभी दोनों मित्रों ने नागभट्ट से कहा कि जब वे उसके साथ यहां तक आ ही गए हैं तो नर्मदा तट की नाग संस्कृति और नागों के इतिहास के बारे में कुछ जानना चाहेंगे।

नागभट्ट से श्रीपाद और यशोधर्मन ने यह भी जानना चाहा कि क्या तक्षशिला के प्राचीन नागों और नर्मदा तट के इन नागों में कोई संबंध है।

नागभट्ट ने कहा कि आप प्रश्न कीजिए, मैं अपने ज्ञान के अनुसार उत्तर दूंगा परंतु उससे पहले यह बतलाना चाहूंगा कि हम संभवतः संयोगवश वर्तमान काल की जीवंत नाग संस्कृति के क्षेत्र में पहुंच गए हैं। जिस नागकूप को आपने देखा उसमें कल प्रातः ही देखना आसपास के ग्रामों से लोग दुग्ध चढ़ाने आ जाएंगे और महंत नागेश भगवान शिव की विल्व पत्रों से दिन चढ़ने तक पूजा करता रहेगा।

यशोधर्मन : 'महाभारत युद्ध इतिहास में संस्कृतियों के स्वरूपों के निर्धारण में भी निर्णायक रहा है अतः वहीं से नाग संस्कृति की चर्चा प्रारंभ की जाए।'

नागभट्ट : 'महाभारत युद्ध के पहले अर्जुन का खांडवदाह और उसमें तक्षक का झुलसना तो अब भी लोगों को इतिहास की तरह याद है जिस तरह उन्हें परीक्षित की मृत्यु की घटना याद है। परीक्षित की मृत्यु में तक्षक के विष का हाथ था इसीलिए जनमेजय के नागयज्ञ में हजारों नाग मारे गए, आस्तीक और इंद्र के बीच-बचाव के बाद ही तक्षक का कुल बच सका।'

श्रीपाद : 'हां यह घटना पुरानी होने पर भी लोगों की स्मृति में है इसलिए भी कि व्यास ने इसे लिपिबद्ध कर लिया।'

नागभट्ट : 'इस घटना के बाद तक्षक ने तक्षशिला की नींव डाली। तक्षक भी राजनीति से विरक्त हो चुके थे और चाहते थे कि ज्ञान संचित करने की विधियों पर विचार हो क्योंकि अब तक मनुष्य जाति ने सभी क्षेत्रों में आशातीत ज्ञान अर्जित किया था। उन्होंने विश्व स्तर का विद्यालय स्थापित करने की पहल चलाई और जो कुछ पीढ़ियों बाद सफल भी हुई।'

यशोधर्मन : 'परंतु सारा ज्ञान संस्कृत भाषा में क्यों लिखा गया?'

नागभट्ट : 'यह प्रश्न उचित है, समूचे गांधार में हम अपनी भाषा का प्रयोग अपनी दैनंदिनी में कर रहे थे परंतु लेखन के लिए एक मानक भाषा की आवश्यकता थी। तक्षक यह समझ चुके थे उनके मित्र और उनके त्राता देवराज इंद्र की बोलचाल की यही भाषा थी वैसे भी हमारे कुलों में यह भाषा बहुत पहले से बोली और समझी जाने लगी थी पर एक से अधिक भाषाओं के ज्ञान में नाग निष्णात रहे हैं।

नाग जाति संस्कृत भाषा को इसलिए भी अधिक आदर देती है कि इस भाषा ने नागों को एक सुनिश्चित नाम दिया। नाग शब्द के संस्कृत में तीन अर्थ हैं पर्वत,

फणधारी सर्प और सिंदूर, ये तीनों ही नाग संस्कृति के अभिन्न अंग हैं। नाग जाति मूल रूप से पर्वतवासी रही है, उसका प्रतीक चिह्न फणधारी सर्प है तथा देवपूजा में सिंदूर का प्रयोग नागों ने प्रारंभ किया और अब तो इसे पवित्र मानकर आर्य ललनाएं अपनी मांग में भरकर सौभाग्य की कामना करती हैं। नागों का प्रिय फल नागरंगी (नारंगी) अब समूचे आर्यावत के लोगों का प्रियफल है।'

श्रीपाद : 'परंतु कहां गांधार और कहां नर्मदा, यहां नाग कैसे आए।'

नागभट्ट : 'यह लंबी कथा है इसे कितना भी संक्षेप में कहा जाय बहुत समय लगेगा, यहां पूरी कथा कहना संभव नहीं है। कुल इतना कहना पर्याप्त है कि आर्यों के ज्ञात इतिहास के साथ संपूर्ण भरतखंड में हमारी भी उपस्थिति के प्रमाण हैं।'

यशोधर्मन : 'सुदूर दक्षिण के नर्मदा क्षेत्र में भी?'

नागभट्ट : 'नर्मदा क्षेत्र ही नहीं संपूर्ण दक्षिण क्षेत्र में।'

श्री पाद : 'वह कैसे?'

नागभट्ट : 'हमारी नर्मदा क्षेत्र से संबंध संभवतः दूसरी जातियों की तुलना में सबसे प्राचीन है।'

दशराज्ञयुद्ध के राजाओं में से एक राजा यदु ने नागकन्याओं से विवाह किया था। इन नागरानियों से उनके चार पुत्र उत्पन्न हुए और उन्होंने आर्यावर्त के दक्षिण में चार राज्यों की नींव डाली। ये राज्य क्रमशः महिष्मती, सत्याद्रि, वनवासी एवं रत्नपुर थे। इन राज्यों में नागराजाओं ने महिष्मती में महिष या भैसों के सर्वप्रथम पालतू बनाने का कार्य किया। सत्याद्रि में अनेक वृक्षों के नए उपयोग पहली बार ढूंढ़े जिनमें चंदन के वृक्ष प्रमुख थे। वनवासी क्षेत्र में पहली बार वन्य अनाजों को ढूंढ़ा और रत्नपुर क्षेत्र में बहुमूल्य पत्थरों की जानकारी पर कार्य किए चूंकि नागों का पवित्र चिह्न सर्प या भुजंग था अतः कालांतर में सर्पों की प्रजाति नागों के साथ इन चारों क्षेत्रों की उन खोजों को नागजाति के स्थान पर सरीसृप नागों के साथ जोड़ दिया गया। महिष्मती नागों के भैंस के दूध के प्रति रुचि को नाग को दूध पिलाने की परंपरा बना दिया गया। रत्नपुर के नागों की कीमती पत्थरों के ज्ञान को सरीसृप नाग की मणिप्रियता के साथ जोड़ दिया गया। सहयाद्रि के चंदन वृक्षों की सुगंधि का पता लगाने के एवज में सरीसृप नागों को चंदन वृक्षों में लिपटे रहने का मिथक तैयार कर दिया गया तथा अन्य जातियों द्वारा हल से उत्पन्न भोजन के प्रति अरुचि होने के गुण को सर्पों के 'वायुभक्षी' होने का गुण बतला दिया गया। महिष मंडल के अधिपति कर्कोटक नाग कहलाए। इस तरह कर्कोटक नाग वंश की परंपरा पड़ी। कर्कोटक प्रथम के पश्चात् कर्कोटक द्वितीय, तृतीय और फिर अनेक कर्कोटक हुए।'

कुछ रुककर नागभट्ट फिर बोले :

'वर्षों बाद नर्मदा तट पर राज्य करते हुए नाग नृपतियों के शत्रु पैदा होने लगे। शत्रु मौनेय गंधर्व थे, मौनेय गंधर्व नाग नृपतियों के राज्य में सुखपूर्वक जीवन व्यतीत

कर रहे थे पर राजा बनने की अभिलाषा ने उन्हें नागों के विरोध में खड़ा कर दिया तब नागों ने हैहयवंशी मां से सहायता की याचना की। हैहयवंशी मांधाता विष्णुभक्त थे। वैष्णव क्षत्रियों की संगठित सैन्य शक्ति उनके साथ थी इसी महाशक्ति की सहायता से मांधातृ के पुत्र पुरुकुत्स हैहयों और नागों में मैत्री रही परंतु बाद का समय नागों के लिये विपरीत हो गया। मांधातृ पद बहुत समय तक प्रभावी न रह सका और हैहयों के वंशजों ने अपने क्षेत्र से निकलकर नर्मदा के दूसरे क्षेत्रों पर भी अधिकार जमाना प्रारंभ कर दिया फलतः नर्मदा का बड़ा राज्य महिषमंडल जिसके अधिपति वंशपरंपरा से कर्कोटक थे, से हैहयों का युद्ध हुआ और इस तरह जो हैहय किसी समय हमारे संबंधी थे हमारे परमशत्रु हो गए। कर्कोटक राजा युद्ध में पराजित हुए और महिषमंडल हैहयों के हाथ लग गया। कर्कोटक को वनों में शरण लेनी पड़ी।

उधर दक्षिण भारत के नागों के साम्राज्य भी राजनैतिक अस्थिरता में डूबने लगे। सहयाद्रि के नागवंशी राजाओं की उपाधि शेष थी अतः वहां भी कर्कोटक के समान शेष प्रथम, द्वितीय इत्यादि राजा हुए। इन्हीं में से एक राजा को रावण के पुत्र मेघनाद ने पराजित कर दिया। यह पराजय यद्यपि पूर्ण पराजय न थी फिर भी पराजय पराजय होती है और उन्हें मेघनाद से अपनी पुत्री का विवाह कर संधि करनी पड़ी।'

श्रीपाद : 'फिर क्या हुआ?'

नागभट्ट : 'कालांतर में महिषमंडल का एक हैहयवंशी राजा कृतवीर्य का पुत्र अर्जुन सहस्त्रबाहु अत्यंत शक्तिशाली हो गया। कुछ नागों ने एक कूटनीति की चाल चली क्योंकि उन्हें रावण के पुत्र के साथ किए गए संबंधों का अब लाभ मिल सकता था, अतः उन्होंने दिग्विजय की आकांक्षा करने वाले रावण को महिषमंडल की राजधानी महिष्मती भेज दिया। उम्मीद थी कि महाबली रावण अर्जुन सहस्त्रबाहु को पराजित कर देगा परंतु वह स्वयं पराजित हो गया। अर्जुन सहस्त्रबाहु इस विजय से मदान्ध हो गया। चूंकि ऋषि पुलस्त्य स्वयं ही अर्जुन सहस्त्रबाहु से अपने दौहित्र को कारागार से छुड़ाने की याचना लेकर आए थे इसलिए अर्जुन सहस्त्रबाहु को दो राजनैतिक लाभ मिल गए पहला तो यह था कि संधि की शर्तों के अनुसार रावण अपने महाबली भाई कुंभकर्ण या देवताओं को जीतने वाले पुत्र इंद्रजीत के साथ मिलकर अपनी हार का बदला नहीं ले सकता था और दूसरा वह स्वयं को वैष्णव क्षत्रियों का सर्वमान्य नेता समझने लगा, यहां तक कि वह अब अपने भार्गव पुरोहितों को नीचा दिखलाने की युक्ति सोचने लगा। इस प्रक्रिया में उसे सर्वप्रथम अत्रिपुत्र दत्त को सर्वोच्च सम्मान देना उचित लगा क्योंकि वे उस आदर के पात्र थे। भार्गव अब भी हैहयराजा को अपना हितचिंतक समझते रहे। परंतु अंत में हैहयों के साथ भी वही हुआ जो उन्होंने नागों के साथ किया था। हैहयों और भार्गवों के बीच भयंकर युद्ध हुए। हैहय लगातार युद्धों में पराजित हुए और अंत में क्षुद्र अरण्यवासी समाज बन कर रह गए। यह अवश्य है शताब्दियों बाद वे पुनः राजा बने।'

श्रीपाद 'नागों में सरीसृप सर्प के चिह्न का इतना आग्रह क्यों है?'

नागभट्ट 'वह हमारी परंपरा है हमारी संस्कृति का द्योतक है, फिर प्राचीन समाजों में हम अकेले ही तो इस प्रकार के चिह्न धारी समाज नहीं थे। दूसरे अनेक समाजों में ऋक्ष, वानर और गरुड़ थे। हम अपने घरों में नागों के चित्र और मूर्तियां रखते हैं तथा सर्पों को इसलिए पालते हैं ताकि उनके विष से विषौषधियां बनाई जा सकें या कि शस्त्रों को विषाक्त बनाकर अधिक प्रभावी बनाएं। हमारे देव महादेव इन भुजंगों को धारण करते हैं। इन सब कारणों से हमारा नागों से तादात्म्य है। इस तरह सर्प हमारी आजीविका, हमारे विश्वास तथा हमारे जीवन का एक अविच्छिन्न अंग रहे हैं। सर्पों में नाग सबसे सुंदर और प्रभावी जीव है इसलिए नागों में हमें सौंदर्य दिखलाई देता है यह हमारी सौंदर्य दृष्टि है।'

यशोधर्मन : 'परंतु ऋक्षों, वानरों और गरुड़ों ने अपनी पहिचान तो कब की खो दी है?'

नागभट्ट : 'हां, यही सत्य है, हम उनकी संस्कृति पर विचार नहीं कर रहे हैं। गरुड़ों से हमारा पुराना वैर रहा है अतएव पुराने वैमनस्य की चर्चा करना या पुराने अप्रिय प्रसंगों पर विचार करना समय को व्यर्थ करना ही है। जो बीत चुका सो बीत चुका यदि वे अपनी स्वतंत्र पहिचान बचाकर नहीं रख सके तो हम भी अपनी स्वतंत्र पहिचान न बनाए रखें यह तो कोई बात नहीं हुई।'

यशोधर्मन : 'सहस्राब्दियां बीतने पर अब सामान्य जन वासुकि, शेष, कर्कोटक इत्यादि नामों को या तो अब सरीसृप नागों की मिथकीय गाथाओं से जोड़ने लगे हैं। इतिहास में प्रसिद्ध नागराजाओं के संबंध में भी अब बहुत स्पष्ट जानकारी नहीं दिखलाई देती।'

नागभट्ट : 'सभी प्राचीन समाजों के साथ ऐसा ही हुआ है, अंततोगत्वा मनुष्य की स्मृति की भी तो कोई सीमा है। लेखन कला बहुत बाद में विकसित हुई इसलिए नामों के भी दो वर्ग हो गए एक वे जो स्मृति में हजारों वर्ष रखे गए और बाद में उनका पुराणों में उल्लेख हुआ। इस तरह के उल्लेखों में पंथिक कल्पनाएं भी उभरीं। नाग समाज के व्यक्ति समय के प्रवाह में परवर्ती धर्मों में भी रुचि लेने लगे, उनकी संस्कृति नाग ही रही पर पंथ या धर्म जैन या बौद्ध हो गया। इन धर्मों के पौराणिकों ने हमारे पूर्व पुरुषों को उनके पवित्र चिह्न के साथ ही वर्णित किया है। शिल्प में वे नागों के फण के साथ दिखलाए गए। वैदिक और पौराणिक धर्मों के वासुकि या शेष की ही भांति बौद्ध धर्म में नागराज मुचलिंद को प्रतिष्ठा मिली क्योंकि वे गौतम बुद्ध के अनुयायी हो गए। जैनों के शलाका पुरुष पार्श्वनाथ को हमारे नागराजाओं ने छत्रच्छाया प्रदान की। इस तरह समय बीतते एक फण के वास्तविक नाग के स्थान पर जहां वासुकि और शेष सहस्रफण नाग हो गए वहां अन्य नागराजों के सात, पांच या तीन फणों के शिल्पों की परंपरा पड़ गई। साथ ही इन आदि नागों को कभी पूर्ण

रूप से सर्प के रूप में दिखलाया गया तो कभी आधे सर्प और आधे मानव के रूप में फिर भी पूरे मानव के रूप में नागों की वास्तविकता को लोग नहीं भूले थे अतः अनेक शिल्पों में नागराज पुरुष रूप में दिखलाए गए एवं नाग होने का संकेत सिर के पीछे फणों को दिखलाकर किया गया।'

श्रीपाद : 'तो फिर वर्तमान युग के राजाओं के नाम प्राचीन नागराजाओं के जैसे क्यों हैं।'

नागभट्ट : 'वर्तमान युग के सभी नागराजाओं के नाम प्राचीन नागराजाओं के जैसे हो यह भ्रांति है परंतु अधिकतर वर्तमान युग के नागराजाओं के नामों में पुनरावृत्ति मिलने का कारण परंपरा की रक्षा करना ही है, इस तरह हमें अपना प्राचीन गौरव याद रहता है फिर किस समाज में ऐसा नहीं है। राम नाम को ही लीजिये पहले भार्गव राम थे जिन्हें परशुराम कहा गया फिर दाशरथि श्री राम हुए और तीसरे श्रीकृष्ण के अग्रज बलराम हुए, जिनकी माता का वंश नागवंश ही था। उनकी मूर्तियों के पीछे भी तो नागों का फण दर्शाये जाने की परंपरा है, उन्हें शेषावतार इसीलिए कहा जाता है कि वे जिस कुल में पैदा हुए उसके पूर्व पुरुष आदि नाग शेष थे।'

श्रीपाद : 'नागों का वर्चस्व आर्यावर्त के किन क्षेत्रों में बना रहा?'

नागभट्ट : 'नागों का वर्चस्व आर्यावर्त में भी बना रहा, पर ये नागों की नई पीढ़ियां थीं। नागों की परवर्ती पीढ़ियों ने विदिशा, कांतिपुरी, मथुरा पदमावती और अयोध्या में शासन किया। तक्षशिला में तो उनका शासन था ही।'

नौ नागराज्यों की राजधानियों का वर्णन कुछ इस प्रकार है :

नवनागस्तु भोक्ष्यन्ति पुरिम पद्मावतिम् नृपः
मथुराम् च पुरी रम्यं नाग भोक्ष्यन्ति सप्त वै।

नौ नाग राज्यों में किस राज्य की सीमा कहां तक थी बतलाना कठिन है।

यशोधर्मन : 'नए नागवंशों की पहिचान में कोई अंतर आया।'

नागभट्ट : 'मूलरूप से तो नाग नाग ही रहे परंतु परवर्ती काल में दैवी विश्वासों में कुछ परिवर्तन आए। पद्मावती तथा उससे संबंधित नागवंशों में नागपूजा का महत्त्व घट गया और वे 'वृष' अथवा 'नंदी' कहलाने लगे, इसका कारण कुल यह था कि नाग अत्यंत प्राचीनकाल से ही महान शैव रहे हैं। शिव का यह स्वरूप जिसमें वे भुजगेन्द्रहार धारण किए हैं नागों की भक्ति के कारण ही लोकप्रिय हुआ। नागजाति को महान शिवाराधक सदैव से ही माना जाता रहा है क्योंकि नागचिह्न के पश्चात यह उनकी दूसरी बड़ी पहिचान थी। यही कारण है कि भारशिवनागवंश के व्यक्ति शिवलिंग को सदैव धारण करते रहे हैं। भारशिव नागराजाओं के सिक्कों में शिव के विभिन्न लांछन यथा त्रिशूल, नंदी को स्थान मिला पर साथ ही नाग और नागछत्रों का भी इनमें चित्रांकन होता रहा है। अनेक नागराजाओं ने स्वयं के सिक्के चलवाए थे।'

नागभट्ट कुछ रुककर बोले :

'गुप्तकाल के पूर्ववर्ती राजा थे भारशिव नाग। भारशिव नागराजाओं की राजधानी पद्मावती थी। ये राजा गंगा के परम भक्त थे यद्यपि पद्मावती (कृष्ण) सिंधु और पार्वती नदियों के संगम पर बसी है, भारशिव नागों ने काशी में दस अश्वमेघ यज्ञ संपन्न कराए थे। इसी कारण वहां के प्रसिद्ध घाट का नाम दशाश्वमेघघाट पड़ा।'

यशोधर्मन : 'जिस तरह हैहयवंश के अभ्युदय ने नागवंश के प्रभावक्षेत्र को क्षीण किया क्या वैसा ही कुछ कालांतर में आर्यावर्त में हुआ।'

नागभट्ट : 'हां कुछ वैसा ही हुआ, कालांतर में गुप्त साम्राज्य के प्रतापी सम्राट समुद्रगुप्त ने अपनी दिग्विजय में पद्मावती के दो नागराजाओं अच्युत एवं नागसेन को पराजित किया। ये दोनों राजा दो युद्धों में वीरगति को प्राप्त हुए ऐसा समुद्रगुप्त के शिलालेख से ज्ञात होता है। बाद में गणपति नाग ने समुद्रगुप्त के विरुद्ध अभियान चलाया जिससे समुद्रगुप्त को पुनः युद्ध छेड़ना पड़ा। कुल मिलाकर समुद्रगुप्त को नागवंश के आठ या नौ राजाओं से युद्ध करना पड़ा था। ये थे अच्युतनन्दिन, भूतिनन्दिन, शिशुनन्दिन नागसेन तथा गणपतिनाग इत्यादि।'

श्रीपाद : 'राजाओं की चर्चा तो हमने खूब कर ली हम तो नर्मदा तट के नागों के संबंध में जानकारी प्राप्त करना चाहते हैं।'

नागभट्ट : 'वही तो हम कर रहे हैं, गुप्तकाल तक तो एरज के नागों के प्रभाव में ही नर्मदा का उत्तरी तट रहा है, पर यह राजनैतिक प्रभाव था।'

श्रीपाद : 'तो क्या सांस्कृतिक रूप में नागों का प्रभाव कुछ अलग हो गया।'

नागभट्ट : 'लगता तो ऐसा ही है, वर्तमान में नर्मदा तट पर नागों का सांस्कृतिक प्रभाव दो रूपों में ही दिखलाई दे रहा है, पहला तो शिवभक्ति के रूप में और दूसरा नागभक्ति के रूप में।'

श्रीपाद : 'यहां हापेश्वर में तो आपकी दोनों बातें पूर्ण सत्य हैं।'

यह कहकर टहलते हुए तीनों कुटिया से बाहर आ गए और चलते हुए पीपल वृक्ष के नीचे खड़े हो गए।

नागभट्ट : 'अब कल से हमें लेखन कार्य प्रारंभ करना है, ताकि हम कुलपति महोदय को अपने निष्कर्ष दे सकें।'

श्रीपाद : 'वह हम लिखना प्रारंभ करेंगे परंतु इस स्थान पर लिखने के पहले सर्पों से सुरक्षा की व्यवस्था तो कर लें, हमें तो अपनी कुटिया भी सर्पों से सुरक्षित नहीं लगती।'

नागभट्ट : 'हां, यहां तो अनेक प्रकार के सर्प सर्वत्र ही घूम रहे हैं। नर्मदा क्षेत्र में संभवतः सबसे अधिक सर्पयुक्त स्थान है यह।'

नागभट्ट : 'कुछ भी कह लें।'

तभी ऊपर से एक विशाल नाग नागभट्ट पर गिरता है। नागभट्ट हड़बड़ाकर ऊपर देखते हैं वस्तुतः एक चील उस नाग को पकड़ने के लिये मंडरा रही थी संभवतः नाग पर उसने प्रहार भी किया था। नाग वृक्ष पर चिड़ियों की तलाश के लिये चढ़ा था। नाग ने चील से बचने का प्रयास किया पर वह सीधे नागभट्ट पर गिर पड़ा था। वह दूसरे क्षण ही नागभट्ट को डंस लेता परंतु यशोधर्मन ने बिना समय खोये एक क्षण में अपनी मजबूत मुट्ठी में नाग का सिर इस तरह पकड़ा मानो नाग संड़सी में जकड़ दिया गया हो। विशाल नाग ने यशोधर्मन का पूरा शरीर अपनी गेंडुली में लपेट लिया पर यशोधर्मन था तो क्षत्रिय, बलिष्ठ तक्षशिला का स्नातक मल्लविद्या में प्रवीण। यशोधर्मन ने श्रीपाद से कहा कि तुरंत पास से ढूंढ़कर एक पैना पत्थर ले आए। श्रीपाद ने ढूंढ़कर पत्थर दिया तब तक वह नाग को बज्र जैसी मुष्टिका में दबाए रहा। नागभट्ट तो नाग के गिरने मात्र से हतप्रभ सा हो गया था और यह सब देख रहा था।

यशोधर्मन ने नाग के सिर को पास के पत्थर में रखकर श्रीपाद के दिए पत्थर से कुचल दिया परंतु इस आपाधापी में नाग ने यशोधर्मन को डंस लिया। हालांकि नाग पूरी तरह से नहीं डंस पाया था फिर भी विष की कुछ मात्रा उसके शरीर में पहुंच गई। यशोधर्मन ने नाग की अंत्येष्टि पूरी तरह कर दी।

परंतु इसके बाद जैसे ही यशोधर्मन पुनः बैठा वैसे ही उसे नींद आने लगी उसकी आंखें बंद होने लगीं। वह तंद्रा में डूबने लगा।

नागभट्ट ने घबराकर श्रीपाद की ओर देखा पर श्रीपाद तब तक पास के वन की ओर भागा जा रहा था। नागभट्ट ने व्यथित हो यशोधर्मन का सिर अपनी गोद में रख लिया और आंखें बंद करने से मना करने लगा। तभी नागभट्ट ने देखा कि उसके दाहिने हाथ की तर्जनी के पास सर्पदंश का निशान है।

नागभट्ट कुछ और सोच पाता तब तक श्रीपाद दो जड़ियों को लेकर वहां उपस्थित हो गया। उसने सबसे पहले तर्जनी के घाव को अपने वस्त्र से साफ किया फिर साथ में लाई हुई दो वनस्पतियों में से एक वनस्पति के पत्तों को उस पर कस कर बांध दिया। दूसरी वनस्पति को कूटकर उसने उसके रस को निद्रा में डूबते यशोधर्मन को पिला दिया यशोधर्मन निश्चेष्ट ही रहा पर इस बीच श्रीपाद लगातार उसके मुख में थोड़े-थोड़े अंतराल बाद वह पत्तों का रस डालता रहा। एक घड़ी बाद यशोधर्मन ने आंखें पूरी तरह से खोल दीं और उठकर बैठ गया। श्रीपाद ने प्रसन्न होकर यशोधर्मन की पीठ थपथपाई।

श्रीपाद ने प्रसन्न के अतिरेक में यशोधर्मन से पूछा : : 'यश तू क्षत्रिय है इसलिए वीर है, शक्तिशाली है परंतु तू धन्य है, तूने अपने प्राणों की परवाह न कर नागभट्ट को बचाया पर क्या मैं जान सकता हूं तू किस महान क्षत्रिय वंश का दीपक है।'

यशोधर्मन ने मुस्कुराते हुए धीमे से कहा : 'हैहय क्षत्रिय वंश से हूं।'

तभी नागभट्ट ने श्रीपाद से पूछा : 'अरे तू भेषज विज्ञान का विद्यार्थी रहा है यह तो मैं जानता था पर वनस्पतियों का इतना सटीक ज्ञान, आश्चर्य है मैं तेरा ऋणी हूं। अद्‌भुद है तेरी विशेषज्ञता लगता है, जन्मजात औषधियों का ज्ञाता है तू।'

श्रीपाद ने कहा : 'सो तो है, भार्गव ब्राह्मण हूं, विश्वविदित भिषगाचार्य और संजीवनी के प्रवर्तक ऋषि शुक्राचार्य का वंशज हूं मैं।' अब तीनों हंस रहे थे।

तो ये तीन थे नाग, हैहय और भृगुओं के वंशज जो इतिहास में यदि एक दूसरे के विनाश के कारण थे तो आज एक दूसरे के जीवनदाता थे। कालचक्र इसी तरह संबंधों को बिगाड़ता और बनाता रहता है।

द्वितीय सर्ग

सांस्कृतिक आख्यान

भारत का पूर्वीय क्षेत्र बहुत समय तक आर्यों की यज्ञ संस्कृति से दूर रहा। यह वह भौगोलिक क्षेत्र था जो हिमालय की तराई से होता हुआ बंगाल, आसाम और उड़ीसा तक था। विद्वानों का यह मानना है कि इसीलिए अथर्ववेद में अनेक ऐसी प्रार्थनाओं एवं उपासनाओं के संकेत हैं जो ऋग्वैदिक काल की परंपराओं के अनुरूप नहीं हैं। यह वह समय था जब वर्ण व्यवस्था बहुत दृढ़ नहीं थी अतः इस क्षेत्र के ब्राह्मणों, क्षत्रियों और वैश्यों को बाद के वर्षों में मनु ने एक अलग वर्ग में 'व्रात्य' भी कहा है। व्रात्य शब्द के अर्थ पर विद्वानों के मतभेद हैं परंतु इतना तो निश्चित है कि इसका संबंध व्रत या पूजन से है। आराधना के स्तर पर ऋग्वैदिक काल में केवल यज्ञ या हवन ही महत्त्वपूर्ण था, व्रत या पूजा का समावेश अथर्ववेद के काल से हुआ। इस तथ्य को राधाकृष्ण चौधरी इस प्रकार व्यक्त करते हैं :

'The Vratyas had no Brahmanical discipline but after some time they developed their own institutions, eg. The Sakyas and Mallas in northern Oudh, Lichchavis and Videhas in North Bihar,Angas in the east, Kasi on the west and Brahdrathas in the centre The early Vratyas might have formed only one class but we find that, later on, they were divided as Vratya Brahman, Vratya Kshatriya, and Vratya Vaisya. By the time of Manu they seem to have been mixed up with different element.' [1]

बहुत से इतिहासकार फर्ग्युसन के इस मत को मानते हैं कि शाक्य मुनि गौतम बुद्ध नागवंश के थे :

---

1. Choudhary Radhakrishna, Vratyas in Ancient India, Chorkhamba, Varanasi 1964, p.29

‘It is believed that Gautam Buddha belonged to serpent lineage. J. Fergussion also suggested that the ruling dynasty of Magadh at the time of Buddha was of naga race, who not only helped the propagation of Buddhism by accepting it as their religion, but also made Buddhism as the state religion.’

9

अहिंसा परमोधर्मः

महाभारत की एक कथा में एक नाग द्वारा एक ऋषि को दिए गए उपदेश का निर्देश है। इस उपदेश में अहिंसा सर्वश्रेष्ठ धर्म कहा गया है। यह कथा भृगुवंश के एक ऋषि से संबंधित है। नर्मदा तट पर भृगुवंश के ऋषियों के निवास का वर्णन अनेक पुराणों में वर्णित है। इसी वंश के ऋषि च्यवन के पौत्र प्रमति के पुत्र का नाम रुरु था। इनकी माता का नाम घृताची था जो कि एक अप्सरा थी। रुरु कामदेव के समान सुंदर थे। इनका विवाह एक सुंदर राजकन्या प्रमद्वरा से हुआ था।

महाभारत (अनुशासन पर्व 30/64) में संकेत है कि प्रमद्वरा सर्पदंश के कारण मृत हो गई। ऋषिवर अपनी प्रिय भार्या के निधन पर शोक-विह्वल हो गए। उन्होंने सर्पों के विनाश की ठानी। अंत में उनकी मृत भार्या जीवित हुईं। डुण्डुभ नाम के एक सर्प जो कि पूर्व योनि में सहस्रपात नामक ऋषि था, ने ऋषि रुरु को 'अहिंसा परमोधर्मः' का उपदेश देते हुए उन्हें सर्प सत्र से विरत किया। इस प्रेरणा से उन्होंने अपनी आधी आयु देवताओं को प्रदान कर दी क्योंकि उनकी पत्नी को उन्होंने पुनर्जीवित कर दिया था।

अन्य पौराणिक आख्यानों की भांति इसमें भी प्रतीकार्थ हैं जिन्हें युगानुरूप स्पष्ट किया जाना चाहिए। ये प्राचीन कथाएं 'मिथ'नहीं हैं। इनके व्यंजना परक निहितार्थ इतने दुरूह भी नहीं हैं कि उनके भौतिक अर्थ न समझे जा सकें। इस कथा में सर्प मनुष्य की भाषा बोलता है, एक मृत स्त्री जी उठती है साथ ही एक व्यक्ति अपना आधा जीवन देवों को अर्पित कर देता है इस प्रकार के वर्णन प्राचीन ऋषियों की अपनी लेखन परंपरा की शैली थी जिसमें व्यंजना की प्रमुखता होती थी।

नागवंश से संबंधित इस महाभारत कालीन आख्यान में एक तथ्य और भी सन्निहित है, वह यह कि अहिंसा को श्रेष्ठ कर्तव्य या धर्म के रूप में अतिप्राचीन काल में ही ऋषियों ने मान्यता दे दी थी। अनेक लोगों को यह भ्रम है कि सनातन धर्म में

अहिंसा की प्रतिष्ठा नहीं थी या कि वह परवर्ती धर्मों के विकास के साथ ही धर्म के रूप में मान्य हुई। वस्तुतः अहिंसा भारत की प्राचीनतम सांस्कृतिक धारणा है जिसे परवर्ती धर्मों ने और अधिक सुपुष्ट किया।

डुण्डुभ नाग कथा

रेवा के दोनों तटों पर सघन वन प्रांतर है। विंध्याटवी का प्रसार कितना विस्तृत है इसे कभी कोई ठीक ढंग से आज तक नहीं माप पाया है। इस वन प्रांतर में नगर भी हैं परंतु उनकी एक दूसरे से दूरी सैकड़ों योजनों में है। संपूर्ण वन अश्वारोहियों तक के लिये दुर्लंघ्य है। रास्ते भर पर्वतीय उफनती नदियां, दलदल और सीधी खड़ी पर्वतों की उपत्यकाएं पग-पग पर किसी भी यात्री को हतोत्साहित करने के लिये पर्याप्त हैं। नर्मदा के किनारे-किनारे चलकर ही आगे बढ़ा जा सकता है। नर्मदा की घाटी में जल की प्रचुरता है। ऋषियों के आश्रम हैं, वनों को काटकर उर्वर भूमि के छोटे-छोटे खेत और उनमें उपवन भी हैं। इन खेतों और आश्रमों के चारों ओर के सघन वन वन्य पशु-पक्षियों से भरे हुए हैं।

वर्तमान में वनों में बसे ऋषियों के पूर्वजों ने बड़े ही श्रम से वनों को काटकर छोटे-छोटे आश्रम बनाए थे। इन आश्रमों को वह सब कुछ स्वयं ही अर्जित करना पड़ता था जो उनकी नित्यप्रति की आवश्यकताएं थीं। ऋषियों के अपने परिवार में जहां उनकी पत्नी, पुत्र और पुत्रियां होती थीं वहां उनके शिष्य भी उनके पुत्रवत् ही थे। शिष्यों का लालन-पालन भी परिवार के सदस्यों की तरह ही होता था। आश्रमों को अपना अन्न आश्रम के चारों ओर फैले छोटे-छोटे खेतों से प्राप्त होता था। शिष्यों और ऋषियों की कुटियाओं के समीप कुछ फलदार और पुष्प देने वाले वृक्ष लगाए जाते ताकि नित्य प्रति के हवन यज्ञादि के धार्मिक कार्य संपन्न होते रहें। ऋषिगण अपनी दो चार या छह पीढ़ियों से इन्हीं वनों में निवास कर रहे थे। इन ऋषियों के वंशनाम कुल और गोत्र मानो नर्मदा के इस भूभाग के पर्याय हो चुके थे। वनों की दुर्गमता के बावजूद इन ऋषियों के परिवार न केवल आपस में मिलते रहते वरन् प्रतिवर्ष शरदकाल में वर्ष भर में उपार्जित ज्ञान को भी वे आपस में बांटते। कभी-कभी दूरस्थ नगरों के राजा भी इन ऋषियों से सामाजिक व्यवहार एवं धार्मिक कर्मकांड पर परामर्श लेते, अक्सर राजा जब भी आते तब उनके साथ उनके गुरु होते जो किसी पुराने समय में इन्हीं आश्रमों में से किसी एक आश्रम के बटुक हुआ करते थे। आश्रमों को राजा अपने गुरुओं से मंत्रणा कर यथेष्ट दान दिया करते थे। यह दान वस्त्रों और गायों के रूप में होता था, अरण्यवासी ऋषियों के लिये स्वर्ण या मूल्यवान पत्थरों का विशेष अर्थ न था। गायों से पंच गव्य अर्थात् दुग्ध, घृत दधि तो प्राप्त होता ही था गायों के गोबर से आश्रमों की लिपाई

होती थी तथा उपले ईंधन के रूप में कार्य में लाए जाते। गोमूत्र अनेक औषधियों में प्रयुक्त होता था। गौ को कामधेनु इसीलिए कहा जाता था कि वह अकेली ही पूरे परिवार को पाल सकती थी। गाय से प्राप्त बछड़े शकटों और कृषि कार्यों में प्रयुक्त होते थे।

गायों का महत्त्व अब ऋषियों के लिये स्वर्ण के समान ही था। इन दिनों गायों के बदले बहुत कुछ मिल सकता था, भार्या भी। जिस ऋषि के पास अधिक गो सम्पदा होती उसका ऋषि कुल में बड़ा मान था। ऐसे युवा ऋषि को दूसरे ऋषि अपनी पुत्रियां देने में प्रसन्नता का अनुभव करते।

इस अरण्य क्षेत्र में ऋषियों के अतिरिक्त अनेक आटविक भी रहते थे, जो मृगया प्रिय थे, इन्हें गाएं पालना पसंद न था पर कभी-कभी ये आश्रमों में जाकर सघन वनों से प्राप्त सामग्री इन ऋषियों को देते तब ऋषिगण भी अपनी कृषि में से कुछ अनाज इन्हें दे देते। ऋषियों को मधु सबसे अधिक प्रिय था, जिसे एकत्रित करना ऋषियों और बटुकों के लिये दुःसाध्य कार्य था। आटविकों को भी पशु पसन्द थे उतने ही जितनी गाएं ऋषियों को पसंद थीं, परंतु आटविकों को वन्य पशु ही अधिक पसंद थे। व्याघ्र, रिक्ष और तरक्षु जैसे भयानक हिंस्र पशुओं पर भी उनका उतना ही प्रेम था। अंतर यह था कि जहां सारे ऋषि केवल गाय को मातृवत मानते थे, उसे गौमाता कहकर उसे बड़े प्यार और जतन से पालते थे वहां आटविकों के अलग-अलग वर्गों के अपने अलग प्रिय वन्य पशु थे। एक आटविक समूह का प्रिय पशु यदि ऋक्ष था तो दूसरे का व्याघ्र तीसरे का कोई पक्षी होता था तो चौथे का कोई सरीसृप। वन्य जीव कोई भी हो सभी आटविक समूहों में अपने प्रिय वन्य जीवों के साथ तादात्म्य की मान्यता दृढ़ थी। यहां तक कि वे अपनी पहिचान उस वन्य जीव के साथ करते थे।

इन बहुतेरे आटविक समाजों में नागों या सर्पों से तादात्म्य रखने वाला समाज अपेक्षाकृत अधिक संगठित था। ऋषियों ही नहीं समकालीन सभी समाजों के लोगों से उनका मेल-मिलाप था। नाग समाज जंगली अवस्था में उगाए जाने वाले कुछ अनाजों को बिना हल की सहायता से पर्वतों के ढालों के वनों को साफ कर उगा लेता था। आटविकों का समाज अनेक प्रकार के पदार्थों के उपयोग में निष्णात था फिर चाहे वह वनों से प्राप्त जड़ी-बूटियां हो या फिर नागों से प्राप्त विषौषधियों को विष से तैयार करना हो, फन्दे या पाश तैयार करना हो या कि फिर रत्नों को साफ कर उनको तराशना हो। नागों से बने पाशों के सबसे बड़े खरीददार राजा थे। नागों के बनाए जहरबुझे शस्त्रों की भी राजवंशों में बड़ी मांग थी।

ऋषिगण का दिन सूर्योदय के बहुत पहले से प्रारंभ हो जाता था, सूर्योदय अग्निहोत्र का समय था और उसके बाद का समय अध्यापन चिंतन, मनन और पाठन तक। मध्याह्न तक यही सब कुछ चलता रहता।

ऋषि श्रेष्ठ रुरु केवल चिंतक या अध्यात्म में डूबे व्यक्ति न थे और न ही केवल बटुकों को शिक्षा देने वाले सामान्य आचार्य। वे भृगु कुल में उत्पन्न परम तेजस्वी व्यक्ति थे, वे एक ऐसे ब्राह्मण कुल में उत्पन्न हुए थे जो वर्णाश्रम नियमों को मानते तो थे परंतु उसे कठोरता से स्वीकार न करते। कारण बहुत सरल था उनके स्वयं के पूर्वजों ने क्षत्रियों की कन्याओं से विवाह किया था। उनके पूवर्जों में परशुराम और जमदग्नि जैसे ऋषि थे जिन्हें अब देवता ही मान लिया गया था। प्रसिद्ध क्षत्रिय ऋषि कौशिक या विश्वामित्र परशुराम के मामा थे। रुरु का भी विवाह एक राजर्षि की कन्या से हुआ था। पर अब सब कुछ स्वप्न की भांति था। सदा प्रसन्न रहने वाले रुरु क्रोधी हो गए थे। ऋषिवर के स्वभाव में यह बदलाव केवल एक सप्ताह पहले आया था।

हुआ यह था कि प्रातः काल यज्ञ कार्य के लिये जब ऋषि पत्नी प्रमद्‌वरा अपनी कुटिया के पास वाले उपवन से समिधा के लिये काष्ठ लेने गईं तभी किसी विषैले सर्प पर उनका पैर पड़ गया और उसने उन्हें डस लिया। वे चीत्कार भी न कर सकीं और गिर पड़ीं।

ऋषिवर को जब समिधा नहीं मिली तब उन्होंने अपनी प्रिय गृहिणी को आवाज दी पर आवाज कौन सुनता। वे तो गिरकर निश्चेष्ट हो गई थीं। ऋषि व्यग्र हो गए और जब तक वे उन्हें ढूंढ़ पाते तब तक विषधर नाग पास की झाड़ियों न जाने कहां जाकर लुप्त हो गया। ऋषि रुरु आयुर्वेद के परम ज्ञाता महर्षि च्यवन के वंशज थे, उन्हें भी आयुर्वेद शास्त्र का ज्ञान था अतः वे निश्चेष्ट प्रमद्‌वरा को देखकर ही समझ गए थे कि वे सर्पदंश से पीड़ित हुई हैं। उन्होंने तुरंत नाड़ी देखी और पाया कि वे जीवित हैं पर वे मृत्यु की दहलीज पर हैं। ऋषिवर प्रमद्‌वरा से बहुत अधिक प्रेम करते थे। आखिर एक राजकन्या ने राजसुख का परित्याग कर एक ऋषि का वरण किया था, यह उन दिनों भी एक बड़ी बात ही थी।

प्रमद्‌वरा अनुपम सुंदरी थी साथ ही एक पतिपरायणा पत्नी थी, ऐसी भार्या पर मृत्यु संकट देख ऋषि रुरु क्षणभर के लिये जड़वत्‌ हो गए किंतु तुरंत ही उन्हें अपने आयुर्वेद ज्ञान पर भरोसा लौटा। शिष्यों की सहायता से उन्होंने सर्वप्रथम प्रमद्‌वरा को कुटिया में ले जाकर लिटाया और फिर समीप ही उपलब्ध जड़ियों को पीस छान कर औषधि बना कर उसे दंशित स्थान पर लगाया। कुछ औषधियों की पत्तियों के रस को उनकी नाक में डाला। इन औषधियों का प्रभाव कुल इतना पड़ा कि जब उन्होंने पुनः नाड़ी टटोली तब भी वह मंथर गति से चल रही थी पर न तो वे आंखें खोल पर रही थीं और न ही शरीर के किसी भाग में कोई संचालन था, वे निश्चेष्ट पड़ी थीं।

अपनी गुरुपत्नी के निश्चेष्ट शरीर के चारों ओर उनके वे शिष्य सेवारत थे जो आयुर्वेद अध्ययन के लिये ही इस आश्रम में आए थे और उनमें से कुछ की शिक्षा

पूरी होने वाली थी। महर्षि ने पत्नी के प्राण रक्षा के लिये औषधियां तैयार कर इन शिष्यों को दे दे थीं जो उनके हाथों और पैरों के तलुओं में लगातार लगा रहे थे। इन उपायों से उनके शरीर की उष्मा किसी तरह बची रह सकी थी। लगातार नासिका से औषधि पहुंचने के कारण वे जीवित तो थीं किंतु मृतवत्।

अपनी पत्नी से अगाध प्रेम करने वाले ऋषि रुरु ने सभी तंत्रों-मंत्रों और ज्ञात उपचारों का सहारा लिया। दिन रात वे कुछ नया कर रहे थे पर सफलता इतनी ही थी कि प्रमद्वरा के प्राण अब भी शरीर में कहीं अटके थे।

धीरे-धीरे पांच दिन का समय बीत गया, ऋषि रुरु के शिष्य चिंतित थे। इनमें से उनका एक शिष्य मणिग्रीव था जो नागवंश के किसी क्षत्रप का पुत्र था। पत्नी के कष्ट से दुखी अपने गुरु की अवस्था को देखकर उसे चिंता होने लगी। गुरुपत्नी तो खैर जीवन और मृत्यु के बीच संघर्ष कर ही रही थी। मणिग्रीव रुरु का प्रिय शिष्य था, उसने देखा कि अपनी प्राणवल्लभा के वियोग में उनके गुरु विगत पांच दिनों से जल तक ग्रहण नहीं किया था। वे उस दुष्ट सर्प को जिसने उनकी पत्नी को काटा था अब तक सैकड़ों बार शाप दे चुके थे। गुरुपत्नी के प्राणों को पुनः लौटाने के सारे प्रयास विफल हो रहे थे। मणिग्रीव देख रहा था कि गुरुवर विक्षिप्तप्राय हो रहे हैं। उनके उद्यम विफल हो रहे हैं, वे हताश हो रहे हैं, किसी भी स्थिति में वे अपनी प्राणवल्लभा को खोना नहीं चाह रहे हैं। पर प्रमद्वरा कुल इतनी ही जीवित थी कि उसकी श्वास पूर्णरूपेण बंद नहीं हुई थी।

उस दिन प्रातः काल ही मणिग्रीव ने गुरु से पूछना चाहा कि क्या वह समीपवर्ती नाग ग्राम से किसी विषौषधि विशेषज्ञ को बुलाकर गुरुपत्नी को बचाने के लिये वैकल्पिक चिकित्सा की औषधि दिलवाएं, पर पांच दिनों से अन्न जल ग्रहण न करने के कारण रुरु बहुत हद तक अपना मानसिक संतुलन खो चुके थे। उन्होंने मणिग्रीव से कुल इतना ही कहा : 'वत्स, तुम अपनी माता की देखरेख करो, मैं अभी आता हूं।' यह कहकर उन्होंने धनुष और बाणों से भरा हुआ तूणीर उठाया और आश्रम से लगे हुए वन की ओर तेजी से बढ़ गए। मणिग्रीव अचंभित था, उसे विश्वास ही नहीं हो पा रहा था कि अपनी पत्नी को इतना अधिक प्रेम करने ऋषि उसे मृत्यु के द्वार पर छोड़कर धनुष बाण लेकर क्या करने जा रहे हैं, उसे उनके गन्तव्य का भी पता न था, वह अर्धविक्षिप्त हो रहे गुरु से पूछता भी तो क्या। आज इतनी प्रातः गुरु उस पर एक बहुत बड़ा दायित्व सौंपकर अज्ञात दिशा की ओर चल दिए थे।

मणिग्रीव अपनी पत्नी को माता जैसा ही चाहता था, उसे लगा कि उसे ही इस संकट की घड़ी में ऐसा निर्णय लेना है जिससे गुरुमाता के प्राण बच सकें। उसने अपने चार साथियों को औषधियों एवं चल रहे उपचार के बारे में समझाया और उनकी देखरेख में मृतप्राय गुरुमाता को छोड़कर पास के एक नागग्राम की ओर

तेजी से भागा। उसके पिता इस क्षेत्र के क्षत्रप थे इसलिए सभी नाग ग्रामों के लोग उसे भी जानते थे, साथ ही मणिग्रीव को भी इन गांवों में बसे नागजाति के लोगों के ज्ञान के बारे में जानकारी थी। उसे ज्ञात था कि डुण्डुभ नामक व्यक्ति की विषौषधियों के ज्ञाता के रूप में इस क्षेत्र में बड़ी प्रतिष्ठा है।

मणिग्रीव ने बिना समय खोये न केवल नागचिकित्सक डुण्डुभ का पता लगा लिया अपितु वह बिना समय खोये उन्हें संपूर्ण उपचार सामग्री सहित आश्रम तक ले भी आया।

डुण्डुभ एक बड़े भुजंग को सदैव गले में धारण किये रहते थे। परम शैव थे इसलिए त्रिपुंड लगाते थे और शरीर में भस्म भी मलते थे। विषौषधियों के ज्ञान में वे सारे क्षेत्र में विख्यात थे। भुजंगों का जहर उतारने में उन्हें सिद्धि प्राप्त थी परंतु वे इतने विनयशील थे कि इसे भगवान नीलकंठ की कृपा मानते थे। भगवान शिव के हलाहल पान की कथा को सुनने-सुनाने में वे बड़े आनंदित होते थे।

आश्रम में जब मणिग्रीव एवं डुण्डुभ पहुंचे तब आश्रम के सारे बटुक परेशान से घूम रहे थे। मध्याह्न हो चुकी थी किसी में भी भोजन बनाने का विचार तक न आया था। चारों बटुक जो प्रमद्वरा की देखरेख कर रहे थे सबसे अधिक उद्विग्न थे। उस कम उम्र में एक मृतप्राय महिला रोगी की देखरेख वह भी जबकि उसके पति और उनके गुरुवर वहां न हों दुखद कार्य था। मणिग्रीव एवं डुण्डुभ को देखकर मानो सभी में जान आ गयी।

डुण्डुभ ने गले में पड़े महाभुजंग को साथ लाई काष्ठ की मंजूषा में बंद किया और लग गए उपचार करने। उन्होंने गर्म पानी में अनेक प्रकार की जड़ों को पीसकर उनका प्रमद्वरा के शरीर में लेप किया। कुछ विशेष पुष्पों को नासिका पर रखा तथा थोड़ी-थोड़ी देर में औषधि युक्त कुनकुने पानी से सिर का प्रक्षालन करना प्रारंभ किया, साथ ही वे उच्च स्वर में आशुतोष शिव का स्तवन भी करते जाते। मणिग्रीव ने अन्य बटुकों को कुटिया से बाहर खड़े रहने का आग्रह किया ताकि कुटिया में प्रकाश और शुद्ध वायु का अवरोध न हो।

डुण्डुभ की औषधियों का प्रभाव पड़ना प्रारंभ हुआ और मध्याह्न की केवल एक घटिका के उपरांत ही प्रमद्वरा ने नेत्र खोल दिए। दिन के तीसरे प्रहर तक उसकी चेतना काफी हद तक लौट आई और तब डुण्डुभ ने औषधियुक्त मधु की बूंदें उनके मुंह के भीतर डालनी प्रारंभ की। शाम होने के पूर्व विगत पांच-छह दिन से मृतप्राय प्रमद्वरा के शरीर में मानो प्राणों का संचार हो गया। जिस स्थान पर नाग ने दंश मारा था वहां पर डुण्डुभ ने एक सूखे हुए औषधीय कंद को बांध दिया था। यह कंद अब तक फूलकर अपना वास्तविक श्वेत रंग गंवा चुका था, वह अब गहरे नीले रंग का हो गया था। ऐसा प्रतीत हो रहा था मानो उस कंद ने शरीर का सारा जहर खींच लिया हो। प्रमद्वरा अब भी अत्यंत निर्बल थी, उससे अपने हाथ भी

नहीं उठ रहे थे पर अब उसकी आंखें आश्चर्य से चारों ओर देख रही थीं, वे ऋषिवर को खोज रही थीं।

डुण्डुभ ने महाकाल शिव की जय-जयकार की और घोषित किया कि महाकाल ने काल को दूर भगा दिया है, उन्होंने ऋषिवर के शिष्यों से कहा कि ऋषिपत्नी को जीवन मिल चुका है, वे उनकी धैर्यपूर्वक परिचर्या करते रहें।

शाम होने को थी। डुण्डुभ ने कुटिया से बाहर निकलकर महाभुजंग को गले में फिर डाल लिया। डुण्डुभ और मणिग्रीव को अब ऋषिवर की चिंता हुई। वे धनुष बाण लेकर क्यों गए? अब तक क्यों नहीं लौटे? जैसे प्रश्नों पर दोनों विचार करते हुए प्रांगण के दूसरे छोर तक पहुंचे ही थे कि उन्हें कुछ दूर पर ऋषि रुरु के दर्शन हुए। विक्षिप्त प्राय रुरु अपने गले में पांच-छह मृत नागों के शव डाले हुए थे और जोर-जोर से प्रलाप कर रहे थे 'दुष्ट नागो, मैं तुम्हारा पृथ्वी पर से नाम मिटा दूंगा, तुम दुष्टों ने मेरी प्रिय भार्या को मुझसे छीन लिया है, मैं उसकी सजा दूंगा।'

डुण्डुभ और मणिग्रीव यह प्रलाप सुनकर स्तब्ध से रह गए परंतु तभी उन्होंने देखा ऋषिवर पुनः उनकी ओर देखकर चिल्ला रहे हैं, 'अरे दुष्ट विषधर तू बचकर जाएगा, मैं तेरा अभी अंत करता हूं।' यह कहकर वे डुण्डुभ के गले में पड़े नाग की ओर धनुष बाण से निशाना साधने लगे।

परंतु तभी तेजी से दोड़कर मणिग्रीव ने ऋषि का धनुष पकड़ लिया, वे बाण का संधान न कर सके।

मणिग्रीव ने जतन से सारी स्थिति को सम्हाला और जब ऋषि को यह ज्ञात हुआ कि डुण्डुभ ने उनकी प्रिय पत्नी के प्राण बचा लिये हैं तो उनकी अश्रुधारा बह निकली। उन्होंने नागों के शवों को और शस्त्रों को वहीं फेंका और दौड़कर कुटिया में पहुंच गए जहां कृश किंतु अब स्वस्थ होती पत्नी की मुस्कान ने उनका स्वागत किया। वह अब बहुत धीमे से कुछ बोल रही थी। पर शीघ्र ही ऋषिवर और प्रमद्वरा दोनों की ही भावातिरेक में वाणी अवरुद्ध हो गई, शब्दों की आवश्यकता भी न थी। दोनों ने सब कुछ समझ लिया, अनुभव कर लिया था। चिकित्सा विज्ञान में निष्णात रुरु ने पत्नी के शरीर पर लगी औषधियों एवं उपचार सामग्री से यह समझ लिया था कि आगंतुक व्यक्ति नागचिकित्सक था, जिसने अपनी चिकित्सा पद्धति से उनकी पत्नी को मृत्यु से वापस लौटा लिया था।

प्रमद्वरा यद्यपि उठने की और अधिक बोलने की स्थिति में अब भी न थी परंतु उसकी मंद स्मिति ने ही ऋषि रुरु की सारी क्लांति, सारा संताप और सारा उद्वेग दूर कर दिया। उन्हें सामान्य होते देर न लगी।

तभी शिष्य मणिग्रीव ने उन्हें कुटिया के बाहर से पुकारा। ऋषिवर एक क्षण में ही सब कुछ समझ चुके थे, जब वे बाहर निकले तब वे मानो एक दूसरे ही

व्यक्ति थे शांत और गंभीर, मणिग्रीव और अन्य शिष्यों को संतोष और आश्चर्य हुआ परंतु डुण्डुभ ने दुनिया देखी थी, वे जानते थे कि अवसाद मनुष्य का मानसिक संतुलन भंग कर देता है और इसीलिए रुरु ने उन पर बाण का निशाना लगा दिया था।

ऋषि रुरु ने दूर पड़े मृत नागों के शव देखे जिनके अपनी पत्नी के प्रति अपराधी मानते हुए प्राण ले लिये थे। उन्हें इस बात पर भी लज्जा हो रही थी कि उन्होंने अपने आश्रम में आए एक ऐसे अतिथि पर शर संधान करना चाहा था जिसने उनका परम हित किया था।

ऋषि रुरु का हृदय अपने प्रिय शिष्य मणिग्रीव और आगंतुक के प्रति भर आया। मणिग्रीव के सिर पर उन्होंने स्नेह से हाथ फेरा और आगंतुक के प्रति कृतज्ञता जताने को उन्होंने उसके सामने हाथ जोड़े।

किंतु जब आगंतुक ने उनसे कहा कि ऋषिवर मैंने तो केवल अपना कर्तव्य का निर्वहण किया है, तब उसकी वाणी सुनकर उन्हें लगा कि वे कभी पूर्व में भी इस व्यक्ति से मिल चुके हैं। पर स्पष्ट में वे कुछ न बोले। वे उसे यज्ञशाला में सादर ले गए और कुश के आसन में उसने बैठने को कहा।

सामान्य औपचारिकता के पश्चात् जब रुरु ने उनका परिचय प्राप्त करना चाहा तब पास ही खड़े हुए मणिग्रीव ने उल्लासपूर्वक कहा 'गुरुवर, ये हमारे नाग समाज के ख्यातिलब्ध चिकित्सक डुण्डुभ हैं, ये किसी भी समाज के रोगी की चिकित्सा के लिये कोसों चल कर पहुंचते हैं। भेषजकर्म इनका धर्म है। इन्हें नागों की परंपरागत चिकित्सा विधि में महाभारत प्राप्त है।'

अपनी प्रशंसा सुन आगंतुक को कुछ लज्जा-सी लगी।

ऋषि रुरु ने कहा : 'प्रिय डुण्डुभ आपका मैं जीवन भर ऋणी रहूंगा, शब्दों में आपकी कृतज्ञता ज्ञापित कर मैं आपके उपकार से ऋण नहीं होना चाहता। आपने मेरी प्रिय भार्या को ही जीवन दान नहीं दिया मुझे भी जीवन दान दिया है। आप यह निश्चित रूप से जानिए कि यदि आपने मेरी प्रिया को पुनः जीवित न कर दिया होता तब मेरा बचना भी असंभव था।' ऋषि रुरु का गला भर आया फिर कहने लगे : 'प्रिय डुण्डुभ मेरा आधा जीवन तो अब तुम्हारी ही देन है।'

डुण्डुभ ने कहा : 'ऋषिवर, ऐसा न कहें, यह सब विश्व नियंता भगवान नीलकंठ की कृपा है। जिन परमेश्वर शिव ने चराचर के कल्याण हेतु समुद्र मंथन का गरल पी लिया, उनकी सद्कृपा से ही मैंने नाग के विष का शमन किया है, इसमें मेरी विद्या या मेरी कुशलता के लिये कोई स्थान नहीं है, इतना अवश्य है कि हलाहल पायी परमेश्वर की मुझ पर कृपा है, जब भी मेरे प्रयास से किसी पीड़ित के प्राण बचते हैं तो मुझे अपने आराध्य की याद आ जाती है जो मनुष्य, देवता, राक्षस में अभेद दृष्टि रखते हुए सबका कल्याण करते हैं। इसीलिए तो वे शिव हैं। मैं उनके करोड़ों

भक्तों में से एक बहुत छोटा सा अज्ञानी भक्त हूं पर मेरे लिये यह सबसे बड़े गौरव की बात है।'

ऋषि रुरु डुण्डुभ की बात ध्यान से सुनते हुए भी कुछ और भी सोच रहे थे, वे स्मरण करने का प्रयास कर रहे थे कि उन्होंने यह भाषा और आवाज कभी पहले भी सुनी है। अचानक उनके मष्तिष्क में एक पुरानी याद कौंध गई। उन्होंने उसे स्मरण किया, और फिर सोच कर उन्होंने डुण्डुभ से कहा : 'हे डुण्डुभ, आप मुझे टोकने के लिए क्षमा करें, मुझे एक पुरानी घटना याद आ रही है वह यह कि एक युग (20 वर्ष) पूर्व नैमिषारण्य के एक ऋषियों के सम्मेलन में मैं एक युवा ऋषि से मिला था, उनका नाम सहस्रपाद था तब मैं भी युवा ही था। सहस्रपाद भी नागवंश का ही था, वह उन दिनों बड़े बूढ़े ऋषियों से धर्म के स्वरूप और आराध्य देवों की बातों में रुचि लेता था। उसकी आवाज और कद, काठी तुम्हारे जैसी ही थी पर रूप बदला सा लगता है। मुझे सहस्रपाद बहुत प्रिय था क्योंकि वह ऊंचे विचारों वाला व्यक्ति था।

आश्चर्य की बात यह है कि मुझे इतने वर्षों बाद उस जैसा व्यक्ति देखने को मिल रहा है।

डुण्डुभ ने रुरु को ध्यान से देखा और कहा : 'ऋषिवर, मुझे भी आपको देखकर लग रहा था कि मैंने आपको कहीं देखा है, पर याद नहीं आ रहा था, पर अब सब कुछ स्पष्ट है।'

ऋषि रुरु से आश्चर्य से पूछा : 'क्या स्पष्ट है?'

डुण्डुभ ने कहा : 'ऋषिवर, मैं ही सहस्रपाद हूं। तब मैं नागवंशीय बटुक और तत्पश्चात् स्नातक था। मुझे आश्रम के अनुशासन के अनुरूप सहस्रपाद नाम दिया गया था। यह नाम मुझे इसलिए दिया गया है कि मैं एक हजार कदम दूसरों की तुलना में बिना थके बहुत शीघ्र चल लेता था। मेरा यह गुण मेरे चिकित्सकीय कार्य में उपयोगी सिद्ध हुआ। मैं युवा मणिग्रीव के साथ बहुत कम समय मैं तुम्हारी कुटिया तक पहुंच गया था और समय रहते औषधि दे सका।'

इस तरह रुरु और डुण्डुभ की पुरानी पहिचान निकली। उन दिनों दोनों दो अलग-अलग गुरुकुलों के बटुक थे।

ऋषि रुरु ने पूछा : 'सहस्रपाद तुमने इतना अध्ययन, चिंतन कर यह क्या वेश बना रखा है, एक जीवित नाग गले में डाले रहते हो, और यायावर की भांति सदैव घूमते रहते हो। तुम्हारा नाम डुण्डुभ कैसे पड़ गया?'

डुण्डुभ ने कहा : 'ऋषिवर डुण्डुभ तो मेरा वास्तविक नाम था ही, सहस्रपाद अवश्य गुरुकुल में दिया गया नाम था, रही बात यायावर होने की सो हम नाग जन्मना यायावर हैं, यह अलग बात है कि मनुष्य यायावरीय वृत्ति छोड़ता जा रहा है। जहां तक नाग को गले में धारण करने की बात है तो उसके दो कारण हैं पहला मेरा स्वयं

का नाग होना तथा दूसरा अपने भुजगेंद्रहार वाले परमेश्वर का इस नाग के मध्यम से स्मरण करना।'

डुण्डुभ : 'जब आप कल्याण स्वरूप शिव को अपना आराध्य मान लेते हैं तब जानने को क्या शेष रह जाता है। जब जीवमात्र का कल्याण उद्देश्य हो तब एक ही धर्म बचता है वह है अहिंसा का धर्म। अहिंसा ही सर्वोपरि धर्म है।'

ऋषि रुरु : 'यह तो ठीक है परंतु नागों को तो दूध पिलाने पर भी विष बढ़ेगा, अहिंसा को तो सापेक्ष्य होना ही पड़ेगा।'

डुण्डुभ : 'आपने दो बातों का घालमेल कर दिया है। विषैले सर्प और मनुष्य को एक ही मान लिया है, यह ठीक नहीं है।

'पयः पानं भुजंगानाम् केवलं विषवर्धनम्' का सांकेतिक अर्थ किन्हीं उदाहरणों में सही हो सकता है। अति दुष्ट प्रकृति के लोग संभव है सद् व्यवहार से भी न सुधरें परंतु सदा ऐसा नहीं होता। साधारण तौर पर सद्व्यवहार दुष्टों को भी सुधार देता है। दूसरी बात सरीसृप भुजंगों की है तो वे बेचारे कभी दूध नहीं पीते। सर्प का दूध पीना एक भ्रांत धारणा है। एक तथ्य यह भी ध्यान में रखने योग्य है कि सर्पों में प्रकृतिजन्य विष होता है, वे विष पैदा करने की चेष्टा नहीं करते यह उनका नैसर्गिक गुण है। सर्प अपने विष का कभी दुरुपयोग नहीं करते। सर्प ही नहीं कोई भी वन्य प्राणी दूसरों को कष्ट देने के लिए कभी कुछ नहीं करता। आपकी भार्या को भी सर्प ने तभी डसा जब गलती से ही सही उनका पैर उसके ऊपर पड़ गया। सर्प तो साधारण जीव है उसे मृत्यु भय हो जाता है और अपने बचाव के लिए वह डस लेता है। आपकी भार्या के संदर्भ में इसे दुर्भाग्य कहा जाएगा।

मेरा इसीलिए आग्रह है कि सभी जीव अवध्य हैं। अहिंसा कि लिये शस्त्र छोड़ना आवश्यक है। प्रतिहिंसा से प्रेरित होकर आपने अनेक सर्पों और नागों का वध कर दिया। अनेक सर्प तो बेचारे निर्विष थे और जो विषधर भी थे उन्होंने कभी किसी का अहित नहीं किया। इन्हीं विषधरों में से हम नाग लोग विष प्राप्त कर विषौषधि बनाते हैं जो सर्प दंश पर दूसरी औषधियों से कई गुनी गुणकारक है। मैंने भी ऐसी ही एक औषधि का प्रयोग किया था।

जीवन में दुर्घटनाएं होती हैं पर दुर्घटनाएं ही जीवन तो नहीं हैं। विषधर नाग भी प्रकृति के वैसे ही पुत्र हैं जैसे आप और हम सभी उन्हें अभय क्यों न दें।'

रुरु : 'हे डुण्डुभ, तुम सहस्रपाद ही नहीं सहस्रकिरण हो, तुमने अहिंसा परमोधर्मः को अपने जीवन में उतार कर प्राणिमात्र का कल्याण किया है। मैं भी अपनी शेष आयु देवाधिदेव द्वारा इंगित 'अहिंसा परमोधर्मः' आचरण में व्यतीत करूंगा।'

टिप्पणी

रुरु ऋषि : पौराणिक कथाओं में एक ही नाम के अनेक व्यक्तियों का वर्णन मिलता है। उदाहरण के लिये अष्टभैरवों में से एक रुरु थे। इसी नाम के एक ऋषि कश्यप कुल में पैदा हुए थे। विष्णु पुराण में इसी नाम के एक राजा का वर्णन है जिसके पिता का नाम अहीनगु था। पुराणों में इस नाम के राक्षसों का और दैत्यों का भी उल्लेख है। तात्पर्य यही है कि प्राचीन काल में यह नाम सभी राजाओं में लोकप्रिय था। रुरु वस्तुतः एक मृग विशेष का नाम है। यह एक सुंदर प्राणी है। भारत में अतिप्राचीन काल से वन्य जीवों के नामों के ऊपर बच्चों के नाम रखने की परंपरा रही है, कनिष्ठ पांडव नकुल के नाम का अर्थ नेवला होता है।

10

औषधि ज्ञान का वैदिक मूल

औषधि एवं चिकित्सकीय ज्ञान को प्राचीन भारतीय साहित्य में आयुर्वेद कहा गया है। आयुर्वेद का शाब्दिक अर्थ आयु संबंधी ज्ञान है अर्थात् वह ज्ञान जो मनुष्य को पूर्णायु प्रदान कर सके जो तभी संभव है जब व्यक्ति निरोग रहे, अतः आयुर्वेद में रोगमुक्ति पर संपूर्ण चर्चा है। चरक, सुश्रुत और वाणभट्ट आयुर्वेद के विश्वप्रसिद्ध आचार्य थे, जिनके ग्रंथों में प्राचीन भारतीय चिकित्सा पद्धति के विवरण हैं।

आयुर्वेद स्वयं में शताब्दियों प्राचीन विज्ञान है, इसकी उत्पत्ति पौराणिक कथाओं में मिलती है। समुद्रमन्थन में निकले धन्वंतरि को यदि प्रथम वैद्य (चिकित्सक) कहा जाता है तो अश्वनी कुमारों को देवताओं के चिकित्सक और शुक्राचार्य को दानवों का चिकित्सक माना जाता है।

यदि उपलब्ध प्राचीन वैदिक वाङ्मय को देखा जाय तो हम पाते हैं ऋग्वेद में एक पूरा औषधि सूक्त है। अथर्ववेद में चिकित्सा और औषधि संबंधी अनेक सूक्त हैं और इसीलिए अथर्ववेद को आयुर्वेद का स्रोत कहा जाता है। चरक ने चिकित्सा पद्धतियों को 'त्रिविधमौषधमिति-दैवव्यपाश्रयम् युक्तिव्यपाश्रयम् सत्वावजयश्चेति' पद्धतियों में वर्गीकृत किया है, इन तीनों के संदर्भ अथर्ववेद में मिलते हैं। अथर्ववेद में आथर्वणि, आंगिरसी, दैवी और मानुषी चिकित्सा पद्धतियों का उल्लेख है।

आथर्वणि तथा आंगिरसी पद्धतियों के संबंध में यह कहा जा सकता है कि वे एक ही हैं केवल नाम भेद है।

तैत्तिरीय ब्राह्मण (3,12,8,2), शतपथ ब्राह्मण (11,5,6,7) तथा छांदोग्य उपनिषद (3,4,1-2) में 'अर्थर्वांगिरस' शब्द मिलता है। वेदों और पुराणों में अंगिरस और अथर्वन् दो अलग-अलग ऋषियों के भी विवरण मिलते हैं।

ऋग्वेद (10,14,4-6(10,15,8) में अथर्वांगिरस का अर्थ अनेक वचन पितरों से है। अथर्ववेद (11,6,13) के अनुसार ये स्वर्ग में रहने वाले देवता थे।

वेदों और पुराणों में जहां कहीं भी अर्थवन् और अंगिरस के अलग-अलग वर्णन मिलते हैं वहां उन्हें देवताओं का हित करने वाला और यज्ञ करने वाला बतलाया गया है।

कुल मिलाकर अथर्वन् और अंगिरस प्राचीनतम् ऋषिकुल थे। वैदिक सूत्रों के अनुसार यही प्रतीत होता है कि यह मनुष्य की सभ्यता का वह प्रारंभिक काल था जिसमें मनुष्य ने औषधियों की पहिचान प्रारंभ कर दी थी। वैदिक सूत्रों के अनुसार इस कार्य में देवताओं ने ऋषियों को वरदान दिए, या सहायता की। संभवतः इसीलिए आथर्वणि, आंगरसि और दैवी तीन प्रारंभिक चिकित्सा पद्धतियां कही गईं, परवर्ती ऋषियों द्वारा विकसित चिकित्सा पद्धति मानुषी हुई।

रुरु-सहस्रपाद

ऋषिवर रुरु को सहस्रपाद वर्षों बाद मिले थे, चाहते थे सहस्रपाद कम से कम दो चार दिन उनके आश्रम में रहकर उनका आतिथ्य स्वीकार करें।

सहस्रपाद भले ही अब नागवंश के अपने मूल नाम डुण्डुभ के नाम से विख्यात हो गए हों, परंतु उनके पुराने परिचितों एवं मित्रों के लिये तो वे सहस्रपाद ही थे। एक बार पहिचान निकल आने पर रुरु और डुण्डुभ आत्मीय हो गए। अपने-अपने गुरुकुलों की भैषजीय शिक्षाएं उन्हें याद आईं। सहस्रपाद रुरु के रुकने के आग्रह को टाल न सके और दूसरे दिन अग्निहोत्र के पश्चात् दोनों प्रियजनों में वार्ता का दौर प्रारंभ हो गया।

रुरु : 'प्रिय बंधु, हमारे गुरुजनों ने आर्यावर्त की प्राचीनतम चिकित्सा पद्धति को धर्मशास्त्रों की सीमाओं में रखते हुए भी चार भागों में विभक्त कर दिया है और अब यही चिकित्सा पद्धतियों का मान्य वर्गीकरण भी कहा जा सकता है।'

सहस्रपाद : 'ऋषिवर, आप सत्य कह रहे हैं, जहां तक मुझे स्मरण है, यह चार पद्धतियां कुछ इस प्रकार वर्णित हैं :

आथर्वणीरागिंरसी, दैवी मनुष्यजा उत
औषधयः प्रजायन्ते यदा प्राणः निन्वसि ॥

(अर्थात् अथर्वाणी, आंगिरस, दैवी और मानुषी)

मुझे मेरे गुरुजनों ने यह स्पष्ट रूप से बतलाया था कि आयुर्वेद या चिकित्सा विज्ञान का जो विकास हुआ उसका मूल उत्स अथर्ववेद ही है। अथर्ववेद में आयुर्वेदिक संदर्भों के सैकड़ों उल्लेख हैं साथ ही अथर्ववेद में ही रोगों के उपचार की स्पष्ट चर्चा भी है।'

रुरु : 'प्रिय बंधु, औषधियों की महत्ता तो निर्विवाद रूप से सृष्टि के उत्पत्ति के समय से ही स्वीकार की जा चुकी थी। आपको भी स्मरण होगा कि ऋग्वेद में पूरा का पूरा एक औषधि सूक्त ही है। कहा तो यह भी जाता है कि ब्रह्मा ने इनकी सृष्टि देवताओं से भी पहले की थी।'

सहस्रपाद : 'ऋषिवर, यह ठीक है कि देवताओं को औषधियों के उपयोग का श्रेय दिया जाता है, पर हम नागों ने भी सृष्टि के प्रारंभ से ही देवताओं के समान ही जीवमात्र के कल्याण में अपना योगदान दिया है। पर न जाने क्यों हमारे योगदान को वैसा श्रेय नहीं दिया जाता जैसा देवताओं और राक्षसों की चिकित्सा पद्धतियों को दिया जाता है।

यदि प्राचीनतम घटना को भी स्मरण किया जाय तब क्या समुद्रमंथन में बिना आदिशेष के योगदान के बिना भला क्या धन्वंतरि अपना चिकित्सकीय ज्ञान किसी को दे पाते। देवताओं ने तो सदैव अपना ही हित साधा, धन्वंतरि से उन्होंने चिकित्सकीय ज्ञान का अमृत कलश ही छुड़ा लिया तथा उससे संपूर्ण चराचर को उससे होने वाले लाभ से वंचित ही कर दिया था, पर महाकाल की कृपा से चराचर गरल से भी बचा और उसे भैषजीय ज्ञान का अमृत भी मिला है।'

रुरु : 'बंधु, तुम्हारा दुख मैं समझ सकता हूं। हमारे पूर्वज शुक्राचार्य जो चिकित्सा विज्ञान में सार्वकालिक श्रेष्ठतम आचार्य रहे हैं उनसे संजीवनी ज्ञान की प्राप्ति के लिये देवता ही क्या दानवों ने भी कुछ कम छल, छिद्र नहीं किए। शुक्राचार्य तो देवता मनुष्य, नागों और दानवों में अभेद दृष्टि रखते थे, फिर भी देवताओं को उनकी सम्यक्‌दृष्टि चुभती रही। पर क्या करें राजनीति होती ही ऐसी है। ज्ञानी होने पर भी वे देव -दानवों की राजनीति में उलझी रहे।'

सहस्रपाद : 'हमने तो यह भी सुना है कि कुछ आधुनिक भेषज विशेषज्ञ ऋषि अथर्ववेद सम्मत चिकित्सा और भेषज ज्ञान को तीन पद्धतियों में वर्गीकृत करना चाहते हैं।'

रुरु : 'सुना तो हमने भी है, वर्तमान में कुछ लोगों का विचार है कि चिकित्सा पद्धतियों को दैवी, मानुषी और आसुरी पद्धतियों में वर्गीकृत किया जाए।'

सहस्रपाद : 'इसका अर्थ तो यही हुआ कि नाग जाति के चिकित्सकीय योगदान का समाज में उचित मूल्यांकन नहीं किया जा रहा है।'

रुरु : 'नहीं, बंधु सहस्रपाद नहीं। ऐसा बिल्कुल नहीं है, मैं समझता हूं कि ऐसी सोच की आवश्यकता भी नहीं है।'

सहस्रपाद : 'ऐसा क्यों?'

रुरु : 'इसे मैं कुछ विस्तार से कहना चाहूंगा, पहली बात यह है कि अथर्ववेद में रोगों का जो मूलभूत कारण कहा गया है उसे 'विष' की संज्ञा दी गई है। यदि तुम्हें याद हो तो अथर्ववेद के मंत्रों में यह स्पष्ट निर्देश है कि विष ही समस्त रोगों का कारण है। अथर्ववेद में रोगोपचार हेतु 'विषेण हन्मिं ते विषम्' के सिद्धांत का प्रतिपादन किया गया है। इस तरह रोगों की उत्पत्ति में विष का संज्ञान मूलतः उन नागवंशी ऋषियों ने लिया था जो आदिशेष के वंशज थे और जिन्होंने धन्वंतरि से शिक्षा प्राप्त की थी। अथर्ववेद की रोगोत्पत्ति संबंधी केंद्रीय अवधारणा ही जब नाग

ऋषियों द्वारा प्रणीत है तब भला उसे एक पद्धति विशेष में कैसे सीमित किया जा सकता था। और यदि ऐसा किया जाता तब उससे इस केंद्रीय अवधारणा का महत्त्व घटता ही बढ़ता नहीं।

'मुझे यह सुनते हुए प्रसन्नता ही हो रही है कि विश्वविख्यात चिकित्सागुरु शुक्राचार्य के वंशज आज भी विषयों की बारीकी को किसी गहराई तक समझते हैं।'

रुरु : (टोकते हुए) 'मित्र, आपस में हम एक दूसरे से सौहार्द रखें यह यथेष्ट हैं, समान गुणधर्मा लोगों में आपसी प्रशंसा की आवश्यकता नहीं है, क्योंकि यदि प्रशंसा ही करनी होगी तो मैं तुम्हारे चिकित्सकीय ज्ञान की करूंगा जिसके लिये तुमने अपना सर्वस्व न्यौछावर कर दिया है।'

सहस्रपाद : 'ऋषिवर, जहां तक मुझे स्मरण है अथर्ववेद में रोगों को दो वर्गों में बांटा गया है।'

रुरु : 'आपने सही स्मरण किया अथर्ववेद में शपथ्य और वरूण्य दो प्रकार के रोग कहे गए हैं। अथर्ववेद को सत्य ही भैषज्यवेद कहा गया है।'

'अथर्ववेद में रोग किसी भी वर्ग के हों सभी के लिये औषधियों और मंत्रों के निर्देश हैं। सर्पदंश, वृश्चिकदंश इत्यादि की उपचार विधियां मूलरूप से नागऋषियों ने ही बतलाई थीं परंतु वे अपने इस कल्याणकारी ज्ञान प्रसार के लिये प्रसिद्धि नहीं चाहते थे।' कुछ देर रुककर रुरु फिर हंसते हुए कहने लगे, 'बंधु, नागों का यह जातीय गुण तो तुम में भी है, जनकल्याण में प्रवृत्त होने पर तुमने भी तो यश, आकांक्षा इत्यादि सभी तो त्याग दिया है।'

सहस्रपाद : 'ऋषिवर, आप तो महान् भेषजज्ञ शुक्राचार्य के वंशज हैं, तब आपको क्या यह नहीं लगता कि चिकित्सा की दैवी और मानुषी चिकित्सा पद्धतियों में विशेष कोई भेद नहीं है।'

रुरु : 'आपके कथन में सत्यता है, जहां तक मेरा विचार है कि ऋषियों ने देव समुदाय को आदर देने के लिये ही कतिपय चिकित्सा विधियों को दैवी वर्ग की मान्यता दी है, कुछ कारण ऐतिहासिक भी हैं। उनमें से एक मैं अपने पूर्वजों के उदाहरण द्वारा बतलाना चाहूंगा। सभी को ज्ञात है कि हमारे पूर्वज च्यवन अपने जीवनकाल में ही लब्धप्रतिष्ठ चिकित्सा विज्ञानी हुए, उन्हें काष्ठौषधियों का परम ज्ञाता कहा जाता है परंतु जब वे स्वयं रुग्ण हुए तब उनकी चिकित्सा तो देव चिकित्सक अश्विनीकुमारों ने ही की थी। इस तरह जहां च्यवन महान् भेषजज्ञ शुक्राचार्य के वंशज थे वहां मोटे तौर पर उन्हें देवता विरोधी भी कहा गया है पर देवकुलोत्पन्न अश्विनीकुमारों ने चिकित्सकीय गरिमा का ध्यान रखा। उन्होंने देवताओं के अधिपति इंद्र की इच्छा अनिच्छा का ध्यान रखने की जगह देवगुरु शुक्राचार्य के वंशज की चिकित्सा की और उन्हें नया जीवन दिया, इस तरह अश्विनीकुमारों ने चिकित्सकों के कर्तव्यों को पहली बार परिभाषित किया और अपने कार्य द्वारा यह

सिद्ध किया कि चिकित्सक के लिये रोगी केवल रोगी है न वह शत्रु है और न ही मित्र। मेरी दृष्टि में अश्विनीकुमारों ने चिकित्सकीय गरिमा को मानव कल्याण के साथ सफलता से जोड़ा।

इस तरह जब हम दैवी चिकित्सा पद्धति की बात करते हैं तब उसमें केवल कुछ औषधियों के ज्ञान होने की बात ही नहीं है उसमें समाहित एक उदात्त भावना की भी बात है।'

सहस्त्रपाद : 'ऋषिवर, यदि दैवी चिकित्सा का यह अर्थ है तो यह सचमुच ग्राह्य है, परंतु जब मनुष्यों ने देवताओं से बहुत कुछ सीखा है तब उनकी पद्धति को अलग से वर्गीकृत करने की क्या आवश्यकता है।'

रुरु : 'यह सत्य है, मनुष्यों ने देवताओं से बहुत कुछ सीखा है परंतु मनष्य उतने से ही तो संतुष्ट नहीं हो गए। उन्होंने अपने ज्ञान की परिधि को लगातार बढ़ाया है। चिकित्सा के क्षेत्र में वानस्पतिक औषधियों के अन्वेषण में लगातार श्रम किया। अथर्ववेद में पेड़-पौधों के औषधीय गुणों के आधार पर भेद किए गए थे 'वनस्पतीन् वानस्पत्यान् औषधिरूत वीरूधः' इन भेदों को आधार मानते हुए ऋषियों ने सैकड़ों वानस्पतिक औषधियों का निर्माण किया है। किसी वृक्ष की छाल से तो किसी के पत्र से तो किसी और के पुष्प या फल से किन रोगों में लाभ हो सकता है इस दुष्कर कार्य को ऋषियों ने लिपिबद्ध किया है। मानुषी पद्धति में यह विशेषता है कि इसमें एक साधारण जन को भी औषधीय चिकित्सा की शिक्षा दी जा सकती है, यह इसका विशेष गुण है।'

सहस्त्रपाद : 'यह तो हम नाग भी करते हैं, अपनी पद्धति को हम उन सभी को सिखलाते हैं जो इसके योग्य पात्र हैं।'

रुरु : 'आप ठीक कह रहे हैं। नागों और मनुष्यों की चिकित्सा पद्धति में अनेक समानताएं हैं, यदि अंतर है तो कुल यह कि मनुष्य अपनी पद्धति को लिपिबद्ध भी कर रहे हैं जबकि नाग ऐसा नहीं कर रहे हैं, यद्यपि वे भी उतने ही गुणी हैं, इसका अंत यही होगा कि नागवंश की चिकित्सा पद्धति के वर्णन मनुष्य पद्धति में ही पाए जाएंगे। अथर्ववेद के ऋषियों के काल से किसी न किसी रूप में नाग चिकित्सा पद्धति की अनेक बातें मनुष्य चिकित्सा पद्धति में आ चुकी हैं। नाग ऋषियों ने इसे कभी अन्यथा नहीं लिया।'

सहस्त्रपाद : ' परंतु आसुरी चिकित्सा पद्धति का तो अभी भी स्वतंत्र अस्तित्व है।'

रुरु : 'यह अस्तित्व कब तक रहेगा कुछ कहा नहीं जा सकता क्योंकि असुरों में भी चिकित्सकीय विवरणों के लेखन में कोई रुचि नहीं है, जबकि वे चाहें तो वे अपनी आसुरी भाषा में ऐसा कर सकते हैं।'

सहस्त्रपाद : 'इसका अर्थ तो यही निकलता है कि आसुरी चिकित्सा पद्धति विलुप्त हो जायेगी।'

रुरु : 'बंधु, संपूर्ण पद्धति तो विलुप्त शायद नहीं होगी किंतु असुर पद्धति की अनेक चिकित्सकीय कुशलताएं लुप्त होने की कगार पर हैं, जो कुछ अवशिष्ट रहेगा या जो कुछ भी मनुष्य सीख सकेंगे वह मनुष्य पद्धति का अंग बन जाएगा।'

ऋषि रुरु और सहस्रपाद को वार्ता करते समय काफी समय बीत चुका था। मध्याह्न होने को था तभी मणिग्रीव ने आकर सूचना दी कि मध्याह्न का भोजन तैयार हो चुका है अतः अतिथि एवं गृहपति दोनों अपनी वार्ता को विराम दें। दोनों ने सूर्य को नमस्कार करते हुए कुछ क्षण के लिये नेत्र बंद किए और फिर उठ खड़े हुए।

भोजन कक्ष की ओर जाते समय रुरु सोचने लगे कि नाग जो इतने सहज, सरल और ज्ञानी व्यक्ति हैं फिर भी स्वयं को मनुष्य क्यों नहीं मानते? क्यों अपने पारंपरिक चिह्न नाग को धारण करने में विशेष आत्मसम्मान का अनुभव करते हैं? न जाने कितने नाग ऋषियों ने मनुष्य जाति को न जाने कितनी ज्ञान-विज्ञान की बातें सिखलाई हैं परंतु उनका विचित्र आग्रह है कि उनका तादात्म्य सरीसृप नाग के साथ किया जाए।

ऋषि रुरु की पत्नी प्रमद्वरा अब भी स्वस्थ नहीं थीं। उन्हें कुछ दिनों और भी विश्राम की आवश्यकता थी, इसलिए ऋषि रुरु को आशंका या विश्वास यही था कि अतिथि सहस्रपाद को भोजन में रोज बनने वाला आश्रम का रूखा-सूखा भोजन ही प्राप्त होगा, पर क्या करते उनकी मजबूरी थी।

भोजन कक्ष की ओर जाते हुए सहस्रपाद ने मणिग्रीव को वह पिटारा दिया जिसमें वह भुजंग बंद था जिसे वे कभी-कभी भगवान शिव की तरह गले में धारण कर लेते थे। पिटारा देते समय उन्होंने मणिग्रीव से कहा कि वह पास के वन में कुछ देर के लिये नाग को स्वतंत्र छोड़ दे तथा इसकी चिंता न करे कि विषधर नाग वन में कहीं लुप्त हो जाएगा। रुरु को सहस्रपाद का यह नागप्रेम कुछ विचित्र सा लग रहा था, पर प्रकट में उन्होंने कुछ बोलना उचित नहीं समझा।

दोनों मित्रों ने भोजनकक्ष में भोजन किया, किंतु जब वे लौटे तब दोनों ही जहां तृप्त और प्रसन्न थे वहां ऋषि रुरु आश्चर्यचकित भी थे कि भोजन में सुस्वादु घृत, दुग्ध और दधि से बने पक्वान्न किसने बनाए। उनसे रहा न गया और सहस्रपाद के सामने ही मणिग्रीव से सुस्वादु व्यंजन का रहस्य ज्ञात करने के लिए उसे बुलाकर पूछा : 'वत्स, आज का सुस्वादु भोजन तुम्हारी गुरुमाता तो तैयार नहीं कर सकती थीं, फिर यह किसने तैयार किया?'

मणिग्रीव : 'गुरुवर, जब आप वार्ता में लीन थे तब समीपवर्ती आश्रम के ऋषि श्री देवमति ने अपनी दुहिता को अपने दौहित्र के साथ भोजन बनाने के लिये भेजा था। उन्हें ज्ञात हो गया था कि गुरुमाता अस्वस्थता के कारण अतिथि के लिए समुचित प्रबंध करने में असमर्थ हैं। आश्रम में दूध दही की कमी नहीं है परंतु

रुचिकर व्यंजन बनाना सबके वश की बात भला कहां है। ऋषि पुत्री व्यंजन बनाने में निष्णात हैं।'

रुरु अत्यंत प्रसन्न हुए और सहस्रपाद से कहने लगे : 'हमारे पड़ोसी आश्रम के ऋषिवर श्री देवमति की पत्नी तो मानो कामधेनु हैं, उन्हें हमारे परिवार और हमारे बटुकों की वैसी ही चिंता रहती है जैसी गाय को अपने वत्स की। अब देखिए, उन्होंने अपनी दुहिता (पुत्री) को उसके पुत्र (दौहित्र) के साथ हमारी सहायता को भेज दिया।'

मणिग्रीव ने सहस्रपाद की ओर देखते हुए कहा : 'ऋषिवर श्री देवमति की पत्नी ही क्या उनकी दुहिता में भी हम सभी के प्रति वैसा ही वात्सल्य (वत्स = बछड़े के प्रति प्रेम) है जैसा हमारी गुरुमाता का हम पर है।'

सहस्रपाद सुस्वादु भोजन से तृप्त हो गए थे, बहुत समय पश्चात् इतने रुचिकर व्यंजनों का उन्होंने स्वाद लिया था। ताम्बूल ग्रहण करने के पश्चात् उन्होंने ऋषि रुरु के सामने ही मणिग्रीव से एक प्रश्न पूछा : 'मणिग्रीव, क्या तुम यह बतला सकते हो कि वत्स, वात्सल्य, दुहिता और दौहित्र में ऐसा कौन सा तत्त्व है जो सभी शब्दों में समान रूप से व्याप्त है।'

मणिग्रीव अचानक पूछे गए इस प्रश्न से अचकचा गया।

सहस्रपाद ने उसके ज्ञान की परीक्षा लेने के लिये यह प्रश्न नहीं पूछा था, यह एक सहज प्रश्न था अतः उन्होंने स्वयं ही इसका उत्तर दिया : 'मणिग्रीव, इन सभी शब्दों को एक सूत्र जोड़ता है वह है गाय के प्रति प्रेम। ऋषियों के लिये गाय दूध देने वाला पशु नहीं है, वे उसे मातृवत् प्रेम करते हैं तभी तो गाय जिसकी तरह अपने बछड़े को प्रेम करती है उसे सर्वोच्च प्रेम की प्रक्रति या 'वात्सल्य' कहा जाता है। ऋषिगण गाय को अपनी माता मानते हैं तभी तो उन्होंने बछड़े (वत्स) के प्रेम भरे संबोधन को अपने शिष्यों के लिये आरक्षित कर रखा है। इतना ही नहीं ऋषियों की बच्चियां दूध दुहने का प्रेमपूर्ण कार्य करती हैं इसीलिए वे दुहिताएं हैं और उन पुत्रियों (दुहिताओं) के पुत्र दौहित्र। गाय के प्रति इनकी प्रीति अनन्य है। प्रेम का पर्यायवाची स्नेह का एक अर्थ घृत भी है, जो गाय से प्राप्त होता है।'

मणिग्रीव : 'आप सत्य कह रहे हैं, हमारे अपने समाज में भी हम अपने नागों से क्या कुछ ऐसा ही प्रेम नहीं करते हैं।'

सहस्रपाद : 'हां हमारा प्रेम भी कुछ ऐसा ही है, विषधर नाग से हमारा तादात्म्य है वह वैसा नहीं है जैसा गाय के साथ ऋषियों का होता है।'

रुरु : (मन में सोचने लगे) 'यह एक वैचारिक गुत्थी ही है कि हमारे विभिन्न समाज प्रकृति को सजीव ही नहीं मानते वरन् जीवों और वनस्पतियों से भी अपने आत्मिक संबंधों का दृढ़ता से निर्वहण करते हैं।

तभी सहस्रपाद ने मुंह से एक विचित्र सी आवाज निकाली और सभी ने देखा कि मणिग्रीव ने जिस भुजंग को झाड़ियों में खुला छोड़ दिया था सरसराता हुआ सीधा सहस्रपाद के शरीर पर रेंगता हुआ चढ़ने लगा।

सहस्रपाद अपने शरीर पर चढ़ते हुए सरीसृप को प्रेम से सहला रहा था।

सहस्रपाद ने भुजंग को स्नेह के साथ कुछ देर अपने शरीर पर घूमने दिया और तत्पश्चात् उसे काष्ठ मंजूषा में जाने को कहा। सर्प ने उनकी आज्ञा मानी।

सहस्रपाद ने आचार्य रुरु के साथ मध्याह्न भोजन किया। पूरा दिन दोनों मित्रों ने साथ ही बिताया।

टिप्पणी

अथर्ववेद, अथर्वांगिरस : महर्षि वेदव्यास ने एक ही वेद से ऋग्वेद, यजुर्वेद, सामवेद और अथर्ववेद चार वेदों का संयोजन किया। वैदिक साहित्य का विकास इन चारों वेदों से संबंधित संहिताओं, ब्राह्मणों, आरण्यकों तथा उपनिषदों के रूप में हुआ। इनके अतिरिक्त अध्ययन-अध्यापन में सहायक तथा इनमें समाहित अनेक प्रकार की विद्याओं का क्रमबद्ध अनुशासन और विस्तार करने वाले बहुसंख्य लक्षण- शास्त्रों का पदपाठों, प्रतिशाख्यों, अंगों और उपांगों के रूप में क्रमिक विकास हुआ। अथर्ववेद चौथा वेद कहा जाता है। अथर्वा या अथर्वन् नामक ऋषि के नाम पर इस वेद का नाकरण हुआ। इन्हें आंगिरस कुल का प्रथम मंत्रद्रष्टा ऋषि भी कहा जाता है। महाभारत (उद्योग पर्व 18,5-8) में कहा गया है कि नहुष के पतन के पश्चात् जब इंद्र का अभिषेक हुआ तब अंगिरा ने अथर्ववेद के मंत्रों से इंद्र का सत्कार किया। तब इंद्र ने इन्हें वरदान दिया 'तुम्हारे वेद का नाम अथर्वांगिरस होगा, इस तरह अथर्व और अंगिरस में घनिष्ठता मिलती है। अथर्ववेद में वर्णित 'अथर्वांगिरस' पद्धति संभवतः एक की व्यक्ति के नाम पर कही गई है। वह दैवी पद्धति भी है क्योंकि देवताओं को ही यज्ञभाग दिया जाता है।

अथर्ववेद में रोगोपचार : अथर्ववेद में आयुर्वेदिक संदर्भों की प्रचुरता है। अथर्ववेद में ज्वर, कुष्ठ पीलिया, मूर्च्छा, शक्तिक्षय, अस्थिभंग के अतिरिक्त सर्पदंश, उन्माद जैसी व्याधियों की चिकित्सा के लिये मंत्र हैं। आयुर्वेद के विद्वानों का कहना है कि कालांतर में विकसित हुई मानुषी चिकित्सा पद्धति का आधार अथर्ववेद में संचित ज्ञान ही था। दैवी और मानुषी चिकित्सा की विकास यात्रा का फल यह था कि कालांतर में आयुर्वेद में अष्टांग चिकित्सा का विकास हुआ।

11

वैदिक एवं द्राविड़ देवता

अथर्ववेद के व्रात्य सूक्त में मागधों का नाम व्रात्य लोगों के साथ आता है (अथर्ववेद 15/2/1-4)। बौधायन तथा अन्य सूत्रों में मगध गणों का निर्देश एक जाति के रूप में प्राप्त होता है। (बौधायन धर्म सूत्र 1/2/13) उत्तरकालीन साहित्य में मगध देश को भ्रमणशील चारण लोगों का मूल स्थान माना गया है।

शतपथ ब्राह्मण के अनुसार मगध में ब्राह्मण धर्म का प्रसार कम था एवं वेद विहीन लोगों की संख्या अधिक थी कौषतकी आरण्यक में कुछ वैदिक ज्ञान संपन्न आचार्यों को मगधवासी कहा गया है। ओल्डनवर्ग जैसे पाश्चात्य विद्वान इन विद्वानों को अपवाद मानते हैं।

भारतीय नागों का प्राचीन इतिहास लगभग क्रमबद्ध रूप से मगध से ही प्रारंभ होता है। कहा जाता है कि गौतम बुद्ध स्वयं नागवंश के थे, यद्यपि यह कथन सर्वमान्य नहीं है। बुद्ध के बाद की शताब्दियों में जो भी प्रारंभिक शिल्प बनाए गए उनमें नागों का दैवी रूप में अंकन मिलता है। मुचलिंद इत्यादि नागदेवता बुद्ध के समकालीन नाग समाज के ही प्रभावी व्यक्ति थे। मुचलिंद की मूर्तियों में उन्हें नाग फण युक्त मानव ही दर्शाया जाता है।

बुद्ध के पश्चात् एवं मौर्यो से पूर्व के मगध वंशों को नागकुल ही कहा गया है। परंपरा के अनुसार ये 'प्राचीन' नाग थे।

ध्यातव्य है कि भारत में साहित्य सृजन भले ही ईसा पूर्व की शताब्दियों तो क्या सहस्राब्दियों पूर्व हो चुका था किंतु साहित्य की यह परंपरा न जाने कितनी पीढ़ियों तक श्रव्य या परंपरा से मौखिक ही रही। लिपि के साक्ष्य इस दृष्टि से उतने प्राचीन नही हैं, ऐसा ही कुछ शिल्प के संबंध में है। यद्यपि वाल्मीकि रामायण और महाभारत में मूर्तियां अप्राप्त हैं। प्राचीनतम प्राप्त मूर्तियां बुद्ध युग की ही हैं या यूं कहें ईसा पूर्व कुछ सदियों की जिनमें बौद्ध धर्म का भारत में अधिक प्रसार था। यदि भारतीय दृष्टिकोण से देखें तो इस काल के शिल्प की शैली चाहे जो रही हो, शिल्पकार तो भारतीय ही थे, जिन्हें नाग कहा जाना चाहिए।

इन नाग शिल्पियों के प्रभाव के फलस्वरूप वैदिक रुद्र नागों का हार पहिनने वाले शंकर हुए साथ ही श्रमण धर्मों में बुद्ध और पार्श्वनाथ की मूर्तियों के साथ अलंकृत करने की परंपरा पड़ी।

दक्षिण पूर्वी एशिया में तो बुद्ध और शिव को एकाकार ही कर दिया गया। यह नाग संस्कृति के कारण हुआ।

सहस्रपाद की रुद्राराधना

ऋषि रुरु ने अपने मित्र सहस्रपाद को अतिथि कुटी में ठहराया था, पहले दिन तो सहस्रपाद ने कुटी से कुछ दूर स्थित कूप से जल निकालकर प्रातः स्नान कर लिया था। ऋषिवर रुरु के आश्रम में आज सहस्रपाद का दूसरा दिन था। आपाद स्थिति में आश्रम के लोग कूप के किनारे स्नान कर लेते थे।

सहस्रपाद चाहते तो नहीं थे कि वे उस स्थिति में अपने मित्र के यहां और रुकें जब उनकी पत्नी स्वस्थ न हो और गृहपति स्वयं ही पड़ोसी ऋषि की सहायता से आतिथ्य प्रदान कर रहे हों परंतु बहुत दिनों बाद मिल रहे अपने ऋषि मित्र का आग्रह भी टालना उन्हें उचित नहीं प्रतीत हो रहा था। रुरु गौरवशाली भृगुवंश के ऋषि थे, उन्हें वंश परंपरा से ज्ञान का भंडार प्राप्त हुआ था, वे स्वयं अत्यंत स्नेही और सरल स्वभाव के व्यक्ति थे उनमें अपने पूर्वज परशुराम की दृढ़ता तो थी पर उनकी वैसी उद्दीप्त प्रकृति न थी फिर भी आनुवंशिकता का कुछ तो असर था तभी वे अपनी पत्नी के सर्पदंश से मूर्च्छित होने पर अपना आवेग खो बैठे थे, पर ऐसे अवसरों पर साधारण व्यक्ति भी उद्वेलित हो जाता है, ऋषिवर इसके लिये बहुत दोषी नहीं कहे जा सकते। पिछला एक दिन कैसे बीत गया, कुछ पता ही नहीं चला। सूर्योदय के पूर्व रुरु आश्रम में जब सहस्रपाद की नींद टूटी तब महादेव शिव के ध्यान के पश्चात् उनके मन में ऋषिवर रुरु के परिवार और आश्रम के संबंध में विचार आ रहे थे। प्रातः काल मुर्गे की बांग सुनकर ही उन्होंने स्नानार्थ बाहर निकलने का विचार किया। सहस्रपाद को समीपवर्ती वनों में रहने वाले वन्य प्राणियों के संबंध में अच्छी जानकारी थी। इस वन में भी वनमुर्गों की कमी न थी। नदी का तट बहुत दूर न था पर प्रातःकाल के अंधेरे में साधारणतः व्याघ्र नदी की ओर पहुंच जाते हैं अतः स्नान करने के लिये नदी की ओर जाने में सावधानी रखने की आवश्यकता को वे जानते थे।

सहस्रपाद आकाश में आ रहे प्रकाश को देखकर नदी में स्नान करने गए। स्नानादि के पश्चात् जब वे लौटे तो उन्हें आश्चर्य और प्रसन्नता हुई कि न केवल रुरु अपितु सभी बटुक भी आश्रम में अग्निहोत्र की व्यवस्था में व्यस्त हैं।

आज ऋषि रुरु अधिक प्रसन्न भी थे क्योंकि उनकी पत्नी के शरीर से अब विष का प्रभाव नगण्य ही अवशिष्ट था। वस्तुतः रुरु और सहस्रपाद ने आपसी विचार

कर जिन औषधियों से प्रमद्वरा का उपचार करना प्रारंभ कर दिया था उनसे उन्हें आशातीत स्वास्थ्य लाभ हुआ था। रुरु और सहस्रपाद यह जान चुके थे कि प्रत्येक चिकित्सा पद्धति की अपनी औषधियां हैं और उनका सफल उपयोग तभी हो सकता है जब उनका सही समय पर प्रयोग हो। मूर्च्छित अवस्था में विष के प्राणहारी असर को रोकने में यदि सहस्रपाद की चिकित्सकीय पद्धति ने आश्चर्यजनक परिणाम दिखलाया तो अब शरीर में पुनः ऊर्जा और कष्ट निवारण में स्वयं रुरु की भैषजीय विद्या बड़े काम की रही है यह सहस्रपाद भी अनुभव कर रहे थे।

यदि पारिवारिक प्रसन्नता रहे तब धर्म और कर्मकांडों में भी लोगों का मन लगता है। ऐसा ही था आश्रम में। गुरुमाता प्रमद्वरा के स्वस्थ होने के साथ ही आश्रम के बटुकों में नवीन उत्साह आ गया था। आज यज्ञवेदी पर हवन सामग्री, पुष्प,फल इत्यादि करीने से सजाकर रखे गए थे। कुश से बनी आसनियां ठीक ढंग से बिछाई गई थीं।

प्रातः काल की बेला में ऋषि रुरु, सहस्रपाद और बटुकों के समवेत स्वरों में वैदिक ऋचाओं के गान से दिशाएं मानो संगीत से भर गईं। हवन के पवित्र धुएं से सारा आश्रम सुगंधित हो गया। पवित्र अग्नि में देवताओं के नाम लेकर पायस की विशिष्ट हवि दी गई। आज का दिन प्रसन्नतासूचक था क्योंकि गुरुमाता को स्वास्थ्य लाभ हुआ था।

देवताओं को हवि देने के पश्चात् अब केवल स्तवन होना ही शेष था। इस आश्रम में ऋषि रुरु ऐसा ही करते थे परंतु तभी सहस्रपाद ने मणिग्रीव को बुलाकर कुछ अतिरिक्त पायस लाने को कहा। ऋषि रुरु कुछ आश्चर्य से देखने लगे परंतु उन्होंने कुछ कहा नहीं। तब तक पायस आ गया।

सहस्रपाद ने उच्चस्वर में इंद्र के साथ दैवी सर्प को पायस समर्पित किया।

उन्होंने 'पायसम इंद्र सर्पयित्मापूपांश्चापूवाह' (इत्यादि) उच्चारित किया। ऋषि रुरु को स्मरण आया कि किसी गुह्यसूत्र में इंद्र के साथ सर्पदेव को पायस अर्पित करने का निर्देश है।

ऋषि रुरु इस संदर्भ को स्मरण कर ही रहे थे कि सहस्रपाद ने तैत्तिरीय संहिता के पद को उच्चारित किया, यह पद रुरु के लिए नया न था अतः उन्होंने भी अपने मित्र का पद पाठ में साथ दिया।

नमोस्तु सर्पेभ्यो कि ये पृथ्विभिमन्यु
ये अंतरिक्षे ये दिवि, तेम्यः सर्पेभ्यो नमः ॥

सहस्रपाद ने जब सर्पों को आकाश की ओर देखते हुए नमस्कार किया तब वे पूर्ण रूप से भक्तिभाव में डूब चुके थे।

ऋषि रुरु को तैत्तिरीय ब्राह्मण का सूत्र याद आया 'इदं सर्पेभ्यो हविर्ष्तुष्जुष्ठ' इत्यादि, पर वे कुछ बोले नहीं, वे तो बस अपने मित्र के भक्तिभाव को देखकर

आनंदित हो रहे थे। ऋषि रुरु कभी-कभी यह अवश्य सोचते थे कि इंद्र के शत्रु के रूप में व्रत्र का वर्णन अहि के रूप में प्राचीन वैदिक वाङ्मय में प्रचुरता से मिलता रहा है, परंतु परवर्ती साहित्य में नागों और सर्पों में भी ऋषियों ने देवत्व के गुण देखे। परंतु इस विचार को वे कभी किसी से नहीं कह पाए। कहना उचित भी नहीं था। नागों और सर्पों की स्तुति के पश्चात् सहस्रपाद ने वैदिक मंत्रों से रुद्र की प्रार्थना की, जिसे सभी बटुकों ने समवेत स्वर से दुहराया। रुरु आश्रम की दैनिक आर्चना पूरी हो चुकी थी किंतु सहस्रपाद ने नागों और सर्पों की अभ्यर्थना के पश्चात् आश्रम की गीली मिट्टी से एक शिवलिंग बनाया और उसके पश्चात् उसका रुद्राभिषेक किया। एक बार पुनः वैदिक मंत्रों में रुद्र की महत्ता वाले मंत्र इस शिवलिंग के सम्मुख उच्चारित किए गए तथा जल, पुष्प और अक्षत भी समर्पित किए।

रुद्राभिषेक के पश्चात् सारे बटुकों को स्वाध्याय करने के लिये ऋषि रुरु ने आज्ञा दी। इन दिनों बहुत से आश्रमों में शिवलिंग की पूजा की जाने लगी थी। यह अलग बात है कि ऋषि रुरु अपने आश्रम में आज भी इस प्रकार की पूजा नहीं करते थे फिर भी रुद्र की उपासना पद्धति के इस विकास में उन्हें कोई आपत्ति न थी। वे कुशासन में बैठे हुए अपने मित्र की आराधना के अगले चरण को देखने लगे।

सहस्रपाद ने रुरु को श्रद्धावनत बैठे देखा, वे उठकर नहीं गए थे, स्पष्ट था कि वे सहस्रपाद की आराधना पद्धति पर विचार कर रहे थे।

सहस्रपाद को ज्ञात था ऋषि रुरु के पूर्वज परशुराम परमशैव थे। कहा तो यह तक जाता था कि परशुराम शिवद्रोही का मुंह तक देखना पसन्द नहीं करते थे, पर अब तो परशुराम भी युगपुरुष के रूप में ही याद किए जाने लगे थे।

सहस्रपाद जब तक शिवलिंग पर रुद्र मंत्रों के साथ आश्रम से लाए ताजे बिल्वपत्र और धतूरे के पुष्प चढ़ाते रहे तब तक पास ही बैठे रुरु यह सब एकाग्रचित होकर देखते रहे। वे स्मरण करने की चेष्टा कर रहे थे कि क्या उनके कुल पुरुष इस प्रकार की शिवाराधना करते थे, बहुत याद करने पर भी यही याद आता कि वे सदैव से अग्निहोत्र के द्वारा ही रुद्र की आराधना को देखते आ रहे थे।

सहस्रपाद ने अपनी पूजा अर्चना को समाप्त करने के पश्चात् अपने गले में पहनी हुई रुद्राक्ष की माला उतारी और नेत्र बंद कर शिवनाम का जप करने लगे। ऐसी अर्चना तो रुरु भी करते थे पर प्रतिदिन नहीं। इस अर्चना को वे प्रदोष की संध्या को करते थे।

रुरु सोचने लगे ईश्वर पर ध्यान लगाने की विविध विधियों का क्रमिक विस्तार हो रहा है।

सहस्रपाद ने अपना जप पूरा करने के पश्चात् साष्टांग प्रणाम किया और भोलेशंकर का नामोच्चार करते हुए पूजा से निवृत्त हुए।

सहस्रपाद ने देखा रुरु कुछ उत्सुकता से रुद्र का पूजा विधान देख रहे हैं अतः उनकी उत्सुकता को कम करने के लिये उन्होंने उनसे कहा : 'ऋषिवर, आश्चर्यचकित न हों। रुद्र की लिंगाराधना हमारे समाज में नई नहीं है। हमारे नाग समाज में शिव की प्रतिमा की पूजा का भी प्राचीन विधान है। शिव की पुरुष रूप में प्रतिमा गढ़ी जाती है पर यह सब नगरवासी नाग समाज ही कर सकता है। हम वनवासी नाग तो बस चिह्न (लिंग) के रूप में उनकी पूजा कर पाते हैं। कालकूट विष का पान करने वाले शिव के पुरुष की प्रतिमाएं सुंदर होती हैं पर हम अपने आराध्य की छवि लिंग रूप में भी देख सकते हैं, यह सहज है। मृदा लिंग को कहीं भी बनाया जा सकता है तथा पूजा के उपरांत उसे किसी जलाशय में विसर्जित किया जा सकता है।

इसके पश्चात् सहस्रपाद शिवलिंग की पूजा के महत्त्व को बतलाने लगे।

जब सहस्रपाद रुरु को शिवलिंग की पूजा की महत्ता का वर्णन कर रहे थे तभी रुरु को बचपन में अपने पिता से सुनी वह घटना याद आई जिसमें शिव की अर्चना को लेकर परशुराम और वैश्रवण रावण में विवाद हो गया था तथा वह विवाद अंत में नंदीश्वर के द्वारा सुलझाया गया।

आराधना के पश्चात् दोनों मित्रों ने साथ जाकर प्रमद्वरा का हाल जानना चाहा। वे उनकी कुटिया की ओर पहुंचते पर रास्ते ही में मणिग्रीव मिल गया और उसने सूचना दी कि गुरुमाता अब पूर्ण स्वस्थ हैं तथा स्वयं ही रसोई का कार्य देख रही हैं। रसोई तैयार होने में अब विलंब नहीं है, यही सूचना देने वह उनके पास आ रहा था।

सहस्रपाद ने ऋषि रुरु से कहा : 'मित्र, आज मैं भोजनोपरांत मध्याह्न के अल्प विश्राम के पश्चात् विदा लूंगा।'

ऋषि रुरु ने पूछा : 'किस ओर जाने का कार्यक्रम है?'

सहस्रपाद ने कहा : 'चौमासे के कारण मैं काफी समय से इसी वन क्षेत्र में रहकर वनवासी नागों की चिकित्सा कर उनकी सेवा करता रहा हूं परंतु मुझे आर्यावर्त के अनेक नाग राजाओं ने अपने-अपने नगरों में आमंत्रित किया है और जैसा कि आप जानते ही हैं कि राजाओं के पास हम ऋषियों के जाने का प्रयोजन उन्हें सन्मार्ग की ओर प्रेरित करना ही होता है, मैं भी इसी ध्येय से नाग राजाओं की राजधानियों में जाता रहता हूं।'

ऋषि रुरु ने कहा : 'सहस्रपाद, राजाओं को भला युद्धों और ऐश्वर्य सुख में डूबे रहने के अतिरिक्त भला और किस मार्ग में रुचि रही है?'

सहस्रपाद : 'यह सत्य है, परंतु जब करूणा, अहिंसा और दया की ऊंची बातें और कठिन शब्दों में ऋषिगण व्यक्त करते हैं तब वे राजाओं के लिए शब्दजाल से अधिक कुछ नहीं रह जातीं। हम उन्हें रुद्र के कल्याणकारी रूप को आत्मसात करने

को कहते हैं। हम रुद्र को जब पशुपति कहते हैं तब इन नागराजाओं को जिनके पूर्वज पर्वतों में वन्य पशुओं के साथ रहते थे, हमारे देवता पर विश्वास होने लगता है। आज भले ही आटविक समाज के ये लोग नगरवासी हो गए हों परंतु उनकी रगों में प्रकृतिप्रेम रचा-बसा है। पशुपति रुद्र की प्रसन्नता के लिए ये अपने हिंसक स्वभाव को नियंत्रित करते हैं, ऐसा मैंने स्वयं देखा है।'

ऋषि रुरु ने कहा : 'सहस्रपाद तुम धन्य हो जो तुम अपने सदाचरण द्वारा जहां जीवमात्र की सेवा कर रहे हो वहां तुम समाज के सबसे प्रभावी व्यक्तियों को भी श्रेष्ठ विचारों की ओर प्रवृत्त कर रहे हो।'

ऋषि रुरु को यह समझाते देर न लगी कि नाग ऋषियों और नाग राजाओं की आस्था के कारण ही पशुपति शिव की पूजा संपूर्ण आर्यावर्त में सबसे लोकप्रिय आराधना के मार्ग के रूप में स्वीकृत हो चुकी है।

12

नृत्यमुद्राओं की निष्पत्ति

वैदिक परंपरा के सर्वाधिक प्रसिद्ध पुरोहितों में से एक पुरोहित वशिष्ठ मैत्रावरुणि थे। ऋग्वेद सर्वानुक्रमणी में ऋग्वेद के नवम मंडलांतर्गत सत्तरवें सूक्त के प्रणयन का श्रेय वशिष्ठ और उनके नौ वंशजों को दिया जाता है। सो व्याघ्रपाद ने इस सूक्त की सोलहवीं, सत्रहवीं और अठारहवीं ऋचा का प्रणयन किया था। व्याघ्रपाद को वशिष्ठ मैत्रावरुणि का पुत्र या वंशज कहा गया है। पुराणों में इन्हें 'व्याघ्रपद' भी कहा गया है।

दक्षिण भारत में 'व्याघ्रपाद' ऋषि से प्रचलित लोककथाएं हैं जो जनजातीय और गैर जनजातीय समाज में लोकप्रिय हैं। इनमें नाग टोटम का उल्लेख भी मिलता है।

नाग संस्कृति का नृत्यकला से निकट का संबंध रहा है। नृत्य मुद्राओं और भंगिमाओं के विकास में नाग संस्कृति के उल्लेखनीय योगदान के संकेत दक्षिण भारत में प्रचलित लोककथाओं में मिलते हैं।

भगवान शिव को नाट्य शास्त्र का देवता कहा गया है, शिव ने जिन अनेक स्थितियों और अवस्थाओं में नृत्य किया उनमें से अनेक नृत्य नाट्य शैलियों के रूप में स्वीकार किए गए इसी तरह शिव की भाव-भंगिमाओं की भी अनेक कथाएं प्रचलित हैं।

दक्षिण भारत के मंदिरों में नृत्य मुद्राओं के अंकन हैं। इन मंदिरों में नटराज शिव के नृत्य की यदि मुद्राएं शिल्पित की गईं तो शिव के द्वारा प्रारंभ की गई मुद्राओं के आधार पर अन्य नृत्य मुद्राओं का भी शिल्पांकन हुआ।

नाट्य शास्त्र में भरतमुनि ने सर्वप्रथम नृत्यमुद्राओं को शास्त्रीय रूप से वर्णित किया। कहा जाता है भरतमुनि ने नाट्य शास्त्र में उन सभी मुद्राओं का अध्ययन किया था जिनका वर्णन उनके समय तक या तो अन्य आचार्य कर चुके थे या कि जिनका विवरण कथानकों में उपलब्ध था। भरतमुनि ने एक सौ आठ नृत्य मुद्राओं का वर्णन किया, ये सभी नृत्य मुद्राएं नर्तकियों के निर्देश के लिये विवेचित की गई थीं।

किंवदंतियों के अनुसार भरतमुनि ने अपनी ओर से केवल दो नृत्य मुद्राओं 'विष्णुक्रान्तम्' और 'गंगावतरणम्' का ही विवेचन किया था, शेष मुद्राओं को उन्होंने अपने शिष्यों से संकलित कराया जिनमें से अनेक भारत के विभिन्न क्षेत्रों के नृत्य

विषयक आख्यानों के ज्ञाता थे। यह संभव है नागों से संबंधित नृत्यमुद्राएं तत्कालीन नाग समाज के किसी आचार्य ने संकलित कर भरतमुनि को प्रदान की हों। भरतमुनि द्वारा संकलित नृत्यमुद्राएं मंदिरों में शिल्पित की गईं।

भरतमुनि के प्राप्त नाट्य शास्त्र में ही वे नृत्यमुद्राएं हैं जो मंदिरों के प्रांगण में नृत्य करने वाली नर्तकियों के लिये मानक समझी गईं। भरतमुनि के नाट्य शास्त्र का वह भाग जिसमें तांत्रिक नृत्य मुद्राएं भी वर्णित थीं अब अप्राप्त है, परंतु मूलग्रंथ के इसी अप्राप्त भाग में शिव और शक्ति की अनेक नृत्यमुद्राएं वर्णित थीं, जिनमें से कुछ अब भी दक्षिण भारत के मंदिरों में देखने मिलती हैं।

व्याघ्रपाद वृत्तांत

परम् शाक्त व्याघ्रपाद अपरा शक्तियों के महाज्ञानी के रूप में विंध्याचल से लेकर संपूर्ण दक्षिण दिशा के प्रदेशों के सिद्धों और ऋषियों में जाने जाते थे। व्याघ्रपाद शैशवावस्था में ही निराश्रित हो गए थे। जब वे शिशु ही थे तब उनके पालक ऋषि दंपती को यह देखकर आश्चर्य हुआ था कि उस छोटे बालक के समीप एक विशाल भुजंग आकर चाहे जब बैठ जाता है, मानो वह उसकी रक्षा कर रहा हो। व्याघ्रपाद किस कुल के थे यह उनके पालकों को भी पता न था। किशोरावस्था में ही वे तप के लिये निकल गए। कालांतर में महर्षि व्याघ्रपाद का नाम इसी बच्चे को युवा होने पर उन्हें इसलिए मिला था कि उन्होंने अपने समय के सर्वश्रेष्ठ शाक्त सिद्धों की छत्रच्छाया में रहकर महाशक्ति महाकाली को प्रसन्न कर लिया था। व्याघ्रपाद को कितनी सिद्धियां थीं कोई नहीं जानता था। काली की अनुकम्पा ने उन्हें महाशक्ति के स्वरूपों के सभी वाहनों को निमिष मात्र में बुलाने की क्षमता प्रदान की थी। व्याघ्रपाद नवदुर्गाओं के वाहनों सिंह, व्याघ्र, हंस, मयूर, वृषभ इत्यादि का जैसे ही ध्यान करते नवदुर्गा के स्वरूप का वह वाहन शीघ्र ही अपने प्रतिरूप को देवी की कृपा से क्षण भर में उनके सामने उपस्थित कर देता। श्मशान की भस्म को नित्य अंगराग की तरह शरीर को सज्जित करने के बाद ही वे महाकाली का स्वतन करते। नेत्र बंद करते ही महाकाली के स्वरूप की उन्हें प्रतीति होने लगती पर ये प्रतीति मात्र थी, न तो रूप दिखता और न रंग। व्याघ्रपाद ने महाकाली से साक्षात् दर्शन देने की अनेक बार याचना की थी पर महाकाली ने उन्हें इतना ही वर दिया कि वे डाकनियों और उनके विभिन्न स्वरूपों तथा उनके वाहनों का आह्वान कर सकते, वे दैवी शक्ति युक्त थे पर महाकाली ने साक्षात् प्रकट होकर उनका अभीप्सित कार्य करने की इच्छा कभी नहीं जतलाई।

व्याघ्रपाद आज तक यह नहीं समझ सके थे कि अनेक बार उनके आस पास महाभुजंग क्यों आ जाते हैं। उनकी साधना में नागों का महत्त्व न था। व्याघ्रपाद को महाकाली के स्वरूपों के वाहनों में व्याघ्र सबसे प्रिय था। व्याघ्र था भी वनों का राजा चपल महाबली और शक्ति का महापुंज। ऋषिवर ध्यानस्थ होने के पहले जब भी व्याघ्र

का ध्यान करते तब व्याघ्र उपस्थित हो जाता वह तब तक उनके आश्रम के चारों ओर प्रहरी की भांति घूमता रहता जब तक ऋषिवर अपना दैनिक ध्यान, तपस्या पूरी न कर लेते। अनेक बार जब ऋषिवर ध्यानस्थ होकर अपनी आत्म शक्ति के साथ विश्व के दूरस्थ प्रदेशों में भ्रमण करते तब उनका शरीर आत्मा रहित तो हो जाता पर निर्जीव नहीं होता था। इस अवस्था में महाशक्ति का वाहन सदैव उनके शरीर की रक्षा में सन्नद्ध रहता। यमराज वाहन महिष की भी यह हिम्मत नहीं थी कि वह ऋषि के शरीर के निकट भी आ सके। महाशक्ति के वाहन व्याघ्र का वरद हस्त ऋषि पर सदैव ही रहता। व्याघ्र का मनुष्य की भांति हाथ तो होता नहीं पैर या पंजा ही होता है जो हाथ का कार्य करता है। दैवी व्याघ्र का आशीर्वाद तो पंजे या पाद से ही होगा, इसी तथ्य के कारण ऋषि का प्रचलित नाम व्याघ्रपाद पड़ गया था। व्याघ्रपाद को दैवी व्याघ्र का पूर्ण संरक्षण प्राप्त था।

ऋषि व्याघ्रपाद ने अपनी तपस्या को कठोर से कठोरतर कर दिया ताकि महाशक्ति काली के वे साक्षात् दर्शन कर सकें। वर्षों बीत गए पर महाशक्ति ध्यान में भी तभी प्रतीति देती जब उसकी इच्छा होती, वह मौन ही रहती परंतु उसने व्याघ्रपाद को धीरे धीरे अनेक सिद्धियों का स्वामी बना दिया। देवी न तो स्वयं कभी प्रकट हुई और न ध्यानावस्था में ऋषि से बात की। व्याघ्रपाद सारी सिद्धियों और शक्तियों को पाकर भी खिन्न थे, समझ में नहीं आ रहा था कि उनकी आराध्या मौन क्यों है, उनके सामने प्रकट क्यों नहीं होती। उनकी तपस्या फलीभूत तो थी पर पूर्ण रूप से नहीं। ऋषि को सूझा क्यों न महाशक्ति की सबसे प्रिय योगिनी चंडिका से इस संबंध में निवेदन किया जाए। चंडिका महाशक्ति की चौंसठ योगिनियों में से एक थी, इसे महाशक्ति काली का विशेष स्नेह प्राप्त था, इसकी जानकारी व्याघ्रपाद को थी।

ऋषि व्याघ्रपाद ने योगिनी चंडिका के आह्वान के लिये कुंडली चक्र बनाया और विहित आहुतियां दीं। कुछ देर में ही यज्ञ धूम में से योगिनी का स्वरूप उन्हें दिखलाई देने लगा। अब वे वार्ता कर सकते थे, अपनी समस्या और इच्छा जानने के आस ऋषि व्याघ्रपाद के पास यद्यपि चौंसठों योगिनियों को आहूत करने की शक्ति थी पर उन्होंने योगिनियों का साक्षात्कार अपनी शक्ति का दुरुपयोग कभी नहीं किया था, वे जानते थे कि एक बार ही आहूत करने मात्र से योगिनियां सुंदर नारी का रूप धारण कर जातक की इच्छा तो पूरी कर देती हैं पर उसके साथ ही वे उसके सारे योग को भी नष्ट कर देती हैं, वे सतर्क साधक थे। ऋषि व्याघ्रपाद यह जानते थे कि योगिनियों में हर सांसारिक कामनाओं को पूरा करने की शक्ति होती है और इसीलिए वे जातक से इच्छित रूप की जानकारी पहले से प्राप्त कर लेती हैं, वे जातक के सामने ठीक उसी प्रकार की सुंदर स्त्री का रूप रखकर प्रकट होती हैं जिस रूप की कल्पना जातक को सबसे प्रिय है। योगिनियों का दूसरा सामर्थ्य जातक को इच्छित सामग्री प्रदान करने की भी है जिनमें उनका शरीर धारण करना आवश्यक नहीं है, वे क्षण भर में विश्व के किसी भी कोने से इच्छित वस्तु को लाने की सामर्थ्य रखती हैं और तीसरा

सामर्थ्य यह भी है कि वे जातक को कहीं भी सशरीर ले जाने के लिये सक्षम हैं। व्याघ्रपाद स्वयं अनेक सिद्धियों को देवी की कृपा से प्राप्त कर चुके थे अतः उन्हें योगिनियों की इस प्रकार की शक्तियों से प्राप्त होने वाले फलों की चाह न थी।

व्याघ्रपाद कौलिक थे, उन्होंने गुह्य योनि अभिचारों को सफलतापूर्वक निर्विघ्न संपन्न किया था। व्याघ्रपाद जानते थे कि योगिनियों से भौतिक वस्तुओं या सुखों की याचनाएं कठिन श्रम घोर तपस्या का अपव्यय करना है, वे मनुष्य की सामान्य इच्छाओं, अनिच्छाओं से ऊपर उठ चुके थे। उन्होंने रूप और भोग से तृप्ति पा ली थी जब उन्होंने स्वयं निर्वस्त्र बैठकर चातुर्वर्ण युवा स्त्रियों के साथ गुह्य योनि तंत्र की साधनाएं विंध्याटवी की गुफाओं में संपन्न की थीं। ये स्त्रियां भी लौकिक तंत्राचार में योगिनियां कही जाती थीं पर यह अकारण न था। प्रारंभ में तो इन्हीं योगिनियों के माध्यम से बहुत से सोपान पार करने होते हैं। व्याघ्रपाद ने इन सभी सोपानों को सफलता से पार कर दैवी योगिनियों की प्रसन्नता को प्राप्त करने में अनूठी सिद्धि प्राप्त की थी।

योगिनी चंडिका के आगमन की सूचना उन्हें झंझावात से मिली, वे सतर्क हो गए, योगिनी चंडिका के इस प्रश्न पर कि वह किस रूप में प्रकट हों, ऋषि व्याघ्रपाद विस्मित न हुए। उन्हें मालूम था कि पराशक्तियां भी प्रकृति के नियमों से बंधी हैं और इसलिए जहां तक संभव हो मनुष्य को प्राप्त आधिभौतिक शक्तियों का क्षय कराना चाहती हैं। ऋषि न तो विचलित हुए और न ही विस्मित। उन्होंने पास रखे काले तिलों को लाल कनेर के पुष्प के हाथ की अंजलि में रखा और थोड़ा सा जल लेकर मंत्रोच्चार कर पुनः योगिनी की स्तुति की। योगिनी चंडिका व्याघ्रपाद की साधना से अवगत थी, उससे प्रसन्न भी थी इसलिए बोली : 'ऋषिवर, विलंब न करें, शीघ्र ही मुझे आहूत करने के प्रयोजन को स्पष्ट करें।'

व्याघ्रपाद ने साष्टांग प्रणाम करते हुए कहा कि देवि, मुझे अपना पुत्र समझिए, एक ऐसा पुत्र जो अज्ञानी है पर अपनी माता की अंगुली पकड़कर कुछ आगे चलना चाहता है, माया के आवरण के उस पार का सत्य देखना चाहता है। हे देवि, चौंसठ योगिनियों में मैंने आपको ही कष्ट अकारण नहीं दिया क्योंकि मैं यह जानता हूं कि केवल आप की ही ब्रह्मांड में अप्रतिहत गति है, आपको रोकने का सामर्थ्य किसी में नहीं है पर इससे भी अधिक आपका सामर्थ्य यह है कि आप महाशक्ति महाकाली की प्रिय योगिनी हैं। मैं यह भी जानना चाहता हूं कि परमशक्ति हमारी आराध्य महाकाली मुझे दर्शन क्यों नहीं दे रहीं।

यज्ञ धूम्र में चंडिका का स्वरूप कुछ और स्पष्ट होने लगा। व्याघ्रपाद ने अपने जीवन में केवल दूसरी बार चंडिका का आह्वान किया था। पहिली बार जब उसके स्वरूप को देखा था तब परम साहसी होने पर भी वह कहीं भीतर तक भयार्त हो गया था। भय के भाव को उस समय कठिनाई से मुंह पर आने से रोका था। रक्त चंदन से चर्चित खुले हुए केशों की लटें और दहकते हुए नेत्रों से युक्त एक बलिष्ठ

स्त्री के रूप में तब प्रकट हुई थी चंडिका ,परंतु आज सब कुछ मानो बदला हुआ था। उनका रंग आज भी श्यामल ही था वैसा ही जैसा जल से भरे मेघों का होता है। उनके केश आज भी खुले हुए थे पर वे रेशम की कोमलता वाले घने काले केश थे। माथे पर चंदन आज भी था पर आज वह सुंदर आलंकारिक लाल रंग से माथे की शोभा को द्विगुणित कर रहा था। यदि अंतर था तो वह उनके नेत्रों में था, आज अंगारे नहीं दहक रहे थे अपितु स्नेह और वात्सल्य की शीतलता थी उनमें।

व्याघ्रपाद चंडिका के रूप को देखकर विस्मित रह गए। उन्होंने हाथ जोड़कर पूछा : 'देवि, मैं आपके इस स्नेहमय रूप के दर्शन कर कृतार्थ हुआ पर यह बतलाने की कृपा करेंगी कि पिछली बार हमने आपका जो रौद्र रूप देखा तो वह सत्य था या आज का आपका यह मन को शीतल कर देने वाला स्वरूप।'

योगिनी धीमे से हंसी कहने लगी : 'व्याघ्रपाद, तुम ऋषि हो इसलिए मेरी बात समझ सकते हो, साधारण व्यक्ति योगसिद्धि कर शक्तियां तो प्राप्त कर लेते हैं पर उनमें जड़ता बनी रहती है। मेरे रूप वही होते हैं जातक के मन की जो मूल प्रकृति होती है। तपस्या से इस प्रकृति में भी परिवर्तन आता है। तुमने जब पहली बार मेरा आह्वान किया था और मेरा जो रूप देखा था तब वह तुम्हारे अहंकार की ही छवि थी। हम शक्तियों का अपना स्वरूप वही होता जो मनुष्य की प्रकृति होती है, उसका स्वभाव होता है उस समय तुम चिंतन के निचले सोपान में थे पर शक्ति संचय के उच्च धरातल को तुमने प्राप्त कर लिया था, अब काफी मात्रा में वह असंतुलन दूर हो चुका है परंतु फिर भी एक मूलभूत समझ की कमी तो है तुझमें। महाशक्ति के प्रति तुम्हारी निष्ठा ने काफी कुछ सहज किया है।' यह कहकर योगिनी ने व्याघ्रपाद से कहा : 'तुम अपने प्रश्न को शीघ्र पूछो, समय मत नष्ट करो।'

व्याघ्रपाद ने पूछा : 'देवि, मैं महाशक्ति के दर्शन करना चाहता हूं, मुझे आपकी गति का ज्ञान है, महाशक्ति के लिये क्या आप मेरी ओर से प्रार्थना करेंगी? यदि ऐसा कर सकें तो मैं अनुगृहीत होऊंगा।'

व्याघ्रपाद की बात सुनकर चंडिका जोर से हंस पड़ी कहने लगी : 'व्याघ्रपाद, तुम भ्रम में हो, कोई भी संसार का शरीरी या अशरीरी उसका साक्षात्कार नहीं कर सकता, मैं भी नहीं इतना अवश्य है कि जब वह अपनी लीला दिखलाना चाहती है तब वह किसी न किसी माध्यम से अपनी किसी छवि का आभास करा देती है पर यह छवि भी उसकी इच्छा से निर्मित हुई होती है, वह स्वयं वहां नहीं होती।'

व्याघ्रपाद ने चंडिका को पुनः प्रणाम करते हुए कहा : 'देवि, आप सर्वज्ञ हैं, आपको ज्ञात है कि महाशक्ति हम पर कृपालु हैं।'

चंडिका ने उत्तर दिया : 'महाशक्ति करुणामयी है, वह तुझसे किसी कल्याणकारी कार्य किए जाने का भविष्य देख रही है। तुम्हारा कहना कुछ अंशों तक ठीक है, वह हमें निर्देश देती है, वे निर्देश अकारण नहीं होते। महाशक्ति केवल लीलाधर नहीं है,

वह चराचर की पालनहार और जीवमात्र को किसी न किसी स्तर पर सर्जना का वरदान भी देती रहती है। वह त्रिकालज्ञ है, वह रास्ता बतलाती पर वह किसी की वशवर्ती नहीं है, वह प्रकृति का अमूर्त तत्त्व और मूर्तरूप है।'

व्याघ्रपाद चंडिका की बातें सुनकर स्तब्ध हो गया, प्राणातिपात हो गया, कहने लगा : 'देवि, मैंने तो अपना मन्तव्य व्यक्त कर दिया, शेष आपकी इच्छा पर सब कुछ निर्भर है।'

व्याघ्रपाद चंडिका को प्रणाम ही कर रहा था कि देखा चाहे जब उपस्थित हो जाने वाला महाभुजंग अपना फण फैलाए उसके बगल में न जाने कहां से उपस्थित हो गया था।

व्याघ्रपाद को आश्चर्यचकित देख चंडिका के मुख पर मुस्कान आ गई। वह कहने लगी : 'व्याघ्रपाद, महाशक्ति ने संकेत दे दिया है। इस महाभुजंग को देख, यह साधारण नाग नहीं है। मैं यह देखकर हैरान हूं कि तूने आज तक यह जानने की कोशिश नहीं की तेरी हर तपस्या की सिद्धि पर प्रकट होने वाला यह नाग कौन है।' यह कहकर चंडिका ने व्याघ्रपाद को एक प्राचीन मंत्र की याद दिलाई और उससे कहा कि इस मंत्र के एक सहस्र बार पाठ करने से ही तुम्हें महाशक्ति के दर्शन से संबंधित प्रश्न का सही हल मिल जाएगा।

यह कह चंडिका अंतर्धान हो गई, व्याघ्रपाद प्रसन्न भी थे पर आश्चर्य में डूब चुके थे। चंडिका ने जिस मंत्र का जप करने की सलाह दी थी वह उसे ज्ञात था क्योंकि वह नागवंश के लोगों से उसकी आत्मीयता थी। यह नाग जाति का बीज मंत्र था। इस मंत्र की याद क्यों दिलाई देवि ने समझ में नहीं आ रहा था व्याघ्रपाद को पर देवि का आदेश था इसलिए मानना आवश्यक था।

व्याघ्रपाद ने काल गणना की और देखा कि दो दिनों बाद ही पंचमी की वह शुभ रात्रि है जिसमें नागवंश के बीजमंत्र का जप किया जा सकता है। व्याघ्रपाद के दो दिन कठिनाई से कटे। वह अपनी तपस्या के विभिन्न चरणों को जैसे-जैसे स्मरण करता वैसे-वैसे चंडिका की बात में सत्यता दिखलाई देती। पूरी साधना की अवधि में महाभुजंग उसके आसपास ही रहा।

व्याघ्रपाद के लिए न तो कोई तपस्या कठिन थी और न ही कोई अनुष्ठान, वह इन सबके लिए पैदा ही हुआ था।

निश्चित समय पर जप के पूरा होते ही चमत्कार हुआ, वस्तुतः चमत्कार होने की आहट तो जप के साथ ही प्रारंभ हो चुकी थी। एक सहस्र बार मंत्रों का जाप करना था व्याघ्रपाद को, दीपक के प्रज्वलित होने के साथ ही न जाने कहां से महाभुजंग दीपक के पीछे फण फैलाकर बैठ गया। जैसे ही मंत्र का एक बार का पाठ पूरा होता वैसे ही सामने बैठे महाभुजंग की ऊंचाई दूनी बढ़ जाती। दूसरी बार के पाठ के साथ ही व्याघ्रपाद को लगा मानो महाभुजंग का एक और फण निकल आया है। व्याघ्रपाद अर्धनिमीलित अवस्था में था। वह सामने दोनों आंखें खोलकर स्पष्ट नहीं देख सकता

था, जपविधान में यह वर्जित था, फिर भी उसे दिख रहा था। तीसरी बार के जप के साथ महाभुजंग के तीन फण हो गए और उसकी ऊंचाई भी तीन गुनी हो गई। व्याघ्रपाद स्थित मन से जप करता गया, हर पाठ के साथ ही महाभुजंग की ऊंचाई बढ़ती गई। कितना समय बीत गया पता ही नहीं चला। न तो दीपक का घृत समाप्त हुआ और न उसकी बाती मद्धिम हुई पर चारों ओर मानो घनघोर काला सा आवरण छा गया। अब सामने घने काले चमकदार रंग के अतिरिक्त कुछ भी न था।

सहस्रवां मंत्र पाठ करने के पश्चात् जब व्याघ्रपाद ने फलप्राप्ति के लिये प्रार्थना की और आंखें पूरी तौर पर खोलीं तब वह घोर विस्मय में डूब गया। एक हजार फणों वाला एक महानाग सामने था जिसका शीर्ष आकाश में अनंतता की ओर था जिसकी कुंडली मानो दिशाओं को घेरे हुए थी। वह इन सबसे बीच ऐसा लग रहा था मानो विशाल वट वृक्ष के सामने एक छोटा केंचुआ-सा खड़ा हो। उसने स्वयं को ध्यान से देखा, वह एक केंचुए जैसे छोटे से संपोले के रूप में परिवर्तित हो गया था। उसे समझ ही नहीं आया कि इस दृश्य में कितना भ्रम और कितना सच है।

पर यह दृश्य क्षण भर ही रहा, अब फिर वही परिचित महाभुजंग उसके सामने था उसे लगा कि महाभुजंग उससे कह रहा कि 'हे व्याघ्रपाद, तुझे देवाधिदेव विष्णु के अनुचर भगवान अनंत के दर्शन का परम सौभाग्य प्राप्त हो गया है।'

महाभुजंग ने आश्चर्य से डूबे व्याघ्रपाद के सम्मुख अपने सिर पर छुपी एक मणि निकाली और नीचे रख दी। मणि के प्रकाश में महाभुजंग ने अपना वह बचपन देखा जो उसे अब तक अज्ञात था। बचपन का वह समय जब वह अपने पालकों के पास न पहुंचा था। उसने देखा कि वह स्वयं एक नाग दंपती की एकलौती संतान था, उसने यह भी देखा कि उसके पिता एक वीर नाग योद्धा थे जो युद्ध में वीरगति को प्राप्त कर चुके थे और उसकी मां ने एक ऋषि की कुटिया के बाहर अपने इस शिशु को रखकर स्वयं भी अग्नि प्रवेश कर लिया था।

इसका अर्थ यह था कि वह स्वयं भी नागवंश का व्यक्ति था, तभी महाभुजंग की उस पर अनुकम्पा थी, किसी न किसी रूप में महाभुजंग ने उसे भविष्य के रास्तों तक पहुंचाया था। मणि में उसका सारा भूत वर्तमान एक ही क्षण में दिख गया और अब भविष्य दिखने की बारी थी। व्याघ्रपाद सावधान हो गया।

व्याघ्रपाद ने देखा कि एक महातेजस्वी योगी सामने बैठा है, कुछ दूसरे तपस्वी उसके सामने श्रद्धावनत् बैठे हैं, वह कुछ ऐसी बात कर रहा है जिसे व्याघ्रपाद नहीं सुन पा रहा है। कुल इतना समझ पा रहा है कि उसे महर्षि योगिराज पतंजलि के नाम से संबोधित किया जा रहा है, वह जब भी पतंजलि को और अधिक ध्यान से देखने का प्रयास करता तब उसे योगी के स्थान पर उसी सहस्रफण महानाग के दर्शन होने लगते जिसे उसने कुछ ही देर पहले सारे ब्रह्मांड को आवृत करते देखा था। पहेली थी यह। क्या दिख रहा है उसे, समझने का पूरा प्रयास करते हुए भी समझ में कुछ

ठीक न आ रहा था। तभी मणि का तेज लुप्त हो गया, महाभुजंग ने मणि को क्षण भर में अपने सिर पर छुपा लिया और सरकते हुए पास के वन में अदृश्य हो गया।

व्याघ्रपाद ने आंखें मींच लीं, वह किंकर्तव्यविमूढ़-सा हो गया था। तभी उसे नारी कंठ से निकली हंसी सुनाई दी, उसने देखा अनाहूत चंडिका सामने खड़ी थी। उसने अदृश्य होकर यह सब देख लिया था, उसने व्याघ्रपाद की गुत्थी को हल किया, उसे बतलाया कि भविष्य में शीघ्र ही इस स्थान पर पतंजलि आएंगे, वह उन्हें जानती है, वे विश्व के सर्वोच्च योगी हैं और इस कालखंड के सबसे ज्ञानी व्यक्ति। चंडिका ने यह भी कहा : 'हे व्याघ्रपाद, तू भाग्यशाली है, तेरे भाग्य में कुछ अच्छा होने वाला है, पर क्या होगा मैं नहीं जानती।'

व्याघ्रपाद चंडिका की भविष्यवाणी सुनकर प्रसन्न हो गया। उसे यह ज्ञात हो चुका था कि वह उसी नागवंश का ऋषि था जिसमें पतंजलि जैसे महायोगी ने जन्म लिया था। व्याघ्रपाद ने पतंजलि की विद्वत्ता की बात सुनी थी, उनके महायोगी होने की भी बात सुनी थी पर उसे यह बात गले न उतरती थी कि उस जैसे अपराशक्तियों के स्वामी के सामने भी कोई अन्य व्यक्ति महान हो सकता है या कि शक्तिमान हो सकता है, उस व्याघ्रपाद के सामने जिसने सारी सिद्धियां प्राप्त कर ली हैं या कि कोई ऐसा भी हो सकता है जिसकी विद्याएं उसे प्राप्त विद्याओं से श्रेष्ठ हों। महाशक्ति के सामने है कौन जो क्षण भी टिक सके और उस पर तो महाशक्ति की असीम अनुकम्पा है। फिर भी चंडिका की दैवी बातों पर विश्वास न करने का कोई कारण न था।

अब व्याघ्रपाद को समय की प्रतीक्षा थी।

व्याघ्रपाद अपने आश्रम में जब अपने तांत्रिक शिष्यों को कौलिक क्रियाओं का सैद्धांतिक पक्ष समझा रहा था तभी उसके शिष्यों ने व्याघ्रपाद से कहा : 'हे गुरुवर, क्या आप यह नहीं मानते कि जिस स्थान पर आपने महाशक्ति को प्रसन्न करने के लिये कठोर तपस्या की है वहां महाशक्ति का एक मंदिर बने।'

व्याघ्रपाद यह सुनकर प्रसन्न हुआ, महाशक्ति का सिद्ध मंदिर बनाने के लिये कला उसकी तपस्या स्थली से बढ़कर और कौन सा स्थान हो सकता था। धन की कहीं कोई कमी न थी और न ही श्रमिकों और शिल्पियों की, क्षेत्र के सारे राजा व्याघ्रपाद की शक्तियों को जानते थे।

पर व्याघ्रपाद एक शुभ घड़ी पर ही मंदिर बनवाने का कार्य पूरा करना चाहता था इसलिए उस संकल्प के साथ उसने उस सारे क्षेत्र को मंत्रों से बांध दिया जिसमें मंदिर का निर्माण होना था। व्याघ्रपाद के मंत्रों की शक्ति से अब यह एक निषिद्ध क्षेत्र बन गया। देवता, गंधर्व, यक्ष किन्नर अब कोई भी इस क्षेत्र में प्रवेश न कर सकते थे। व्याघ्रपाद को अपनी शक्तियों पर गर्व था। धीरे-धीरे वह शुभ घड़ी भी निकट आई जब तंत्रमय यज्ञ के साथ मंदिर की नींव पर मंत्राभिषिक्त रक्तपुष्प रखा जाना था।

सूर्योदय से एक प्रहर पूर्व ही व्याघ्रपाद मंदिर स्थल पर पहुंच गया क्योंकि मध्याह्न के पूर्व आज महाशक्ति के मंदिर का औपचारिक निर्माण प्रारंभ होना था। अब भी आकाश में तारे टिमटिमा रहे थे। व्याघ्रपाद ने आंखें बंद कर महाशक्ति का स्तवन प्रारंभ किया, पर यह क्या मानो चारों ओर झंझावात सा आ गया। आंखें बंद करते ही उसे उसी सहस्रफण महानाग के दर्शन हुए जिसके उसने नागमणि के प्रकाश में दर्शन किए थे। व्याघ्रपाद विस्मित हो गया, उसकी आराध्या की जगह महानाग क्यों? जब तक वह कुछ सोच पाता, उसे किसी के स्पर्श ने आंखें खोलने को विवश कर दिया। उसने अपने सामने एक तेजस्वी तपस्वी युवक को देखा। वह एक क्षण के लिये भी उससे नजरें न मिला सका। उसे इस पर आश्चर्य हुआ पर जैसे ही उसकी आंखें बंद हुईं उसे पुनः दिखलाई दिया वहीं विशाल भुजंग भूमि से लेकर आकाश तक तना हुआ हजार फणों वाला अनंत।

व्याघ्रपाद जब प्रकृतिस्थ हुआ तब उसने देखा वहां उसके आस पास कोई न था, न ही वह योगी जिससे वह आंखें नहीं मिला पा रहा था और न ही सहस्रफण नाग। व्याघ्रपाद ने महाशक्ति की उच्चस्वर में प्रार्थना प्रारंभ की और देखा कि पास ही उसका रक्षक व्याघ्र और उसके आस पास रहने वाला महाभुजंग अवश्य आ चुके हैं।

सूर्योदय के लिये अब क्षण भर ही बचा था। व्याघ्रपाद ने जैसे ही मंदिर की नींव के तांत्रिक विधि से चुने गए बिंदु पर रक्त पुष्प चढ़ाया वैसी ही मानो विस्फोट हो गया। एक भीषण ध्वनि हुई और प्रकाश का मानो एक ऊर्ध्वगामी झरना फूट पड़ा। उस प्रकाश से दूर उसने देखा मानो सहस्रफण महानाग साक्षात् उपस्थित हो गया है। उसे लगा कहीं वह विभ्रमित तो नहीं होने लगा है। उसने ध्यानस्थ हो महाशक्ति के बीज मंत्र का स्मरण किया, अब सब कुछ स्पष्ट दिख रहा था। वह जहां बैठा था उससे ठीक विपरीत दिशा में जहां उसने सहस्रफण नाग को देखा था वहीं उसी जगह उसने देखा कि वही तेजस्वी योगी युवक हाथ जोड़कर ध्यान मुद्रा में खड़ा था जिसे उसने कुछ देर पहले अपने कंधे का स्पर्श करते हुए अनुभव किया था। उसके द्वारा चढ़ाए गए रक्त पुष्प के ऊपर एक पीताभ प्रकाश फैल रहा था उसी प्रकाश से पहले धीमे और बाद में तीव्र होती हुई डमरू की ध्वनि को वह स्पष्ट रूप से सुन रहा था।

व्याघ्रपाद ने सोचा महाशक्ति प्रसन्न हो गई है, वह उसे साक्षात् दर्शन देना चाहती है पर यह क्या उसने देखा कि प्रकाश के भीतर एक दिव्य त्रिनेत्रधारी श्वेत कुंद पुष्प के समान शुभ्र शरीर वाले पुरुष की आकृति है। प्रकाश पुंज में वह दैवी पुरुष नृत्य करने लगा, डमरू की मुख्य ध्वनि के साथ न जाने कितने वाद्य दिगंत में बजने लगे। मधुर संगीत से सारी सृष्टि झूमने लगी। दिव्य पुरुष के नृत्य की मुद्राओं की सुंदरता से व्याघ्रपाद भी मुग्ध होकर मानो जड़ हो गया। कितना समय बीत चुका पता ही न चला। पर उसे यह देखकर आश्चर्य हुआ कि नृत्यरत पुरुष ने नृत्यमुद्रा में ही अपना हाथ बढ़ाकर तेजस्वी युवा योगी को आशीर्वाद दिया। आशीर्वाद पाकर

वह योगी उस पुरुष की न जाने किस भाषा में प्रार्थना करने लगा उसके मुख से निकली हुई प्रार्थना ऐसी लगने लगी मानो हजार कंठों से प्रार्थना निकल रही हो। दिव्य प्रार्थना थी वह।

प्रार्थना समाप्त होते ही वह दिव्य पुरुष एक क्षण के लिये रुका मानो वह नृत्य की मुद्रा बदल रहा हो, तभी व्याघ्रपाद के मन में विचार आया कि वह छला जा रहा है। महाशक्ति महाकाली के बीजस्थान पर यह दैवी शक्ति वाला पुरुष कौन? क्यों इसने यहां आने की अनधिकार चेष्टा की। व्याघ्रपाद को याद आया कि उसने तो देव, असुर, गंधर्वों सभी के लिये यह स्थान मंत्र शक्ति द्वारा अप्रवेश्य बना दिया था फिर भी यह पुरुष यहां नृत्य कर रहा है और यह युवा योगी भी इस अप्रवेश्य चक्र में सहजता से प्रवेश कर गया, आश्चर्य।

व्याघ्रपाद क्रोध से भर गया। उसने मंत्रोच्चार कर उन सारी डाकनियों और दुर्दमनीय शक्तियों को सामने बुलाकर नृत्यरत पुरुष पर आक्रमण करने का आदेश दे डाला, पर यह क्या? वे सारी शक्तियां दिव्य पुरुष के पीतवलय को छूने मात्र से सुंदर स्त्रियों में परिवर्तित हो गईं और वे भी उस दिव्य पुरुष के नृत्य का अंग बन गईं। व्याघ्रपाद और भी क्रोधित हो गया, उसने दिव्य पुरुष पर अनेक अन्य अमोघ शक्तियों का प्रहार किया पर वे सभी शक्तियां उस दिव्य पुरुष के पीतवलय में समाहित होकर लुप्त हो गईं। व्याघ्रपाद ने क्रोधित हो अब तक उसकी रक्षा कर रहे महानाग को उठाकर दिव्य पुरुष पर फेंक दिया। दिव्य पुरुष ने मंद मुस्कान के साथ दोनों हाथों में उसे ऊपर उठा लिया और उसे लेकर कौतुकपूर्वक इस तरह नृत्य करने लगा मानो वह सुंदर वीणा हो। व्याघ्रपाद का क्रोध सभी सीमाओं का लांघ गया, उसने अपने रक्षक व्याघ्र को दिव्य पुरुष पर छोड़ दिया। तभी चंडिका न जाने कहां से प्रकट हुई और उसने व्याघ्रपाद को धिक्कारते हुए कहा : 'अरे मूर्ख, तूने यह क्या किया, महाशक्ति महाकाली के प्रिय पशु को तूने कहां छोड़ दिया है, दुष्ट तुझे इसका फल शीघ्र मिलेगा।' चंडिका व्यग्र होकर महाशक्ति की हाथ जोड़कर प्रार्थना करने लगी परंतु तीर धनुष से निकल चुका था। व्याघ्र छलांग लगा चुका था। व्याघ्र के जीवन की यह अंतिम छलांग थी, दिव्य पुरुष ने क्षणार्ध में व्याघ्र का वध कर उसके चर्म को निमिष मात्र में अपने कमर में लपेट लिया। चंडिका ने स्त्री का स्वरूप रख महाकाली का स्तवन जारी रखा। तभी चंडिका, व्याघ्रपाद और युवा योगी ने देखा कि एक दूसरा प्रकाशपुंज उत्पन्न हो चुका है, उसमें एक नारी आकृति उभर चुकी है। अब दोनों प्रकाश पुंज एक हो रहे हैं पर इसके पहले दोनों एकाकार हों दिव्य पुरुष के पैर के अंगूठे के प्रहार से व्याघ्रपाद लुंठित हो चुका है। चंडिका ने निष्प्राण व्याघ्रपाद को अपनी गोद में लिटा लिया।

अब दैवी पुरुष और आद्याशक्ति का नृत्य प्रारंभ हुआ। चंडिका और युवा योगी ने देखा कि नृत्य पुरुष ने नृत्य करते-करते एक पैर आकाश की ओर उठा दिया है।

देवी ने भी उसी मुद्रा से नृत्य करना चाहा पर शक्तिस्वरूपा को यह व्रीडाजनक लगा। दैवी पुरुष और आद्याशक्ति ने एक दूसरे की ओर देखा, चंडिका और युवा योगी को लगा मानो दोनों मिलकर कभी एक हो जाते हैं तो कभी एक ही स्वरूप शक्ति का होता है तो दूसरा पुरुष का।

चंडिका और युवा योगी की परेशानी को तुरंत ही उस नृत्य वलय से हुई वाणी ने दूर किया। अब केवल प्रकाश था न स्त्री थी न पुरुष। दैवी वाणी ने कहा : 'हे शेषरूपी पतंजलि, तुमने रुद्र के नृत्य को देखने की जो आकांक्षा की थी वह विष्णु की कृपा से समय आने पर पूरी हुई। तभी चंडिका ने प्रार्थना करते हुए कहा : 'हे रुद्र, व्याघ्रपाद महाशक्ति का परम उपासक है, उसे पुनः जीवन दान दीजिये।' दैवी वाणी ने प्रत्युत्तर में कहा : 'हे देवि, सिद्धियां प्राप्त कर यह व्यक्ति बुद्धिमान होकर भी गर्वोन्मत्त हो गया था इसलिए रुद्र ने इसके उस जीवन का अंत कर महाशक्ति से इसे पुनः नया जीवन प्रदान करने की अपनी इच्छा व्यक्त कर दी है। भविष्य में नागवंश के रत्न पतंजलि जहां विश्व को वागर्थ प्रदान करेंगे वहीं उन्हीं के गोत्र का यह ऋषि नृत्य विद्या के नाट्य भंगिमाओं का आचार्य बनेगा।'

टिप्पणी

नटराज के हाथों में नाग का शास्त्रीय शिल्प में अंकन : प्राचीन शिव मूर्तियों में नटराज की मूर्तियों का शास्त्रीय विधान है। नटराज शिव की नृत्यरत चतुर्भुजी और अष्टभुजी प्रतिमाएं मिलती हैं, कुछ मूर्तियां दशभुजी भी हैं। जहां विष्णु को चतुर्भुज, राम और कृष्ण को द्विभुज दिखलाने की परंपरा है वहां शिव को बहुभुज दिखलाने वाली मूर्तियां मिलती हैं। भारतीय मूर्तिशिल्प में इन भुजाओं में दाहिने और वाम हस्त के आयुधों में भी अंतर मिलता है।

उज्जैन की आठवीं शताब्दी की अष्टभुजी नटराज की मूर्ति के 3 हाथ खंडित हैं। शेष पांच हाथों में से सबसे ऊपर के दोनों बाएं और दाएं हाथों में नटराज कथा में वर्णित मुद्रा में नाग को धारण किए हुए हैं। इसी प्रकार का चित्रण बिलासपुर (छत्तीसगढ़) से प्राप्त 12वीं सदी की एक मूर्ति में है।

व्याघ्र चर्म : नटराज को अनेक चर्मों से आवेष्टित बतलाया गया है, जिनमें व्याघ्र चर्म और गजचर्म प्रमुख हैं। व्याघ्र चर्म आवेष्टित नटराज के चित्र मिलते हैं जबकि शिल्प में गजचर्म को बहुतायत से दर्शाया गया है।

व्याघ्रपाद ऋषि : प्राचीन संस्कृत सहित्य में व्याघ्रपाद को वशिष्ठ ऋषि का पुत्र माना गया है। पौराणिक ग्रंथों में इन्हें व्याघ्रयोनि में उत्पन्न कहा गया। पौराणिक कथाओं में मनुष्यों से पशुरूप प्राणियों की कथाएं वर्णित हैं। परंतु ये रूपक या प्रतीक हैं। व्याघ्रपाद वैदिक सूक्त द्रष्टा ऋषि कहे गए हैं, इन्हें स्मृतिकार भी कहा गया है। व्याघ्र योनि से इस ऋषि का संबंध संभवतः इसलिए भी कहा गया क्योंकि इसकी माता का नाम व्याघ्री था।

पुराणकारों ने व्याघ्री शब्द को पशु योनि का समानार्थी स्वीकार कर लिया जबकि संभावना यही है कि व्याघ्रपाद की माता का टोटमी गोत्र व्याघ्र रहा हो। यहां यह उल्लेखनीय है कि नागवंश के व्यक्ति नाग पूजक तो थे उनका सामूहिक टोटम भी नाग ही था, इस तरह नागपूजा के साथ कालांतर में वे वैष्णव, शैव और शाक्त भी हुए पर उनके टोटमी गोत्रों में व्याघ्र टोटम भी प्राचीन काल से ही मिलता है। महाभारत के अनुशासन पर्व (53,30) के अनुसार इनका नाम 'व्याघ्रपाद' था तथा इनके उपमन्यु और धौम्य नाम के दो पुत्र थे। उपमन्यु को 'वैयाघ्रपाद' पैतृक नाम प्राप्त हुआ (महाभारत, अनुशासन पर्व-14,49) महाभारत में इनके सात भाइयों का उल्लेख मिलता है।

ऋषि व्याघ्रपाद के संबंध में जो भी जानकारियां मिलती हैं वे सभी वशिष्ठ से संबंधित हैं। महाभारत और पुराणों में वशिष्ठ ऋषि की तीन विभिन्न वंशावलियां प्राप्त हैं। पहली अरुंधति शाखा दूसरी घृताची शाखा और तीसरी व्याघ्री शाखा।

व्याघ्री शाखा से वशिष्ठ को कुल उन्नीस गोत्रकार पुत्र (महाभारत, अनुशासन पर्व, 53) प्राप्त हुए थे। व्याघ्रपाद उन्हीं में से एक थे।

पुराणों में 12 वशिष्ठ वर्णित हैं, जिनमें 6 के संबंध में कथाएं मिलती हैं।

1. वशिष्ठ देवराज (त्रिशंकु के समकालीन) 2. वशिष्ठ अपव (कार्तवीर्य अर्जुन के समकालीन) 3. वशिष्ठ अथर्व निधि, प्रथम (अयोध्या के राजा बाहु के समकालीन) 4. वशिष्ठ श्रेष्ठभाज (राजा सौदास के समकालीन) 5. वशिष्ठ अथर्वनिधि, द्वितीय (राजा दिलीप खट्वांग के समकालीन) 6. वशिष्ठ (दाशरथि राम के समकालीन) इनके अतिरिक्त वशिष्ठ मैत्रावरूण, वशिष्ठ शक्ति, वशिष्ठ सुवर्चस इत्यादि। व्याघ्री बारह वशिष्ठों में से किसकी पत्नी थीं यह शोध का विषय है।

दक्षिण भारतीय लोककथाओं में व्याघ्रपाद : दक्षिण भारत की लोककथाओं में व्याघ्रपाद एक जाने-पहिचाने ऋषि का नाम है। इन लोककथाओं के अनुसार प्राचीनकाल में इस ऋषि ने क्रोधित हो भगवान शिव से युद्ध छेड़ दिया। इस युद्ध में उन्होंने जिन अनेक दैवी शक्तियों द्वारा शिव पर आक्रमण किया था उनमें एक विषधर नाग और व्याघ्र भी थे। पशुपति शिव पर ये आक्रमण विष्फल हुए। भगवान शिव ने इस आक्रमण के प्रत्येक चरण को कौतुकपूर्ण निष्फल किया। भगवान शिव का यह कौतुक नृत्य के रूप में स्फुरित हुआ था जिसमें उन्होंने व्याघ्रपाद के विषधर नाग के प्रहार को दोनों हाथों में इस कलात्मक के साथ ग्रहण किया मानो वह नृत्य की मुद्रा हो। नाग को उन्होंने दोनों हाथों से धनुषाकार ऊपर उठाया और उछालकर उसे अपना अलंकरण बना लिया। शिव ने आक्रमण कर व्याघ्र को सहज ही चीरकर विभक्त कर दिया एवं उसके चर्म को वस्त्र की भांति कमर में लपेट लिया। शिव के पादप्रहार से व्याघ्रपाद लुंठित हो गया, उसे पादाक्रांत कर दिया। इस आक्रमण के पश्चात् भी नृत्य करते रहे। व्याघ्रपाद महाशक्ति का उपासक था इसलिए भक्त को संकट में देख महाशक्ति भी महाकाली के रूप में शिव के सम्मुख आ गई। महाकाली को देखकर शिव ने रुद्र का रूप धारण कर लिया। अब रुद्र और काली का विकट नृत्य प्रारंभ हुआ। इन नृत्यों को प्रारब्धवश शेषस्वरूप पतंजलि ने देखा था। उन्होंने ही शिव और शक्ति का स्तवन कर उन्हें प्रसन्न किया। नृत्य को विराम देने की प्रार्थना भी की थी। पतंजलि की प्रार्थना के पश्चात् दिग-दिगंत

को प्रकंपित करने वाला नृत्य समाप्त हुआ। शिव और शक्ति दोनों पतंजलि पर प्रसन्न हुए। शेषावतार पंतजलि ने शिव से व्याघ्रपाद को नया जीवन प्रदान करने का वर मांगा और उसकी शक्ति को कलाओं के विकास में सहायक होने का वर मांगा। शिव शक्ति की अनुकंपा से व्याघ्रपाद नृत्य भंगिमाओं का आचार्य बना।

दक्षिण भारत की लोककथाओं में व्याघ्रपाद की कथा के समांतर एक दूसरी कथा भी है जिसके अनुसार सृष्टि के प्रारंभ में क्षीर सागर में योगनिद्रा में लीन भगवान विष्णु से शेषनाग ने रुद्र और काली के नृत्यों को देखने की इच्छा की थी। आदिशेष की इस इच्छा पर भगवान विष्णु ने उन्हें वरदान दिया था कि उनकी इच्छा उस समय पूरी होगी जब वे पतंजलि के रूप में जन्म लेंगे, उनका यह अवतार यद्यपि विश्व कल्याण के लिये होगा किंतु वे नागवंशी व्याघ्रपाद का भी कल्याण करेंगे।

13

व्याकरण की स्थापना

विश्व की प्राचीनतम भाषा की व्याकरण को वैज्ञानिक रूप देकर उसे स्थाापित करने का श्रेय पतंजलि को है। पतंजलि संस्कृत भाषा के सुविख्यात व्याकरण एवं पाणिनि के 'अष्टाध्यायी' नामक व्याकरण ग्रंथ के प्रामाणिक व्याख्याकार थे। संस्कृत व्याकरण शास्त्र के बृहद् नियमों एवं भाषा शास्त्र के गंभीर विचारों के निर्माता के नाते पाणिनि, व्याडि काव्यायन और पतंजलि पाणिनिय व्याकरण के केवल व्याख्याता ही न होकर स्वयं एक महान् मनस्वी विचारक और योगी भी थे। व्याकरण विषयक ग्रंथों में पतंजलि का 'महाकाव्य' ग्रंथ सर्वाधिक प्रमाणिक माना जाता है। पतंजलि के व्याकरण विषयक नियमों को अंतिम माना जाता है। 'यथोत्तर मुनीनां प्रमाण्यम्' में पतंजलि की व्याकरण विषयक निष्णतता स्पष्ट होती है।

पतंजलि का जीवन चरित्र कई पुराणों में मिलता है। इनका जन्म स्थान नागों का प्राचीन देश था जिसे संस्कृत में 'गोनर्द' भी कहा गया है। इनके नामों में उनका एक नाम गोनर्ददीय है अर्थात् गोनर्द का निवासी। राजतरंगिणी में गोनार्द नाम से तीन कश्मीरी राजाओं का उल्लेख मिलता है।

चूंकि पतंजलि नाग देश के निवासी थे या फिर नागवंश से संबंधित थे इसलिए विद्वानों ने उन्हें शेषनाग का अवतार भी कहा है। प्राचीन ग्रंथों और कोशों (विश्व प्रकाश कोश एवं महाभाष्य प्रदीप) में इनके जो नामांतर मिलते हैं उनसे इनका नागवंशीय या नागदेशीय होना स्पष्ट है। ये नाग इस प्रकार हैं : नागनाथ, अहिपति, फणिमृत, फणिपति, शेष, वासुकि और भोगींद्र।

पतंजलि के 'महाभाष्य' में अनेक ऐतिहासिक घटनाओं के संकेत मिलते हैं, जैसे–मिनान्डर नामक यवन शासक द्वारा साकेत नगर के घेरे जाने का वर्णन। चंद्रगुप्त और पुष्य मित्र राजाओं की यश प्रशस्ति। ग्रंथ में निर्देशित है कि राजा पुष्यमित्र का यज्ञ चल रहा है। ('पुष्यमित्रं यजामः')

पतंजलि का वाग्कौशल अद्वितीय था। उन्होंने अपने भाष्य को पचासी अह्निकों में बांटा था। आह्निक का शब्दार्थ 'एक दिन में दिया गया व्याख्यान' होता है।

पतंजलि के अन्य ग्रंथ सांख्य प्रवचन, छंदोविचित एवं सामवेदीय निदान सूत्र हैं।

पतंजलि अपने पातंजलयोग सूत्र के लिये भी आदर के साथ स्मरण किया जाता है। 'पातंजल योगसूत्र' ग्रंथ समाधि, साधन, विभूति एवं कैवल्यं इन चार पादों में विभक्त किया गया है। इस ग्रंथ में समाविष्ट कुल सूत्रों की संख्या एक सौ पंचानवे है।

पतंजलि दिव्य व्यक्ति थे इसीलिए उन्हें देवपुरुष माना गया। सत्रहवीं सदी में तंजौर के शहाजी राजा के आश्रित 'रामभद्र' नामक कवि ने पतंजलि के जीवन पर 'पतंजलि चरित' नामक काव्य की रचना की।

शेषावतार पतंजलि

परंपरा से दक्षिण भारत के पार्वत्य प्रदेश में भगवान शिव और आद्याशक्ति की भक्ति का वातावरण था। मंदिरों का निर्माण प्रारंभ हो चुका था। मंदिरों के शिखर गगन चुंबी होने लगे थे। मंदिरों के प्रांगणों में भक्तगण भाव-विभोर होकर नृत्य करते थे।

ऐसे ही एक निर्माणाधीन मंदिर से कुछ दूर गोदावरी नदी के तट पर एक विशाल आश्रम था। आश्रम में एक सहस्र बटुक अध्ययन करते थे। आश्रम की स्थापना महर्षि शौनक ने वर्षों पूर्व की थी, वही शौनक जिन्हें आदि वैयाकरणों की प्रथम पंक्ति में बैठाया जाता है, उनके ग्रंथ 'ऋक्‌प्राप्ति शारव्य' को विश्व के प्राचीनतम ग्रंथों में स्थान दिया जाता है। वर्तमान में सुवर्चस नामक आचार्य इस आश्रम के कुलपति थे। सुवर्चस कुरुवंशीय सम्राट संवरण के पुरोहित थे। सम्राट संवरण अत्यंत ज्ञानी और प्रजापालक व्यक्ति थे इसलिए एक सहस्र बटुक होने पर भी उनके राज्य के इस आश्रम में न तो दुधारू गायों की कमी थी और न ही आश्रम के उपयोग हेतु कृषि भूमि की। आश्रम में अध्ययन अध्यापन हेतु विशाल पर्णकुटियां, अभ्यास हेतु खुले मैदान या कि फिर भूर्जपत्र में लिखी पोथियों को रखने के लिये उत्तम पत्थरों से बने ग्रंथागार का भवन भी अत्यंत विशाल था। सुवर्चस ने ज्ञान की अनेक विधाओं को समृद्ध करने का बीड़ा उठाया था। इसी क्रम में उन्होंने महर्षि पतंजलि एवं उनके शिष्यों को यहां आमंत्रित किया था।

महर्षि पतंजलि वैसे तो अभी मात्र इक्कीस वर्ष के ही थे परंतु उनकी विद्वत्ता से समस्त भारतवर्ष का विद्वत्समाज परिचित था। कुछ समय पूर्व जब सुवर्चस महर्षि शौनक की समाधि के सामने उन्हें प्रणाम करते हुए ध्यानस्थ हुए तब आश्रम के स्थापक स्वर्गीय महर्षि शौनक ने उन्हें ध्यानावस्था में निर्देश दिया था कि शीघ्रातिशीघ्र इस आश्रम में महर्षि पतंजलि को आमंत्रित किया जाए ताकि वे अपने जीवन में व्याकरण विषयक जो कार्य पूरा नहीं कर पाए हैं उसे पूरा किया जा सके। महर्षि शौनक ने ध्यानावस्था में यह भी निर्देश दिया था कि महर्षि पतंजलि को तो विश्व

कल्याण का बहुत बड़ा कार्य करना है अतः वे आश्रम में उतना ही रुकेंगे जितना उनके लिये आवश्यक है परंतु उनके शिष्य व्याघ्रपाद को आग्रह कर रोक लेना उचित होगा क्योंकि व्याघ्रपाद बटुक के शरीर में उसी वैदिक सूक्त द्रष्टा व्याघ्रपाद वासिष्ठ की आत्मा का निवास है जो ऋग्वेद के तीन मंत्रों का द्रष्टा था तथा जो पूर्व जन्म में स्मृतिकार भी था। व्याघ्रपाद नियतिवश ही पतंजलि के साथ हैं।

सुवर्चस ने बंद आंखों से यह देखने के तुरंत बाद ही राजा संवरण की सहायता से न केवल महर्षि पतंजलि को आमंत्रित किया वरन् वह उन्हें अपने आश्रम तक लाने में भी सफल हुआ।

सुवर्चस के आश्रम में धनुर्विद्या और आयुर्वेद से लेकर अनेक ज्ञान-विज्ञानों का पठन-पाठन होता था। यहां के ग्रंथागार में वर्षों प्राचीन और नवीन ग्रंथ थे। ग्रंथागार में वर्षों प्राचीन ग्रंथों को कड़ी सुरक्षा में रखा जाता था और वही बटुक वहां देर तक अध्ययन कर सकते थे जो कुलपति की विशेष प्रतिभा के धनी होते थे। इस विशाल ग्रंथागार की देखरेख आश्रम के वयोवृद्ध आचार्य व्याडि के जिम्मे थी।

व्याडि गोदावरी क्षेत्र के दक्षिण पश्चिमी क्षेत्र के निवासी थे। उनका कुल दक्षिण भारत के प्रकांड पंडितों का कुल था। उनका कुल वैयाकरणों का कुल था। व्याडि जिस वंश में पैदा हुए थे उसमें केवल पुरुष ही नहीं स्त्रियां भी अपनी विद्वत्ता के लिये विख्यात थीं। व्याडि की माता का नाम दाक्षि था और इसीलिए व्याडि के वयस्क होने तक भी तथा स्वयं मेधावी बटुक के रूप में पहिचान प्राप्त कर लेने तक की अवस्था तक भी व्याडि को दाक्षिपुत्र कहकर ही पुकारा जाता था। व्याडि के पिता व्यड की मृत्यु बचपन में हो चुकी थी इसलिए इनका लालन-पालन इनकी माता दाक्षि और बड़ी बहन व्याड्या ने किया था। व्याड्या भी अपने पिता और माता के समान ही ख्यातनामा महिला थीं, उम्र में व्यडि से काफी अधिक होने के कारण बहुधा उन्हें व्याडि की माता समझ लिया जाता था।

व्याडि सरल जीवन जीने के अभ्यस्त थे और अपने ग्राम में ही अध्यापन करते थे। उनका प्रिय विषय व्याकरण था। उनको बड़ी कठिनाई से कुलपति सुवर्चस अपने आश्रम में ला पाए थे। सुवर्चस व्याकरण शास्त्र की जटिलता को जानते थे और यह भी जानते थे कि सामान्य व्यक्तियों की रुचि इस विषय में कम होती है, केवल तपस्वी ही इस विषय में रुचि लेते देखे गए थे। सुवर्चस की सबसे बड़ी चिंता यह थी कि इस आश्रम के आदि कुलपति महर्षि शौनक जो अन्यान्य विद्याओं के साथ अपने समय के सबसे प्रतिष्ठित वैयाकरण भी थे, के द्वारा लिखा गया व्याकरण ग्रंथ ऋक्प्राप्ति शाख्य उन्हीं दिनों लुप्त हो गया था जिन दिनों महर्षि शौनक ने गणना कर यह जान लिया था कि उनके शरीर त्याग का समय आ चुका है, उन्होंने सारी सांसारिक इच्छाओं से मुक्ति पाते हुए समाधिस्थ होकर शरीर का त्याग कर दिया था।

सुवर्चस ने काफी प्रयासपूर्वक सहस्र और शत सिद्धि वाले वैयाकरण विद्वानों को ढूंढ़कर 'ऋक्प्राप्ति शाख्य' ग्रंथ का पुनर्लेखन कराना चाहा था परंतु अधूरी सफलता ही मिली थी।

सहस्रसिद्धि और शतसिद्धि वाले बटुक हजार या सौ पंक्तियों वाली रचनाओं को एक बार में ही सुनकर कंठस्थ कर लेते थे पर उनकी यह शक्ति सीमित होती थी। विद्वानों की रचनाएं भूर्जपत्र पर लिखे जाने के पूर्व तक ये कुशाग्र बुद्धि बटुक उसे अपने मष्तिष्क में संजोये रखते थे। महर्षि शौनक के ग्रंथ को भी इसी विधि से स्मरण कर भूर्जपत्रों में अंकित किया गया था किंतु कालांतर में दीमक लग जाने से इस ग्रंथ की पांडुलिपि नष्ट हो गई तथा जिन बटुकों को ग्रंथ याद था, कालक्रम में वे भी उसे ठीक ढंग से पुनर्स्मरण न कर सके और इस तरह कुछ ही वर्षों तक मूल ग्रंथ के कुछ भागों की प्रतिलिपियां कुछ अन्य स्थलों पर संचित रहीं। परंपरा के पोषक कुछ विद्वानों को मूलग्रंथ के कुछ भाग भी स्मरण में रहे पर कुल मिलाकर ग्रंथ विलुप्ति के कगार पर पहुंच गया।

कुलपति सुवर्चस को यह ज्ञात था कि 'दाक्षायण' के कुल वैयाकरणों का कुल है अतः ब्रह्मलीन संस्थापक कुलपति शौनक के ग्रंथ का पुनरुज्जीवन किसी न किसी रूप में व्याडि परिवार में अवश्य होगा।

कुलपति सुवर्चस इसीलिए व्याडि को अपने आश्रम लाए और उन्हें आचार्य तो बनाया ही ग्रंथालय का प्रभारी भी बना दिया। व्याडि जब तक इस आश्रम में आए तब तक वे अत्यंत वृद्ध हो चुके थे। उनका शरीर निर्बल हो चुका था, वे दिन में एक बार ही आहार ग्रहण करते तथा रात्रि में कुछ देर के लिये ही सोते थे। व्याडि को ज्योतिषियों पर विश्वास था जिन्होंने उनकी आयु बहुत अधिक नहीं बतलाई थी। कृशकाय शरीर वाले व्याडि सीधे-साधे व्यक्ति थे, दिन-रात व्याकरण की गुत्थियों को मन ही मन सुलझाते रहते थे। वे जीवन का हर क्षण मूल्यवान मानते थे। उन्हें जब कुलपति सुवर्चस का आमंत्रण मिला था तब पहले तो अपना गांव ही छोड़ने को तैयार न थे, आश्रम में आने के बाद भी उन्हें बड़ी मुश्किल से ग्रंथागार के प्रभारी का दायित्व सम्हालने के लिये तैयार किया गया।

कुलपति सुवर्चस विचक्षण व्यक्ति थे, व्यक्तियों की क्षमताओं का आकलन करना उन्हें खूब आता था। व्याडि को आचार्य बनाने के बाद उन्हें यह जानने में अधिक समय न लगा कि व्याडि अन्य व्याकरणविदों की तरह तोतारटंत क्षमता वाले विद्वान नहीं हैं। कुलपति को यह ज्ञात हो गया कि 'ऋक्प्राप्ति शाख्य' ग्रंथ के सभी अंग उपांगों का ज्ञान रखने वाले व्याडि शब्दशः मूल ग्रंथ की प्रतिलिपि तैयार नहीं करा सकेंगे। व्याडि ने गंभीरता से शौनक ऋषि के ग्रंथ का अध्ययन और मनन किया था परंतु उसे जस का तस कंठस्थ करने की उन्होंने आवश्यकता न समझी थी।

कुलपति सुवर्चस को इस तरह एक विद्वान् व्यक्ति तो मिला जो आचार्य शौनक के मूलग्रंथ का परम ज्ञाता था परंतु उन्हें यह भी ज्ञात हो गया कि मूलग्रंथ अब काल-कवलित हो चुका है, इसलिए उन्होंने व्याडि को उसी ग्रंथ के आधार पर दूसरे ग्रंथ की रचना का केवल परामर्श ही नहीं दिया अपितु उन्हें नए ग्रंथों की रचना के लिये प्रेरित भी किया। कुलपति सुवर्चस ने व्याडि की भोजन व्यवस्था और उनकी देखरेख के लिये विशेष व्यवस्था की क्योंकि वे उनके गिरते स्वास्थ्य से चिंतित थे। सुवर्चस जानते थे कि अनेक विद्वान अपने शरीर का तनिक भी ध्यान नहीं रखते हैं। यह निरपेक्षता उनकी असामयिक मृत्यु का कारण भी बन सकती है। व्याडि अपनी दैनंदिनी में कट्टर थे, स्वास्थ्य ठीक हो न हो सूर्योदय के एक प्रहर पूर्व ही उनकी संध्या वंदन का कार्य पूरा हो जाता था।

कुलपति सुवर्चस व्याडि से उम्र में काफी छोटे थे अतः व्याडि उन्हें अपने अनुज की ही भांति मानते थे। कुलपति के आग्रह को वे टाल न सके और उन्होंने 'ऋक्प्राप्ति शाख्य' के आधार पर दो ग्रंथों की रचना की। उनका एक ग्रंथ 'विकृत वल्ली' शीर्षक से था तथा दूसरा 'संग्रह' नामक ग्रंथ था। 'संग्रह' ग्रंथ में 'ऋक्प्राप्ति शाख्य' की मूलस्थापनाओं को पहले लिखा गया और फिर उनकी विस्तृत विवेचना लिखी।

कुलपति सुवर्चस ने यह देखकर कि व्याडि के ग्रंथों में मूल ग्रंथ 'ऋक्प्राप्ति शाख्य' के अनेक उद्धरण अपने मूल रूप में हैं आश्रम के ही एक अन्य बटुक को आज्ञा दी कि वह इन अवशिष्ट पदों को संकलित कर पुनः 'ऋक्प्राप्ति शाख्य' का एक लघु संस्करण तैयार करे। वैसा ही हुआ, किंतु कालांतर में इस दूसरे ग्रंथ के संकलित हो जाने पर पहले ग्रंथ के रचना काल के संबंध में भ्रांतियां पैदा हुईं। यद्यपि व्याडि को इस प्रकार की आशंका उस समय ही हो गई थी ज़ब उनके ही ग्रंथ से एक प्राचीन ग्रंथ को पुनर्जीवन देने का प्रयास हो रहा था, पर क्या करते, कुलपति की मर्यादा और स्नेह को देखते हुए वे मौन ही रहे। वैसे भी व्याडि अधिकतर मौन रखने वाले व्यक्ति थे, वे केवल उतना ही बोलते जितना आवश्यक होता था। उन दिनों वैयाकरण यह मानते थे कि आधे शब्द का भी अनावश्यक उपयोग नहीं होना चाहिए। उस काल के अनुसार यह ठीक भी था जब लेखन श्रमसाध्य और व्ययसाध्य था। भूर्जपत्र ताम्रपत्र या कि शिलालेख सभी में संतुलित भाषा और न्यूनतम आवश्यक शब्दों का प्रयोग किया जाता था ताकि धन और श्रम दोनों ही व्यर्थ खर्च न हों। वैयाकरण सूत्र रूप में कहना पसंद करते थे ताकि थोड़े अक्षरों में बहुत कहा जा सके। सफेद हो चुकी बड़ी डाढ़ी वाले कृशकाय सुवर्चस भी शब्दों को नाप-तौलकर ही बोलते थे।

आकाश में काले बादल छाए हुए थे, श्रावण मास में वैसे भी ऋषि-मुनियों का चातुर्मास लग चुका होता है और वे इस काल में यात्राएं नहीं करते अतः कुलपति को जब यह ज्ञात हुआ था कि महर्षि पतंजलि ने उनके आश्रम में आने की स्वीकृति

दे दी है तब जहां उन्हें अपने आमंत्रण की स्वीकृति की प्रसन्नता हुई थी वहां उन्हें यह भी लगा था कि वर्षांत में ही महर्षि पतंजलि का उनके आश्रम में आगमन हो सकेगा। वर्षाकाल में प्रवास केवल आपद्धर्म के रूप में ही किया जाता है यह उन्हें स्मरण था।

परंतु चतुर्थी की संध्या को जब एक चर द्वारा उन्हें सूचित किया गया कि महर्षि पतंजलि दूसरे दिन प्रातः काल ही पधार रहे हैं तो उन्हें विस्मय हुआ, वे समझ ही नहीं पा रहे थे कि कौन सा आपाद धर्म आ पड़ा जिसके कारण चातुर्मास के बीच में ही महर्षि पतंजलि ने उनके आश्रम तक आने का विचार किया। बहुत सोचा पर समझ में न आया। सोचते-विचारते कुलपति अकेले ही आदि कुलपति की समाधि पर पहुंचे, पुष्प अर्पित किए और अपना प्रश्न मन में लिये आंखें बंद कर ध्यानस्थ हो गए। ध्यानस्थ अवस्था में उन्हें मानो स्वर्गीय शौनक ऋषि का स्वर सुनाई दिया। वे कह रहे थे : 'सुवर्चस्, तू धन्य है, तुझे महर्षि पतंजलि की महिमा का ज्ञान नहीं है, पर तूने मेरे अभीप्सित कार्य की सिद्धि के लिये जो प्रयास किए हैं मैं उससे बहुत प्रसन्न हूं मेरे ग्रंथ को जनसामान्य तक पुनः पहुंचाने के तेरे प्रयासों को मैं साधुवाद देता हूं। मैं तुझे कुछ समय के लिये दिव्य दृष्टि प्रदान करूंगा ताकि तू महर्षि पतंजलि की महिमा को समझ सके।' इतना कहकर वाणी ने विराम ले लिया।

सुवर्चस उत्सुकता से भर गए। उन्हें पूरी रात ठीक से नींद भी न आई, दूसरे दिन प्रातः न केवल वे स्वयं वरन् विद्यालय के समस्त आचार्य और बटुक भी महर्षि पतंजलि के स्वागत के लिये तैयार हो गए। संपूर्ण विद्यालय को पुष्पों और आम्रपत्रों से सजाया गया। प्रातः काल के हवन इत्यादि दैनिक स्वाध्याय पूर्व होने वाली व्यस्तताओं के बाद सभी के लिये अनाध्याय घोषित कर दिया गया था। सभी बटुक पंक्तिबद्ध होकर खड़े थे, उनके बैठने के स्थान नियत थे। आश्रम के विशाल खुले मैदान में सभी एकत्रित थे। सामने के विशाल पीपल वृक्ष के नीचे के चबूतरे पर मृगचर्म बिछाए गए थे जहां कुलपति, आचार्य महिमामय और अतिथि के बैठने की व्यवस्था थी।

मध्याह्न से एक घड़ी पूर्व ही महर्षि पतंजलि अपने चार शिष्यों सहित आश्रम पहुंच गए। स्वस्ति वाचन से उनका स्वागत किया गया। परम ज्ञानियों के लिये सभी विहित स्वागत की औपचारिकताएं पूरी की गईं। कुलपति सुवर्चस ने आदरपूर्वक महर्षि पतंजलि को आसन पर बैठाया और सामने स्वयं बैठे। कार्यक्रम के अनुसार महर्षि पतंजलि को सभा को संबोधित करना था।

कुलपति ने महर्षि से सामने बैठे हुए एक सहस्र छात्र और लगभग दो सौ आचार्यों और उपाचार्यों को संबोधित करने का निवेदन किया। महर्षि पतंजलि की वाणी में मानो चुंबकत्व की शक्ति थी, एक प्रहर एक क्षण के समान बीत गया। जब महर्षि ने बोलना बंद कर दिया तब भी उपस्थित समुदाय और अधिक सुनना चाह

रहा था। कुलपति स्वयं इस युवा वक्ता को देखकर जितना आश्चर्यचकित हुए थे उससे अधिक उसकी वाणी को सुनकर आश्चर्य में डूब गए। किस विषय का अगाध ज्ञान नहीं था इस परम ज्ञानी युवा वक्ता में।

कुलपति ने सभा विसर्जित की। कुलपति आदरपूर्वक महर्षि पतंजलि उनके चारों शिष्यों और विद्यालय के वरिष्ठ आचार्य व्याडि को सादर अपने कक्ष में ले गए। सभी महर्षि पतंजलि से कुछ और सुनने को उत्सुक थे।

महर्षि पतंजलि ने स्नेहपूर्वक अपने शिष्य व्याघ्रपाद का नाम लिया। युवा पतंजलि की तो अभी दाढ़ी भी पूरी न आ पाई थी पर व्याघ्रपाद उनसे दुगुनी उम्र के थे। व्याघ्रपाद ने उठकर हाथ जोड़े। कुलपति को यह देखकर कुछ विस्मय हुआ पर चुप रहे, उन्होंने उनके तीन अन्य शिष्यों पर नजर डाली, सभी अपने गुरु से उम्र में काफी बड़े थे पर सभी की गुरु पर अनन्य श्रद्धा थी जो उनके व्यवहार से स्पष्ट ही झलक रही थी।

महर्षि पतंजलि ने कुलपति से जब यह निवेदन किया कि वे अपने इस शिष्य को उनके आश्रम में शिक्षक के रूप में देखना चाहते हैं तब कुलपति का विस्मय और भी बढ़ गया क्योंकि महर्षि शौनक ने तो बहुत पहले ही ध्यानावस्था में इन्हें आश्रम में रखने के लिये निवेदन करने को कहा था, पर यह सब आकस्मिक हो गया। महर्षि पतंजलि न जाने कैसे स्वर्गीय ऋषि शौनक की इच्छा को समझ सके, यह एक पहेली ही थी। प्रकट में कुलपति ने महर्षि पतंजलि का आभार मानते हुए इसे अपने आश्रम का सौभाग्य कहा। महर्षि पतंजलि ने किंचित् हास्य के साथ कुलपति को और अधिक यह कहकर विस्मित कर दिया कि महर्षि शौनक को 'व्याघ्रपाद' नाम स्मरण है यह उचित है पर अब इनका नया नाम सुहोत्र है।

तभी कुलपति ने देखा कि वयोवृद्ध व्याडि अचानक उठे और उन्होंने आगे आकर महर्षि पतंजलि को साष्टांग दंडवत् प्रणाम किया। इतने वयोवृद्ध व्यक्ति को साष्टांग दंडवत करते देख महर्षि पतंजलि ने उन्हें तुरंत उठाया। कहने लगे : 'विप्रवर, यह क्या कर रहे हैं, आप हमारे पूज्य हैं।' पर व्याडि तो मानो किसी दूसरे लोक में पहुंच गए, कहने लगे : 'प्रभु, मेरा जीवन सार्थक हो गया जो मैं अपनी मृत्यु के पूर्व शब्द ज्ञान के प्रथम द्रष्टा को मनुज रूप में देख सका। प्रभु, मेरा अंत निकट है, मुझे आशीष दें कि मैं इस विश्वास के साथ प्राण छोड़ सकूं कि मैंने आपके द्वारा दिखलाए गए ज्ञान में पूरा चित्त लगाया, मेरी आप पर दृढ़ निष्ठा रही।'

अपने विचारों को कम से कम शब्दों में बोलने वाले व्याडि की प्रशंसा को सुनकर कुलपति थोड़ा चौंके। बात चौंकने की ही थी।

तभी कुलपति सुवर्चस को ऐसा प्रतीत हुआ मानो चारों ओर घंटियों की आवाज आ रही हो उनकी आंखों के सामने झीने से आवरण दिखलाई देने लगे, उन आवरणों में छाया प्रकट होने लगी। एक आवरण में महर्षि शौनक दिखलाई दिए जिन्हें वे

उनकी आवाज से पहिचान सके। महर्षि शौनक ने आदि शेष की स्तुति करते हुए जैसे ही महर्षि पतंजलि के हाथ जोड़े वैसे ही वहां ऐसा प्रतीत हुआ कि पतंजलि के स्थान पर सहस्रफण वाला एक महानाग बैठा हो जिसके सहस्र शीर्ष आकाश को मेघों की घटा के समान आवृत्त कर रहे हों पर क्षण भर में ही वही सहस्र शीर्ष नाग एक सुंदर मनुष्य शरीरधारी देवता के रूप में दिखलाई देने लगा। कुलपति ने ध्यान से देखा कि इस देवता का स्वरूप वही है जो महर्षि पतंजलि का है केवल सिर के पीछे पांच फण वाला नाग अवश्य दिखलाई दिया। एक दूसरे आवरण में उन्होंने देखा कि व्याडि देवता के सामने साष्टांग दंडवत् प्रणाम कर रहे हैं, देवता मुस्कराते हुए उसे अभय प्रदान कर रहे हैं। दिवंगत महर्षि शौनक का शरीर झीने आवरण में भी पारदर्शी दिखलाई दे रहा था। आदिशेष की स्तुति में महर्षि शौनक कह रहे थे : 'हे अनंत, आपने रुद्र के नृत्य में बजाई गई डमरू की ध्वनि से स्वरों और व्यंजनों को अनुशासित किया वहीं शब्दों को अनुशासित करने के लिये आदि व्याकरण की रचना कर मनुष्य जाति को उपकृत किया। मुझ जैसे साधारण व्यक्ति को आपकी कृपा से ही आपकी ही रचना को नए रूप में प्रस्तुत करने की शक्ति मिली। हे अनंत आप की कृपा से कालक्रम में लुप्त होती विद्याओं को पुनः जीवन मिलता है। वर्तमान में आपने व्याडि को शक्ति प्रदान कर उसे विश्व मान्य वैयाकरण का पद दिया। पर हम सब धन्य हैं जिन्हें आपके इस मानवरूप के दर्शन हुए।'

क्षणार्ध में सब कुछ दिख गया और लुप्त भी हो गया, परंतु विचक्षण कुलपति सब कुछ समझ गए। वे अपने को धन्य भाग्य मान रहे थे क्योंकि उन्हें साक्षात् आदि शेष के दर्शन हो चुके थे। वे यह भी समझ गए कि महारुद्र द्वारा प्रकट की गई विद्या को आदि शेष ही ग्रहण कर सकते थे।

अब व्याडि को महर्षि पतंजलि ने स्नेह से उठाया। व्याडि ने कहा : 'हे स्वामी मेरा अंत निकट है, मैंने आपके द्वारा निर्दिष्ट कार्य को पूरा करने का यत्न किया, मैं नहीं जानता मैं कितना सफल या विफल रहा।'

अब तक कुलपति सुवर्चस भी प्रकृतिस्थ हो चुके थे। महर्षि पतंजलि ने कहा 'हे व्याडि न तो तुम्हारा अंत निकट है और न ही तुम्हारे प्रयास में कोई कमी तुम्हारे द्वारा लिखे गए ग्रंथों को सदा याद रखा जाएगा, पर काल का प्रवाह सृष्टि के नियमों से संचालित है, काल के प्रवाह में जब एक वस्तु डूबती है तब फिर वह उसी रूप में फिर से प्रकट नहीं होती, उसका स्वरूप बदलता है। महारुद्र के नृत्य और डमरू वादन से शब्द ज्ञान और कलाओं का स्फोट हुआ वह काल के प्रवाह से परे है क्योंकि वह महाकाल की इच्छा है पर मनुष्य को तो उसकी प्रतीति अलग-अलग कालखंड में अलग-अलग ही होगी, यह प्रकृति का विधान है।'

जर्जर तन वाले व्याडि को महर्षि पतंजलि के स्पर्श ने मानो नवजीवन प्रदान कर दिया, वे हाथ जोड़कर महर्षि द्वारा कही जा रही बात को ध्यान से सुनने लगे।

महर्षि पतंजलि ने एक क्षण के लिये बोलना बंद किया और ध्यानस्थ हो गए। कुछ ही क्षणों बाद महर्षि पतंजलि ने व्याडि रचित 'संग्रह' नामक ग्रंथ की वह सूक्ष्म व्याख्या की जिसे सुनकर उपस्थित सभी लोग आश्चर्यचकित हो गए।

महर्षि पतंजलि ने व्याडि को आशीर्वाद देते हुए कहा कि समय आने पर उनकी बहिन का पुत्र विश्व का सबसे लोकप्रिय वैयाकरण होगा, उसका नाम पाणिनि होगा। व्याडि को निरोग रहते हुए लंबी आयु का आशीर्वाद देते हुए उन्होंने कहा कि वे शतायु होंगे और अपने भगिनी पुत्र पाणिनि के शैशव को देख सकेंगे। उन्होंने यह भी आशीर्वाद दिया कि पाणिनि व्याकरण शास्त्र का मणि होगा।

महर्षि पतंजलि केवल एक दिन वहां रुके, वह दिन नाग पंचमी के महोत्सव का दिन था, उन्होंने अपने चातुर्मास के विश्राम को केवल इसलिए भंग किया था क्योंकि व्याडि की जन्मकुंडली के अनुसार यही दिन उसके जीवन का अंतिम दिन तय था। आदिशेष ने मानवजाति को अपनी साधना और ज्ञान से संपन्न करने वाले व्याडि को लंबा जीवन जीने का पुरस्कार देने का संकल्प कर लिया था।

परवर्ती युग के व्याकरण के आचार्यों का मत है कि पतंजलि ने व्याडि के संग्रह नामक ग्रंथ के लुप्त हो जाने पर व्याकरण महाभाष्य की रचना की थी। 'संग्रह' मूलतः वैदिक व्याकरण विषयक ग्रंथ था।

टिप्पणी

पतंजलि का समय : परंपरा में पतंजलि को कभी पाणिनि का पूर्ववर्ती तो कभी परवर्ती माना गया है।

14

नृत्यमुद्राओं का शिल्पांकन

भारत में पशु रूपधारी देवताओं को जब मानव के लिये कल्याणकारी मान लिया गया तब पशु-पक्षियों की क्रीड़ाएं उनकी ललित कलाओं में भला कैसे स्थान न पातीं। ऐसा समझा जाता है कि भारतीय आदिवासी संस्कृतियों के मूल टोटमी विचार को ही ऋषियों ने शास्त्रीयता का जामा पहिनाया, यही कारण है कि अन्य अनेक पशु-पक्षियों के साथ नागों और सर्पों से संबंधित नृत्य मुद्राएं विकसित हुईं। इनमें से निम्नलिखित का उल्लेख भरत के नाट्य शास्त्र के अतिरिक्त भी मिलता है :

भुजंगत्रस्तरेचितम् (नाट्य शास्त्र 10/24)
भुजंगांचितकम् (नाट्य शास्त्र 10/40)
सर्पितम् (नाट्य शास्त्र 10/81)
नागासर्पितम् (नाट्य शास्त्र 10/106)
भुज त्रासितम् (नाट्य शास्त्र 10/24)
प्रसर्पितकम् (नाट्य शास्त्र 10/88)

भरतमुनि का नाट्य शास्त्र हो या कि अभिनव गुप्त का, सभी में पशु-पक्षियों सरीसृपों एवं अन्य प्राणियों को संदर्भ में रख नृत्य-मुद्राओं की व्याख्या की है। जैसा कि लिखा जा चुका है पश्चिम और भारत में सांस्कृतिक भेद गहरा है वहां प्रकृति और प्रकृति से संबंधित अनेक वस्तुएं भय से संबंधित हैं इसलिए वे सब शैतानी शक्ति की प्रतीक हैं। भारत में प्रकृति देवता है, प्रकृति की सभी वस्तुएं प्रसन्नतादायी हैं इसलिए उनमें सुंदरता देखने की प्रवृत्ति भी भारतीय मानस में है। यही कारण है कि भारत के प्राचीन समाजों ने अपनी टोटमी पहिचान को लज्जा का विषय नहीं माना वरन् उस पहिचान को कालक्रम में परिष्कृत कर शास्त्रीयता की गरिमा प्रदान की। उस टोटमी पहिचान को सौंदर्य दृष्टि प्रदान की और ललित कलाओं में उसको स्थान दिया गया।

नागों और सर्पों के प्राणघाती विष से भारतीय मानस आतंकित नहीं हुआ क्योंकि भारत में विष का चिकित्सा में प्रयोग विकसित कर लिया गया था।

विषधरों की उपस्थिति में भी शृंगारमूलक भावनाओं का विकास किया गया। नाट्य शास्त्रों के मूल ग्रंथों एवं भारतीय विद्वानों की विवेचनाओं ने नृत्य मुद्राओं की उत्तम विवेचना की है।[1-5]

भुजंगत्रासितम्

व्याघ्रपाद को महर्षि पतंजलि ने नवजीवन ही नहीं दिया था अपितु अब उन्हें अपना शिष्य बनाकर उन्हें नया नाम और गोत्र भी प्रदान कर दिया था। व्याघ्रपाद को अब सुहोत्र नाम से संबोधित किया जाने लगा था। महर्षि पतंजलि यह चाहते थे कि पूर्वजन्म के इस मंत्रद्रष्टा वैदिक ऋषि को वेदों की उस शाखा में कार्य करने के लिये प्रेरित किया जाए जिस वैदिक शाखा को उन्होंने अपने अध्ययन-मनन के लिये चुना था। शेषावतार पतंजलि के लिये विष्णु स्वरूप वासुदेव कृत जय (महाभारत) महाग्रंथ में वर्णित श्रीमद्‌भगवत्‌गीता में वासुदेव कृष्ण ने अर्जुन से 'वेदानां सामवेदोस्मि' शब्द चरम् सत्य थे।

महर्षि व्यास के वेदों के विभाजन के पश्चात् चार ऋषियों की चार परंपराएं पड़ चुकी थीं। अब वैदिक साहित्य को चार स्वतंत्र संहिताओं के रूप में पढ़ा-पढ़ाया जा रहा था। महर्षि व्यास ने इन चार स्वतंत्र संहिताओं ऋक्, यजु, साम और अथर्व की रक्षा के लिये चार शिष्य परंपराएं भी बनाईं।

महर्षि पतंजलि ने व्याघ्रपाद को यह बतलाया कि महर्षि व्यास ने चार वेदों की शिष्य परंपराएं अपने काल में ही प्रारंभ करा दी थीं। इस परंपरा के अनुसार ऋग्वेद के आचार्य महर्षि पैल हुए, यजुर्वेद के आचार्य महर्षि वैशंपायन हुए, अथर्ववेद के आचार्य सुमन्त हुए तथा सामवेद के आचार्य महर्षि जैमिनि हुए। महर्षि पतंजलि ने व्याघ्रपाद को यह भी बतलाया कि वह अपने शैशवकाल से लेकर युवावस्था तक अथर्ववेद के उन्हीं आचार्यों से ज्ञान प्राप्त करता रहा है जो आचार्य सुमन्त की परंपरा में हुए थे। आचार्य सुमन्त की शिष्या परंपरा की तीसरी पीढ़ी में पिप्पलाद ने अथर्ववेद की परा अपरा शक्तियों का ज्ञान अपने शिष्यों को देना प्रारंभ कर दिया था। कालांतर में कौलिक अभिचार इसी शिक्षा से विकसित हुए थे, इस तरह वह (व्याघ्रपाद) मूलरूप से अथर्ववेद की प्रशाखा का ज्ञानी व्यक्ति था।

पर व्याघ्रपाद अब सब कुछ विस्मृत कर चुका था उसे अपना पुराना नाम केवल इसलिए याद था क्योंकि महर्षि पतंजलि अब भी उसे इसी नाम से पुकारते थे यद्यपि

1. Some correcting and emandations to the text of the Abhinababharti, Dr. V. Raghavan, Brahmvikya Adyar Library. Vol. XVlll
2. Bhota's Sringar prakasa, Dr. V. Raghavan
3. The Theater of the Hindus' A collection of articles of many writers published by Sishila Gupta (India) Limited, Calcutta, Vol. 1255
4. Ancient Indian threter', K.R. Pishroti, sir Anamalai chettior comm.
5. Natya Sastram edited, G.H. Bhatt, Oriental Institute, Baroda, 1950.

उन्होंने उसे नया नाम भी दे दिया था। व्याघ्रपाद का नया नाम सुहोत्र था। यह अलग बात थी कि सुहोत्र नाम होने पर भी आचार्य पतंजलि उसे अब भी उसके पुराने नाम व्याघ्रपाद से भी संबोधित कर लेते। यह कुछ वैसी ही बात थी जैसी आम घरों में बच्चों को कभी-कभी दो या तीन नामों से भी संबोधित किया जाता है। सामान्य घरों में इन अतिरिक्त नामों का संबंध किसी घटना से नहीं होता। इस तरह अब भले ही आचार्य के लिये वह व्याघ्रपाद रहा हो शेष विश्व के लिये वह सुहोत्र हो गया था।

व्याघ्रपाद को महर्षि पतंजलि के शिष्यों से ज्ञात हुआ था कि आचार्य पतंजलि को सामवेद के आचार्य जैमिनि की नवीं शिष्य पीढ़ी में रखा जाता है। वे नवीं पीढ़ी के आचार्य हों या उन्नीसवीं पीढ़ी के व्याघ्रपाद को इससे कोई फर्क नहीं पड़ता था क्योंकि वह उनकी दिव्यशक्ति को अनुभव कर चुका था। महर्षि पतंजलि ने अपनी योगविद्या के माध्यम से व्याघ्रपाद की सारी बौद्धिक चेतना को अल्प समय में ही इतना विकसित कर दिया था कि उसे सामवेद के वे सब अंश हृदयस्थ हो चुके थे जिनके आधार पर उसे जीवन में आगे कार्य करना था।

महर्षि पतंजलि तो दूसरे दिन ही सुवर्चस के इस सुंदर आश्रम से विदा लेना चाहते थे। उनका कार्य पूरा हो चुका था पर वे विदा न ले सके। व्याघ्रपाद को यहां नई पहिचान मिलने वाली थी उसे अब आचार्य सुहोत्र के नाम से संबोधित किया जाने लगा। महर्षि पतंजलि को यह सुनकर अच्छा लगा।

व्याघ्रपाद को पुराना कुछ भी याद न था यहां तक कि उसे अपने बचपन की उतनी ही याद थी जितनी महर्षि पतंजलि ने अपनी योग विद्या से उसकी स्मृति में बची रहने दी थी। वह सिद्धियां और तंत्र सभी कुछ विस्मृत कर चुका था, परन्तु उसे सरस्वती का नया वरदान मिल चुका था। सुहोत्र सामवेद के मंत्रों को सस्वर पाठ कर सकता था। पूर्वजन्म के मंत्रद्रष्टा की दृष्टि तो अब भी उसमें थी। उसकी प्रकृति और पुरुष के सौंदर्य को देखने की दृष्टि जाग्रत हो गई थी। सामवेद का प्रभाव था या कि महर्षि पतंजलि के योग का या कि फिर रुद्र और महाशक्ति का शायद इन्हें बांटकर नहीं देखा जा सकता और न ही इनके प्रभावों को बांटकर समझा जा सकता है।

महर्षि पतंजलि ने कुलपति सुवर्चस का मान रखा, व्याडि की भक्ति का ध्यान रखा और व्याघ्रपाद या कि अब आचार्य सुहोत्र के प्रेम को अनुभव करते हुए दो दिनों और आश्रम में निवास करने का निर्णय लिया।

महर्षि पतंजलि के आगमन की खबर सुन महाराज संवरण ने कुलपति सुवर्चस को खबर भेजी कि वे स्वयं आश्रम आकर गोदावरी नदी के तट पर आश्रम से दो कोस दूरी पर बन रहे नटराज के निर्माणाधीन मंदिर को महर्षि पतंजलि को दिखलाना चाहेंगे, क्योंकि किसी भी शुभकार्य के दौरान पुरुषों की उपस्थिति मात्र कार्य सिद्धि में सहायक होती है।

अब चूंकि महर्षि पतंजलि को रुकना ही था इसलिए कुलपति सुवर्चस को महाराज का यह प्रस्ताव उचित लगा। महर्षि पतंजलि को भी भला क्या आपत्ति होती।

दूसरे दिन महाराज संवरण अपने सेवकों के साथ-साथ आश्रम पधारे और फिर उन्होंने उत्तम वाहनों में महर्षि पतंजलि, कुलपति सुवर्चस, आचार्य सुहोत्र, वैयाकरण व्याडि एवं कुछ अन्य वरिष्ठ आचार्यों को बैठाया और वे सभी मंदिर निर्माण स्थल पर पहुंचे।

मंदिर का निर्माण पिछले अनेक महीनों से चल रहा था। हाथियों द्वारा सुदूर क्षेत्रों से लाल बलुआ पत्थरों के टुकड़ों को लकड़ी के लट्ठों और रस्सी की सहायता से खींचकर निर्माण स्थल तक खींच कर लाया जाता था। यह कार्य बहुत ही श्रम साध्य था। पहले संपूर्ण मार्ग को समतल करना आवश्यक होता था ताकि मजबूत लकड़ियों के गोल लट्ठों की सतह उन पर ठीक ढंग से रखी जा सके फिर खदान से तोड़े गए बड़े शिलाखंडों को लट्ठों की इन बिना पहियों वाली समतल शकटों पर रखा जाता और फिर विशाल गजराज इन्हें खींचते हुए निर्माण स्थल तक ले जाते। हाथियों को नियंत्रित करने के लिये केवल महावत ही नहीं दो और सायिक रहते थे ताकि रस्सियों से बंधा शिलाखंड इधर उधर न गिर जाए। निर्माण स्थल पर सैकड़ों शिल्पी विविध कार्यों में लगे थे कोई पत्थरों को माप के अनुसार चौकोर काट रहा था तो कोई पत्थरों में आकृतियां कुरेद रहा था। पास ही शिल्पकारों के तीन छोटे छोटे गांव ही बसे थे। ये छोटे-छोटे गांव थे जिनमें विविध स्थानों के शिल्पकार रह रहे थे।

दूसरे दिन महाराज संवरण अपने सेवकों के साथ-साथ आश्रम पधारे और फिर उन्होंने उत्तम वाहनों में महर्षि पतंजलि, कुलपति सुवर्चस, आचार्य सुहोत्र, वैयाकरण व्याडि एवं कुछ अन्य वरिष्ठ आचार्यों को बैठाया और वे सभी मंदिर निर्माण स्थल पर पहुंचे।

मंदिर का निर्माण पिछले अनेक महीनों से चल रहा था। हाथियों द्वारा सुदूर क्षेत्रों से लाल बलुआ पत्थरों के टुकड़ों को लकड़ी के लट्ठों और रस्सी की सहायता से खींचकर निर्माण स्थल तक खींच कर लाया जाता था। यह कार्य बहुत ही श्रमसाध्य था पहले संपूर्ण मार्ग को समतल करना आवश्यक होता था ताकि मजबूत लकड़ियों के गोल लट्ठों की सतह उन पर ठीक ढंग से रखी जा सके फिर खदान से तोड़े गए बड़े शिलाखंडों को लट्ठों की इन बिना पहियों वाली समतल शकटों पर रखा जाता और फिर विशाल गजराज इन्हें खींचते हुए निर्माण स्थल तक ले जाते। हाथियों को नियंत्रण करने के लिये केवल महावत ही नहीं दो और सहायक रहते थे ताकि रस्सियों से बंधा शिलाखंड इधर-उधर न गिर जाए। निर्माण स्थल पर सैकड़ों शिल्पी विविध कार्यों में लगे थे कोई पत्थरों को माप के अनुसार चौकोर काट रहा था, तो कोई पत्थरों में आकृतियां कुरेद रहा था। पास ही शिल्पकारों के तीन छोटे-छोटे गांव ही बसे थे। ये छोटे-छोटे गांव थे जिनमें विविध स्थानों के शिल्पकार रह रहे थे। इन तीन ग्रामों

में महाराज के अन्नागार से प्रति सप्ताह अन्न और अन्य आवश्यक खाद्य पदार्थ भेजे जाते थे। सभी शिल्पकारों को यह उम्मीद थी कि मंदिर निर्माण के पूरा होने पर उन्हें काफी स्वर्ण मुद्राएं प्राप्त हो जाएंगी।

महाराज और आश्रम के सदस्य जब मंदिर निर्माण स्थल पर पहुंचे तब सैकड़ों छेनियों से पत्थरों को छीलने और तोड़ने की आवाजों के अतिरिक्त हाथियों, महावतों तथा अन्य लोगों की आवाजों से पूरा वातावरण कोलाहल युक्त था परंतु महाराज के पहुंचते ही सब कुछ थम सा गया। मंदिर निर्माण के निरीक्षक एवं शिल्प विशेषज्ञ लगभग भागते हुए महाराज और उनके दल की आगवानी के लिये आ गए।

शिल्प विशेषज्ञ और मूर्ति विशेषज्ञ सिद्धहस्त वास्तुशिल्पियों से काम करा रहे थे। मंदिर की रूपरेखा तो आश्रम के स्थापत्य विभाग के आचार्यों ने ही बड़ी बारीकी से तैयार की थी पर क्रियान्वयन तो और भी कठिन था। इसमें धन और समय दोनों ही प्रचुर मात्रा में लग रहे थे, परंतु महाराज संवरण मुक्त हस्त से धन व्यय कर रहे थे।

मंदिर का एक बड़ा भाग तैयार हो चुका था, विशाल चबूतरे पर गर्भगृह, परिक्रमा और सभामण्डपम् का निर्माण अंतिम चरण में था, शिखर बनाए जाने वाले शिलाखंड उत्कीर्ण किए जा चुके थे पर उन्हें अपनी जगह लगाना शेष था। बाहरी दीवारों की आधार शिलाएं मजबूती से लग चुकी थीं। कुछ स्थल अब भी खाली थे जिनका कार्य होना बकाया था सभी कुछ योजनानुसार ही चल रहा था।

महाराज संवरण ने महर्षि पतंजलि को स्वयं सारे निर्माण कार्य से परिचित कराया, पर निर्माण में कहीं कुछ कठिनाई आ रही थी यह उनके चाहते न चाहते उनके मुंह से निकल गया। मंदिर का मुख्य द्वार उत्तर की ओर था परंतु शेष तीन दिशाओं की भित्तियों के अलंकरण को लेकर अब तब भ्रम था।

महर्षि पतंजलि ने एक क्षण के लिए ध्यान किया मानो वे सारी बातें समझ गए, उन्होंने राजा संवरण से इतना ही कहा : 'राजन्, तुम्हारे मन में जो भी कठिनाई है उसका निवारण मेरा शिष्य सुहोत्र करेगा।'

महाराज संवरण ने इसे एक महापुरुष का आशीष माना परंतु व्याडि यह समझ गए कि आचार्य पतंजलि के आशीष में कोई रहस्य छुपा है। कुलपति सुवर्चस और आचार्य कृतु महर्षि पतंजलि के इस आशीष से किंचित् चकित हुए क्योंकि सुहोत्र भला स्थापत्य के क्षेत्र में क्या योगदान देते, उन्हें तो सामवेद का पठन-पाठन करना था। महर्षि पतंजलि ने दूसरे दिन विदा ली।

आचार्य सुहोत्र का मानो नया जीवन प्रारंभ हो चुका था। नित्य प्रति सूर्योदय पूर्व प्रातःकाल गोदावरी नदी में स्नान करते और तब तक नदी के तट पर ही योगाभ्यास करते जब तक सूर्योदय न हो जाता उसके पश्चात् ही आश्रम में

अग्निहोत्र होता था। आश्रम की नियमित दिनचर्या में आचार्य सुहोत्र के पास दूसरों की तुलना में अधिक समय था, क्योंकि वे गृहस्थ न थे। सायंकाल के अध्यापन के पश्चात् वे विद्यालय परिसर की शैक्षिकेत्तर गतिविधियों को भी देखते। कुलपति सुवर्चस के आश्रम का यह विद्यालय मात्र शिक्षा ही नहीं प्रदान करता था वरन् विविध विषयों में शोध कार्य भैषज, स्थापत्य तथा अनेक कलाओं के क्षेत्र में विद्वान आचार्य शिक्षण के अतिरिक्त कुछ नया करने का प्रयास करते तथा छात्रों को कुछ नया करने की प्रेरणा देते।

एक दिन विद्यालय परिसर में उनकी मुलाकात चिंता में डूबे स्थापत्य के आचार्य कृतु से हो गई। सुहोत्र ने उनसे चिंता का कारण पूछा तब उन्हें पता चला कि महाराज संवरण ने जिस विशाल मंदिर को बनाने का निर्णय लिया है उसकी रूपरेखा विद्यालय के स्थापत्य विभाग के आचार्यों ने ही बनाई थी। मंदिर के विशाल प्रांगण में देवता को प्रसन्न करने के लिये नर्तकियां नृत्य करेंगी। इस क्षेत्र में वैसे भी देवताओं को प्रसन्न करने के लिये नृत्य होते रहते हैं, पर महाराज संवरण चाहते हैं कि नृत्य मुद्राओं का शास्त्रीय रूप विकसित होना आवश्यक है जिसमें नृत्य भंगिमाओं एवं अंगों के चालन का समुचित निर्देश हो। वर्तमान में नाट्य शास्त्र के अंतर्गत कुछ मुद्राओं को शास्त्रीय रूप दिया जा चुका है। ये नृत्य मुद्राएं समाजपरक हैं अर्थात् जिन विशिष्ट समाजों में इन नृत्य मुद्राओं का प्रचलन था उनके शास्त्रीय रूप का विधान किया जा रहा है। गरुड़प्लुतकम्, गृधावलीनकम् अथवा मयूरललितम् अब मान्य शास्त्रीय नृत्य मुद्राएं हैं। इन मुद्राओं को विवेचित करने वाले आचार्य गरुड़गोत्रीय, गृद्धगोत्रीय या मयूरगोत्रीय थे। उन्होंने अपने परंपरागत नृत्यों को सुंदर शास्त्रीय रूप प्रदान कर दिया है। इसमें उन्हें कठिनाई नहीं हुई क्योंकि उनके कुलों की सुंदर नृत्यांगनाएं इन्हीं पक्षियों की भाव-भंगिमाओं, सुंदर क्रीड़ाओं का ही तो कलात्मक अनुसरण करती थीं। जिस तरह पक्षी पंख फैलाते हैं उसी तरह सुंदरियां अपनी बांहों को फैलाकर जब थिरकती हैं तो लगता है कि पक्षी ही सुंदरी के रूप में प्रगट हो नर्तन कर रहा है। गरुड़, गृद्ध और मयूर वंशोत्पन्न आचार्यों ने अपनी कुल परंपरा के गौरव को स्थायित्व देने के लिये अपनी व्याख्याएं भरतमुनि के शिष्यों को सौंप दी हैं। भरत मुनि के शिष्य यह सब अपने गुरु के नाम पर संकलित कर रहे हैं।

स्थापत्य के आचार्य कृतु से बहुत कुछ पता चलने पर भी सुहोत्र को उनकी चिंता का कारण पता न चला इसलिए उन्होंने स्पष्ट रूप से ही पूछा कि नाट्य शास्त्र में चल रहे इन प्रयोगों से उनका भला क्या संबंध?

आचार्य कृतु ने अपनी स्थिति स्पष्ट की और कहा कि इन दिनों मंदिरों की प्राचीरों का उपयोग नृत्यकला की निर्देशिका के रूप में भी हो रहा है। मंदिरों की प्राचीरों में सुर-सुंदरियों के माध्यम से इन समाजों के मूल नृत्यों को शास्त्रीय रूप में उत्कीर्ण किया जाने लगा है, इस तरह किसी न किसी रूप में प्राचीन समाजों की

संस्कृति अब मानक रूप में शिल्पित हो रही है। अब नृत्यांगनाओं को अपना नृत्य इन उत्कीर्ण सुर-सुंदरियों की भंगिमाओं को ध्यान में रखकर करना पड़ता है।

आचार्य सुहोत्र अब भी आचार्य कृतु की चिंता के कारण को न समझ सके थे, पर इसे आचार्य कृतु ने भांप लिया।

उन्होंने कहा कि हमारी चिंता का विषय इन सुर-सुंदरियों की मूर्तियां ही हैं। हमारे पास उन आचार्यों की नृत्यमुद्राओं के विवरण हैं जो अब तक भरतमुनि के शिष्यों को प्राप्त हैं और इनकी संख्या भी काफी है, अनेक नृत्य मुद्राएं तो केवल नर्तकियों के मानसिक भावों-विभावों से ही संबंधित हैं, कुछ विशिष्ट चेष्टाओं से संबंधित हैं तो कुछ लोकप्रिय धर्म कथाओं से, कुल मिलाकर अच्छी खासी संख्या में उपलब्ध हैं नृत्यमुद्राओं के विवरण, हमने महाराज संवरण के पास एक पूरी सूची ही भेज दी थी कि वे इन मुद्राओं में से उन कुछ मुद्राओं का चयन कर दें ताकि मंदिर की प्राचीरों पर उन मुद्राओं वाली सुर-सुंदरियों की मूर्तियों को शिल्पित किया जाए और फिर यथा स्थान उन्हें लगाया जाए। स्वयं कुलपति इस सूची को लेकर महाराज के पास गए थे क्योंकि हमारे कुलपति इस मंदिर के स्थापत्य के मुख्य सलाहकार भी हैं।

सुहोत्र को आचार्य कृतु की यह बात पहेली सी लगी क्योंकि जब स्वयं कुलपति निर्णय ले रहे हैं और शिल्प संबंधी सारी सैद्धांतिक सामग्री उपलब्ध है तब सुर-सुंदरियों की नृत्यमुद्राओं के चयन में भला क्या कठिनाई हो सकती है? सुहोत्र जो पूछना चाहते थे उसे ही तो बतलाने के लिये आचार्य ने सारा संदर्भ उनको प्रस्तुत किया था।

आचार्य कृतु ने मुख्य बिंदु पर आते हुए कहा : 'आचार्य , राजा कितना भी प्रतापी और कला सर्मज्ञ क्यों न हो उसकी भी अपनी पत्नी के सामने कुछ नहीं चलती, महाराज संवरण की वैसे तो अनेक पत्नियां हैं पर पट्टमहिषी महारानी रत्ना के प्रभामंडल में वे पूरी तरह से बंधे हुए से हैं। यह महारानी नागवंश की है उसने स्पष्ट रूप से कह दिया है कि नटराज के इस मंदिर में एक भी गरुड़, गृद्ध या मयूर से संबंधित नृत्यमुद्रा वाली सुर-सुंदरी की मूर्ति नहीं लगेगी। उनका तर्क यह है कि नटराज शिव के परमप्रिय आभूषण तो नाग और सर्प हैं अतः मंदिर की प्राचीरों में नागों और सर्पों से संबंधित मुद्राओं वाली सुर-सुंदरियों की मूर्तियों की प्रधानता रहेगी। महाराज संवरण ने भरे दरबार में कुलपति से यह आग्रह किया है कि महारानी की इच्छा का सम्मान किया जाए।

आचार्य कृतु ने धीरे से कहा : 'बंधु, महाराज का आग्रह उसकी न टाली जाने वाली आज्ञा होती है, यह सभी को ज्ञात है, उस दिन से कुलपति सुवर्चस परेशान हैं क्योंकि उन्होंने अपने चर भेजकर दूर-दूर के नाट्यविशेषज्ञों से इस विषय में मदद चाही, पर सब निरर्थक। सब ओर से यही उत्तर मिला कि प्राण हरण करने वाले विषधरों को नृत्य जैसी मधुर कोमल अभिव्यक्ति के साथ भला कैसे जोड़ा जा सकता है यह तो दो विपरीत ध्रुवों को मिलाने की इच्छा है। नागवंश के आचार्य तो अनेक हैं पर वे या तो भेषज विद्या निष्णात हैं या फिर साहित्य रचना में।

कुछ देर रुकने के बाद आचार्य कृतु मानो कुछ मन ही मन सोचते हुए बोले : 'मुझे तो सबसे बड़ी विसंगति यह लगती है कि जहां नागवंश में इतनी सुंदर स्त्रियां हों, जहां इतनी चपल नृत्यांगनाएं हों वहां इनके सौंदर्य को लक्षित कर उसे शब्दबद्ध करने वाला आचार्य न हो, विडंबना, बड़ी विडंबना है।'

आचार्य कृतु ने अपनी चिंता को कुछ और स्पष्ट करते हुए कहा : 'कुलपति महोदय जब स्वयं प्रयास करके कुछ न कर पाए तब उन्होंने सारी जिम्मेवारी मेरे सिर पर मढ़ दी, यह भी न सोचा कि स्थापत्य और नाट्य शास्त्र दो अलग-अलग विशेषज्ञता के क्षेत्र हैं, मात्र एक सप्ताह में मुझे इस समस्या का हल उन्हें सौंपना है, मैं क्या करूं कुछ समझ में नहीं आता।'

यह कहते हुए आचार्य कृतु ने अपना सिर पकड़ लिया और चुप हो गए। आचार्य सुहोत्र ने उन्हें सांत्वना दी और वे चुपचाप आगे चले गए।

विद्यालयों में आचार्य सुहोत्र का कार्य बटुकों को सामवेद संहिता का अध्यापन था। आचार्य पतंजलि ने सुहोत्र को सामवेद संहिता की परंपरा में क्या दीक्षित किया सुहोत्र की मानो दृष्टि ही बदल गई थी, सामगान ने उनकी मानवीय संवेदनाओं को परिष्कृत कर दिया था, वे प्रकृति के सौंदर्य को वैदिक ऋषियों की दृष्टि से देखने लगे थे। वे सर्वत्र सौंदर्य और प्रेम का साम्राज्य देखने के आदी से हो गए।

आचार्य सुहोत्र ने यह ध्यान दिया कि जब वे एकांत में बैठकर सामगान कर रहे होते हैं तब कहीं से एक विशाल भुजंग आ जाता है, वह सामगान के अंत तक बैठा रहता है। कभी-कभी वही भुजंग उन्हें प्रातः गोदावरी के तट पर भी उस समय दिख जाता है जब वे नदी तट पर ध्यानस्थ होते हैं, वे यही सोचते जब यह भुजंग उनका अहित नहीं कर रहा है तब वह उनका हितू ही हुआ।

आज प्रतिपदा थी, आश्रम में अनध्याय था। आचार्य सुहोत्र प्रातःकाल की दैनंदिनी से निवृत्त हो अपनी कुटिया में बैठे आज दिन का कार्यक्रम सोच ही रहे थे कि आचार्य कृतु ने उन्हें आवाज दी। आचार्य सुहोत्र उन्हें देख कुछ चौंके, आचार्य कृतु तो गृहस्थ व्यक्ति थे फिर वे अनध्याय के दिन पूर्वाह्न में बच्चों के साथ समय न बिताते हुए उनके यहां पहुंचे, यह थोड़ा चकित कर देने वाली बात थी, परंतु आचार्य कृतु थोड़ा हड़बड़ाए से थे कहने लगे : 'मित्र, आज हमारे साथ चलो। नई मैत्री ऐसी ही होती है।' आचार्य कृतु सुहोत्र के आश्रम के सबसे पहले बनने वाले मित्र थे इसलिए उनके आग्रह को टालना सुहोत्र ने उचित न समझा। उन्होंने यह भी न पूछा कहां जाना है।

कुलपति सुवर्चस जो मंदिर स्थापत्य के मुख्य सलाहकार थे साधारणतः व्यस्त रहते थे अतः उनके स्थान पर आचार्य को मंदिर निर्माण के कार्य की प्रगति को देखने जाना पड़ता था। अनध्याय के दिनों में वहां उनका जाना अनिवार्य ही था। अब तक वे वहां अकेले ही जाते थे, वहां जाने में कष्ट तो था भी नहीं इस हेतु राजकीय वाहन उपलब्ध था तथा निर्माण स्थल पर भोजनादि की भी पूरी व्यवस्था रहती थी। आज

उन्होंने अपने साथ आचार्य सुहोत्र को साथ ले लिया। आचार्य सुहोत्र ने निर्माण स्थल महाराज, कुलपति इत्यादि के साथ कुछ दिनों पूर्व ही देखा था पर वह विहंगावलोकन ही था। आज उन्हें उस निर्माण को विस्तार से देख सकने का अवसर मिला था। वे इस अवसर को पाकर प्रसन्न हुए। वे एक तीव्रगामी बैलों से जुती सुंदर गाड़ी में सवार हो गए।

आचार्य सुहोत्र को दो कोस की यात्रा का पता ही न चला क्योंकि स्थापत्य के आचार्य मंदिरों और भवनों की लंबाई-चौड़ाई और स्थापत्य की बारीकियों को बतलाने का मोह संवरण नहीं कर पा रहे थे जैसे उन्होंने बतलाया कि भवनों की माप के लिये अंगुली की लंबाई से लेकर दंड तक की लंबाई का प्रयोग किया जाता है इसलिए 'मानक दंडों का निर्माण पूर्व ही कर लेना चहिये', उन्होंने बड़े मापों के लिये कहा :

चतुर्हस्तो भवेद्दंडो निर्दिष्टस्तु प्रमाणतः।

(अर्थात् चार हाथ बराबर एक दंड होता है।)

अपेक्षा छोटे मापों के लिये उन्होंने बतलाया :

अङ्गुलानि तथा हस्तश्चतुर्विंशति रूच्यते।

(अर्थात् चौबीस अंगुल की लंबाई एक हाथ के बराबर कही गई है) आचार्य कृतु भवनों की लंबाई-चौड़ाई में त्रुटियों का कारण 'मानक-दंडों' की देखरख के न होने में बतलाया। उन्होंने कहा कि एक रजकण के बराबर भी मापों में कभी मूर्तियों के शिल्प में बड़ा अंतर पैदा कर सकती है। आचार्य कृतु ने वास्तु विज्ञान और शिल्प विज्ञान के छोटे अनुभावों के संबंध में भी बतलाया यह कहा कि अणु और रजकण जैसी छोटी वस्तुओं के मानक नाप से लेकर दंड तक के बड़े अनुमापों का प्रयोग बड़ी सावधानी से किया जाना अपेक्षित होता है :

अणु रजश्च बालश्च यूका यवस्तथा
अङ्गुलं व हस्तो दंडश्चैव प्रकीर्तितः।

सुहोत्र यह सुनकर चकित हो गए कि वास्तु विज्ञानी रजकण या बालों की मोटाई या कि फिर जुएं के अंडे जितनी बारीकी का ध्यान अपने निर्माण में रखते हैं।

मंदिर परिसर में पहुंचते ही आचार्य कृतु तो मुख्य शिल्पियों एवं उन अन्य लोगों से घिर गए जिन्हें आचार्य से शिल्प संबंधी किसी न किसी समस्या का समाधान निकालना था। आचार्य सुहोत्र बड़ी मुश्किल से आचार्य के साथ कुछ क्षण बैठकर जलपान कर सके थे, जलपान क्या था पूरा भोजन ही हो गया। आचार्य सुहोत्र समझ चुके थे कि अब दिन भर आचार्य लोगों से घिरे ही रहेंगे इसलिए उन्होंने उनसे कहा कि वे निश्चिंत होकर अपना कार्य देखें, वे मंदिर के आसपास का क्षेत्र घूमकर शाम के पहले लौटे आएंगे।

आचार्य सुहोत्र को मंदिर निर्माण का परिसर बड़ा भव्य लगा पर सब कुछ अभी अधूरा सा ही था। मंदिर परिसर से कुछ दूर पर ही वन प्रारंभ हो जाता था, इस वन के कुछ भाग को काटकर और भूमि को समतल कर शिल्पियों ने मंदिर के तीनों ओर तीन ग्राम बसा लिये थे। दिन भर पुरुष वर्ग मंदिर परिसर में रहता और स्त्रियां अपने घरों में अपने गृह कार्य निपटातीं। अन्न प्राप्ति की समस्या न थी इसलिए गृह कार्य का बड़ा बोझ न था, हां जल भरने अवश्य नदी तक जाना पड़ता था पर नदी का तट भी तो बहुत दूर न था।

आचार्य सुहोत्र ने सोचा क्यों न पास के वन तक चला जाए, मौसम सुहावना था इसलिए उस ओर चल दिए। कुछ दूर चलने पर वे उस मार्ग के समीप पहुंच गए जहां से शिल्पियों के ग्राम से स्त्रियां नदी की ओर जल लेने जाती हैं। उन्होंने जल लेकर आ रहीं स्त्रियों के मधुर कंठ से निकले गान को सुना। मधुर कंठ से निकले इस गान में नायिका के देर से पहुंचने के कारण कविता की भाषा में गिनाए जा रहे थे।

आचार्य सुहोत्र स्वयं तो वृक्षों की झुरमुट में थे इसलिए जब नवयौवनाएं पास भी आ गईं तब भी वे आचार्य को न देख सकी हों। आचार्य रुक गए और पास आती हुई गायन में लीन सिर पर जल पात्र रखे स्त्रियों को देखने लगे। कुल मिलाकर छह स्त्रियां थीं। छहों सुंदर सुघड़ देह वाली श्यामवर्णीय युवतियां थीं। वे अपने-अपने बाजुओं में एक रजत आभूषण धारण किए हुए थीं जो स्पष्टतः नाग या सर्प जैसी आकृति का था। उनकी केश-सज्जा भी एक ही जैसी थी तथा केश के पीछे भी वे एक रजत आभूषण धारण किए थे जिसकी आकृति कुंडली मारे हुए सर्प की सी थी। आचार्य को समझते देर न लगी कि ये सुंदर स्त्रियां नागवंशीय हैं।

परंतु आचार्य तभी यह देखकर ठिठककर स्तब्ध हो गए कि महाभुज उनके पैर के पास से सरसराता हुआ उनसे आगे उसी ओर बढ़ गया जिस ओर से वे युवतियां अपने गायन में खोई हुई आगे बढ़ रही थीं। दो-चार क्षणों बाद ही नाग उस पथ पर पहुंच गया और आगे आती पदचापों और गायन से भागने के स्थान पर ठिठककर अपना फण फैलाकर खड़ा हो गया। बहुत बड़ा था यह नाग, लगभग सात हाथ लंबा। वह अब अपने फण को उठाए था तब जमीन से लगभग दो हाथ की ऊंचाई पर उसका चौड़ा फण दिखलाई दे रहा था, वह लगातार अपनी दो फांक वाली जिह्वा लपलपाए जा रहा था।

आचार्य सुहोत्र को लगा इस भयंकर नाग को देखकर या तो जल लेकर आ रही बालाएं घबराकर गिर पड़ेंगी या चीत्कार कर उठेंगी।

पर यह क्या! हुआ ठीक इसके विपरीत, युवतियों ने रास्ते में नाग को देखकर बिना किसी भय के सिर से जलपात्रों को उतारा और उन्हें किनारे रख दिया और उसके बाद उन्होंने पहले तो नाग के हाथ जोड़े और निमिष मात्र के लिये नेत्र बंद कर उसे मानो प्रणाम किया और उसके बाद मानो वे नाग के साथ अठखेलियां करने को तत्पर हो गईं।

पहली युवती आगे बढ़ी, नाग ने फूत्कार किया, इस पर युवती ने भय का अभिनय करते हुए ऐसे नृत्य की मुद्रा बनाई मानो वह नाग से परेशान हो गई हो, इस नृत्यमुद्रा में उसने दो चक्कर लगाए। शेष पांचों ने उसकी मुद्रा की तारीफ की।

आचार्य सुहोत्र के मुख से बरबस एक शब्द निकला 'भुजंगत्रासितम्'। उनके मस्तिष्क में युवती की इस नृत्यमुद्रा की मानो छाप बैठ गई।

पर पहली युवती के पीछे जाते ही दूसरी युवती आगे बढ़ी उसने कुछ मिलती जुलती परंतु एक अन्य मुद्रा में नृत्य की भंगिमा दिखलाई।

इसे देख आचार्य सुहोत्र के मुख से दूसरा शब्द निकला 'भुजंगत्रस्तरेचितम्'।

दूसरी युवती के पश्चात् तीसरी युवती ने भी अपना नृत्य कौशल दिखलाया जिसे सुहोत्र ने 'भुजंगचितकम्' कहा। इसके बाद चौथी पांचवीं और छठवीं युवतियों ने भी क्रमशः अपनी-अपनी नृत्य कलाएं प्रदर्शित कीं जिन्हें सुहोत्र न क्रमशः 'सर्पितम्', 'प्रसर्पितम्' और 'नागासर्पितम्' जैसे नाम दिए। ये सभी नाम और इन नामों के पीछे देखी गई मुद्राओं से सुहोत्र अत्यंत आनंदित हो गए।

यह नृत्य बहुत देर तक चला। युवतियां आनंदातिरेक में डूबी थीं तो आचार्य सुहोत्र भी कम प्रसन्न न थे। आचार्य सुहोत्र ने देखा कि इन नवयुवतियों को नाग के व्यवहार का सूक्ष्म ज्ञान है, वे उसी वक्त नृत्यमुद्रा में उसके समीप आतीं जब उसका फण जमीन पर लगा होता पर जैसे ही वह तन कर खड़ा होता वे उससे वर्तुलाकार दूरी कायम रखतीं। उनके लिये नाग न तो कुतूहल की वस्तु था और न ही भय की। सभी छहों युवतियों ने नृत्य के पश्चात् एक बार पुनः नाग को प्रणाम किया और उसे रास्ता दिया। महानाग शीघ्र ही पास के जंगल में विलीन हो गया। नवयुवतियों ने हंसी ठिठोली करते हुए जलपात्र उठाए और अपने पथ का अनुसरण किया।

इधर आचार्य सुहोत्र ने भी आगे जाने का विचार त्याग दिया और मंदिर के निर्माण स्थल पर वापस पहुंच गए जहां पर एक पीपल के वृक्ष की छांह में अब भी आचार्य कृतु कारीगरों तथा लोगों से घिरे हुए उनकी छोटी बड़ी शंकाओं का निराकरण कर रहे थे।

शाम को जब आश्रम लौटने के लिये वे दोनों अपनी बैलगाड़ी पर बैठे तब स्वाभाविक रूप से आचार्य कृतु थके हुए दिखलाई दिए। सुहोत्र ने उनकी कर्मठता की प्रशंसा की परंतु आचार्य कृतु प्रसन्न न हुए, दुखी स्वर में बोले : 'बंधु, कल सप्ताह का अंतिम दिन है जब मुझे कुलपति को नागनर्तन करने वाली सुर-सुंदरियों के शिल्प के लिये शास्त्रीय विवेचना सौंपनी है जबकि अब तक कुछ भी नहीं हो सका है। आचार्य कृतु ने कहा कुलपति यह सुनने को तैयार ही नहीं है कि मेरी विशेषज्ञता स्थापत्य में है न कि मूर्तिशिल्प में। बंधु, दरवाजे के ऊपर शिव की नाग सहित विशिष्ट मुद्रा के लिये अब तक जितने भी फलक निर्मित किए गए उन सभी को महारानी

ने देखते ही अस्वीकार कर दिया। मंदिर के चारों ओर छह और फलक लगने हैं, वे नागनर्तन करती हुई सुंदरियों के ही होने हैं ऐसी राजाज्ञा है परंतु मैं नाग सुंदरियों की नृत्य मुद्राएं कैसे बनवाऊं जब विवरण ही मौजूद नहीं है। मैं उन सिद्ध हस्त मूर्तिकारों की सेवाएं ले पाने में स्वयं को असमर्थ पा रहा हूं जिन्हें महाराज ने प्रचुर स्वर्ण मुद्राएं देकर हमारे आधीन रखा है।'

सुहोत्र मित्र का दुख समझ रहे थे। राजाज्ञा और कुलपति की इच्छा का अर्थ भी समझते थे, किंतु अब वे स्वयं इस स्थिति में थे कि वे आचार्य कृतु की सहायता कर सकें।

अतः जब लौटकर दोनों आश्रम परिसर में पहुंच गए तब आचार्य सुहोत्र ने आचार्य कृतु के कंधे पर हाथ रखकर कहा : 'मित्र, कल तुम्हें वे सभी शास्त्रीय विवरण प्राप्त हो जाएंगे जो तुम्हे चाहिए।'

आचार्य कृतु अवाक् रह गए। वे जानते थे कि सुहोत्र परिहास नहीं करते, पर कुछ और पूछते इसके पहले सुहोत्र ने उनसे विदा ले ली, वे अपनी पर्णकुटी में चले गए।

आचार्य सुहोत्र ने उस रात्रि देर तक विश्राम नहीं किया। उनकी कुटिया में भूर्जपत्र और लेखनी रखी ही रहती थी। उन्होंने बिना समय खोए छह नृत्यमुद्राओं भुजंग त्रास्रितम् भुजंग त्रातरेचितम् भुजंग चितकम्, सर्पितम्, प्रसप्रितम् और नागासर्पितम् में नर्तकी की भाव भंगिमाओं का सविस्तार उल्लेख किया ताकि इन मुद्राओं का सहज शिल्पांकन हो सके। मुख्य द्वार के लिये उन्हें उनके अंतर्मन से प्रेरणा आई कि इस मुद्रा में भगवान शिव नर्तन करते हुए भुजंग को कौतुकपूर्ण धनुषाकृति में उठाए हों, उन्होंने इसका वर्णन भी सूक्ष्मता से किया।

दूसरे दिन मध्याह्न में भूर्जपत्रों को एक पीत धागे से लपेटे जब आचार्य सुहोत्र सीधे आचार्य कृतु की कुटिया में पहुंचे तो वे आश्चर्यचकित हो गए, उन्होंने और उनकी पत्नी ने ससम्मान उन्हें बैठाया। जब आचार्य सुहोत्र ने भूर्जपत्रों का वह ग्रंथ उन्हें यह कहते हुए सौंपा कि इसमें नागमुद्राओं की ठीक वैसी ही शास्त्रीय विवेचना है जैसी कि नाग नृत्यभंगिमाओं को शिल्पांकन में आवश्यकता होगी तो आचार्य प्रसन्नता और आश्चर्य से भर गए। वे उत्सुकता वश तुरंत ही ग्रंथ को खोलकर पढ़ना चाहते थे पर आचार्य सुहोत्र उनसे विदा देकर वापस अपनी कुटिया की ओर चल दिए। वे चाहते थे कि आचार्य कृतु पूरी शांति के साथ वह सब पढ़ें जो उन्होंने लिखा था।

आचार्य कृतु को भला चैन कहां। आचार्य सुहोत्र के जाने के बाद उन्होंने भूर्जपत्र में लिखी पहली नृत्यमुद्रा के संबंध में पढ़ा, लिखा गया था :

भुजंग त्रासितम् नृत्तस्यानादि सिद्धत्वात्करणमिद भुक्त रूपाशंकित
निकटतः सर्पत्रासाविष्टस्येव गति संवर्ते भुजंगत्रासितम् करणम्।
हस्तौ तु पादवशब्धावर्तित परिवर्तितौ भवतः क्रमेणेको दोलाहस्तः॥

आचार्य चकित थे इतनी स्पष्टता से सब कुछ कहा गया था कि मूर्तिकार सुर-सुंदरी की मुद्रा को साकार कर सके प्रतीत ही नहीं होता था कि किसी ऐसे व्यक्ति ने मुद्रा का नामकरण और विवरण लिखा है जो नाट्य शास्त्र का सिद्धज्ञाता न हो।

आचार्य ने शेष पांचों मुद्राओं के विवरणों को पढ़कर यह मान लिया कि आचार्य सुहोत्र विलक्षण प्रतिभा के धनी हैं। उन्हें पूरा विश्वास था कि इन विवरणों के आधार पर जब वे सुर-सुंदरियों की नृत्य मुद्राएं निर्मित कराकर महारानी को दिखलाएंगे तब वे निश्चित ही अति प्रसन्न होंगी।

आचार्य कृतु का आज का दिन महत्त्व का था। कुलपति सुवर्चस ने आज तक की काल सीमा में इन मुद्राओं के विवरण चाहे थे। आचार्य कृतु बिना समय खोये कुलपति सुवर्चस के पास पहुंचे। सारी बात बतलाकर सभी नृत्य मुद्राओं के विवरणों को पढ़ा। कुलपति प्रसन्न हुए। अचानक कुलपति को ध्यान आया कि जाते-जाते जब महर्षि पतंजलि ने उनसे यह कहा था कि उनकी नाट्यमुद्रा संबंधी गुत्थी को उनका प्रिय शिष्य हल करेगा तब उन्होंने उनके विश्वास को मात्र शुभभावना या आशीष से अधिक कुछ न माना था।

आचार्य कृतु ने इन विवरणों के आधार पर सर्वप्रथम चित्रकारों से मुद्राओं के चित्र बनवाए और वे स्वयं ये चित्र लेकर महाराज संवरण के यहां पहुंचे। महाराज और महारानी को ये चित्र पसंद आए। महारानी ने अब तक प्रचलित नागसंस्कृति से संबंधित शिल्पों से अलग शिल्प चाहे थे वह विशेषता इन चित्रों में थी। अब तक नाग संस्कृति को सम्मान देने के लिये मंदिरों में जो नागकन्याएं बनाई जाती थीं। उनका आधा शरीर नाग और आधा नारी का होता था। इन शिल्पों से नागसंस्कृति का सम्मान तो होता था पर इन मूर्तियों में हर्षोल्लास जैसे मानवीय भावों के लिये स्थान न था।

महारानी इन चित्रों को देखते ही प्रसन्न हो गईं। वे नागकन्याओं के हास विलास को मूर्त यथार्थ रूप से देखना चाहती थीं। उन्होंने तुरंत ही चित्रों के आधार पर मूर्तियां बनवाने का आग्रह किया। उन्होंने मंदिर के बाहरी फलक अलंकृत करने वाली भगवान शिव की नृत्य मुद्रा को भी उन्होंने सराहा।

मंदिर के मूर्तिशिल्पी अपनी कला में निष्णात थे, उन्होंने विवरणों और चित्रों की सहायता से सुर-सुंदरियों की ऐसी मूर्तियों का निर्माण किया जिसमें नाग की मूर्ति न होते हुए भी ऐसा लगता मानो सुर-सुंदरियों के सामने ही नाग खड़ा हो। भावों की अद्‌भुत व्यंजना थी इन मूर्तियों में।

मंदिर पूरा बन जाने पर और उसमें प्राण-प्रतिष्ठा हो जाने के पश्चात् महाराज ने सभी शिल्पियों को स्वर्ण मुद्राएं देकर संतुष्ट किया। सबसे अंत में महारानी रत्ना ने अपने हाथों आचार्य सुहोत्र को शॉल-श्रीफल देकर राज्य के सर्वोच्च सम्मान से सम्मानित किया, राज्य का सर्वोच्च सम्मान परंपरा के अनुसार पट्टमहिषी ही प्रदान

करती थीं। आचार्य सुहोत्र को जब उन्होंने प्रचुर धन देना चाहा तब उन्होंने अपनी ओर से विद्यालय की उन्नति के लिये ही कोष में अतिरिक्त धन की व्यवस्था की याचना की। महाराज इससे प्रसन्न हुए और कुलपति को तो मानो उनकी इच्छा ही पूरी हो गई।

टिप्पणी

नाट्यशास्त्रीय नाग मुद्राएं : भारतीय नृत्यशास्त्र की नाट्य मुद्राओं में पशु-पक्षियों को आलंबन बनाया गया है। यह भारतीय परंपरा है। भारतीय परंपरा में ही पशु-पक्षियों या कि अन्य जीवों में सुंदरता देखने की परंपरा है। यह परंपरा अन्य संस्कृतियों में विरल है। भारतीय नाट्य शास्त्र में मयूर से संबंधित चार या इससे भी अधिक मुद्राएं वर्णित हैं परंतु अधिकांश यूरोप में मयूरपंख शैतानी ताकत के रूप में देखा जाता है, हमारे यहां वह सौंदर्य और प्रेम का प्रतीक है। ऐसा ही कुछ नागों, सर्पों के संबंध में है। पश्चिम में वह शैतान है, हमारे यहां देवता है। पश्चिम की दृष्टि सर्पों और नागों में सौंदर्य नहीं देख सकती पर भारत के नाट्य शास्त्र में कुछ नृत्य मुद्राएं नागों सांपों पर ही हैं।

भारत में पशुओं, पक्षियों, सरीसृपों सभी से मनुष्य ने तादात्म्य रखना सीख लिया था, यही कारण है कि पंचतंत्र और हितोपदेश में पशु-पक्षी मनुष्य के दिलों की बातें करते दिखलाई देते हैं, उनकी समस्याओं से रूबरू होते हैं। यह पश्चिम में संभव नहीं था। ऐसा नहीं था कि पशुओं-पक्षियों का वहां की संस्कृति में स्थान न था पर सब कुछ भय के आस पास, बिल्लियां वहां प्रिय पशु हैं पर वे नकारात्मक शक्तियों की वाहक के रूप में अधिक जानी जाती हैं। वहां पक्षियों के पंखों की फड़फड़ाहट की सुंदरता अनुभव करने का रिवाज नहीं है, रात्रिचारी चमगादड़ को शैतानी ताकत के वाहकों के रूप में मानने की पूरी व्यवस्था है।

15

वैज्ञानिक नागों का सुयश

भारतीय प्राचीन इतिहास के ज्ञान-विज्ञान के संबंध में बहुत कुछ नष्ट या लुप्त हो गया है। कभी-कभी लोककथाओं के द्वारा इतिहास के प्रसिद्ध व्यक्तियों की विद्वत्ता की कहानियां अवश्य सुनने को मिल जाती हैं।

आचार्य नागार्जुन की गणना भारत के ही नहीं विश्व के सार्वकालिक महापंडितों में की जाती है। वे आयुर्वेद, शब्द विद्या तथा व्याकरण के आचार्य थे। लोककथाओं में उन्हें सिद्ध तांत्रिक भी माना जाता है। आचार्य नागार्जुन ने बौद्ध धर्म के अतिरिक्त अन्य अनेक विषयों के ग्रंथों का प्रणयन किया था। उनके लिखे कुछ ग्रंथ जो अधिकतर धर्म से संबंधित थे केवल इसलिए प्राप्त हैं क्योंकि वे मौखिक परंपरा द्वारा जीवित रह सके। आचार्य नागार्जुन के ग्रंथों-वार्ताओं के अवशिष्ट भाग परंपराओं द्वारा बचे हुए हैं। उनके द्वारा लिखे गए सभी मूल ग्रंथ बारहवीं शताब्दी में नालंदा विश्वविद्यालय में जला दिए गए थे।

नागार्जुन नालंदा विश्वविद्यालय के विश्वमान्य विद्वान आचार्य थे। नागार्जुन ही क्या भारत की बहुमूल्य बौद्धिक सम्पत्ति को खाक में मिला देने की त्रासदी थी, नालंदा विश्वविद्यालय में लगाई गई आग नालंदा और विक्रमशिला विश्वविद्यालयों को ईस्वी सन् 1203 में बख्तियार खिलजी के हुक्म से आग के हवाले किया गया था। 'तबाकत-ए-नासीरी' में इस विध्वंस की पूरी कहानी दर्ज है। इस पुस्तक में यह स्पष्ट तौर पर लिखा हुआ है कि अधिकांश ब्राह्मण (अर्थात् बौद्ध भिक्षु तथा ब्राह्मण शिक्षक) जो यहां पाए गए उन सभी को मौत के घाट उतार दिया गया।

कहा जाता है कि जब बख्तियार खिलजी ने नालन्दा विश्वविद्यालय के तीन विशाल पुस्तकालय जिनके नाम रत्नोदधि, रत्नसागर और रत्नरंजक थे देखा तब वह पहले तो आश्चर्य चकित रह गया। इतने सारे ग्रंथ वहां मौजूद थे जिनकी वह कल्पना भी नहीं कर सकता था। कल्पना करता भी क्यों वह तो एक ग्रंथ के अतिरिक्त जिसकी कुछ पंक्तियां उसे याद थीं, उसके अतिरिक्त वह कुछ जानना चाहता भी न था। यह संपूर्ण ज्ञान उसके लिये व्यर्थ था। मूर्खों के लिये पुस्तकों का यही अर्थ सदैव

से रहा है। कहा जाता है जब उसने ग्रंथागार में आग लगाने का हुक्म दिया तो यहां के विशेषज्ञ पंडितों ने उससे विनती की कि इन पुस्तकों को आग के हवाले न करें। इस पर उसने कहा : 'यदि इन पुस्तकों में कुरान के विरुद्ध कुछ लिखा है तब तो इनको निश्चित ही जल जाना चाहिए और यदि इनमें वही सब लिखा है जो कुरान में पहले से ही है तब इन पुस्तकों का रहना व्यर्थ है।'

इस विश्वविद्यालय के इन ग्रंथागारों में इतनी पुस्तकें थीं कि यह आग छह महीनों तक लगी रही। लोगों का मानना है कि पुस्तकों के विनाश की यह विश्व की सबसे बड़ी घटना है।

आचार्य नागार्जुन आयुर्वेद के महान् ज्ञाता थे। उन दिनों मनुष्य के स्वभावों पर विचार करना आयुर्वेद विज्ञान की विषय वस्तु थी। उन दिनों आयुर्वेद के ज्ञाता ही मनोचिकित्सक हुआ करते थे। मनुष्य के स्वभाव और मन की दशाओं पर उन दिनों में भी भारत में पर्याप्त अध्ययन हुए थे। मनुष्य स्वभाव के ऊपर संस्कृत साहित्य में सैकड़ों उक्तियां मिलती हैं। कृपण, लोभी, क्रोधी एवं चंचल मन वाले व्यक्तियों की संस्कृत साहित्य में अनेक कथाएं मिलती हैं। प्राचीन काल में तथ्यों को सीधे-सीधे व्यक्त न कर उसे उपमानों द्वारा या उदाहरणों द्वारा व्यक्त करने की भी परंपरा थी।

आचार्य नागार्जुन द्वारा समाज में पाए जाने वाले चार प्रकार के लोग आज भी हमें अपने समाज में देखने को मिलते हैं। आज भी समाज की जागरूकता इन चार प्रकार के लोगों के परिमाण का प्रतिफल होती है।

आचार्य नागार्जुन के दार्शनिक और आयुर्वेद संबंधी विचार तो बौद्ध ग्रंथों में फिर भी मिल जाते हैं पर सामाजिक जीवन पर उनकी पैनी नजर का नजरिया हमें लोककथाओं में ही देखने को मिलता है।

विचक्षण नागार्जुन

आचार्य नागार्जुन का जीवन मानव सेवा को अर्पित था। बुद्ध के वचनों में उनकी अनन्य श्रद्धा थी। मगध के सम्राट स्वयं उनसे मिलने आते यह एक असाधारण बात थी। सम्राट एवं आचार्य दोनों ही प्रशंसा के पात्र थे। आचार्य नागार्जुन साधारण आचार्य भी तो न थे। मगध के विश्वविख्यात विश्वविद्यालय नालन्दा के आचार्य थे नागार्जुन। विश्व के सुदूर देशों से बौद्ध धर्म और ज्ञान-विज्ञान की विविध शाखाओं में रुचि रखने वाले व्यक्ति इस विश्वविद्यालय में आते थे। इस विश्वविद्यालय में विश्व के सर्वश्रेष्ठ आचार्य ही तो अध्यापन करते थे। सुदूर देशों के शिक्षा जगत में नागार्जुन और उनके विश्वविद्यालय के अन्य आचार्यों जैसे पद्म संभव, दीपंकर, असंगा और वसुबंधु की विद्वत्ता की धाक थी। विदेशों से यहां

आकर ज्ञानार्जन करने वालों में चीनी यात्री ह्वेनसांग यही चाहकर यहां आया था कि वह श्रमण बनकर संपूर्ण जीवन बुद्ध की शिक्षा को सीखने में ही व्यतीत कर दे एवं स्वदेश में तथागत की वाणी के अमृत को पहुंचाए। उसने इस विश्वविद्यालय में देखा था कि किस तरह दस हजार छात्र पूरे मनोयोग से इस विश्वविद्यालय में शिक्षा ग्रहण करते हैं। प्रत्येक छात्र की बौद्धिक प्रगति पर ध्यान रखने के लिये इस विश्वविद्यालय में शिक्षकों की कमी न थी। यहां पर विभिन्न विषयों के निष्णात् विद्वान शिक्षकों की संख्या डेढ़ हजार से भी अधिक थी। साधारण तौर पर प्रति पांच-छह छात्रों पर एक शिक्षक था। ये सभी शिक्षक भी विश्वविद्यालय के लब्धप्रतिष्ठ आचार्यों से कुछ न कुछ नया सीखते रहते थे। प्रातः काल से देर रात्रि तक विश्वविद्यालय के किसी न किसी विभाग में तर्क-वितर्क, बौद्धिक समस्याएं और उनके निदान पर वार्ताएं होती थीं, निष्कर्षों को लिखने के लिये विश्वविद्यालय में सुलेखकों की कमी न थी जो आचार्यों के आदेश पर वह सभी कुछ लेखबद्ध करते जिससे मानव कल्याण हो सकता था।

आचार्य नागार्जुन को मगध राज्य के पश्चिम में स्थित वज्जि गणतंत्र के राज्य में जाकर कुछ दिनों तक निवास करना था। वज्जि गणतंत्र के मंत्रिपरिषद के अध्यक्ष ने आचार्य को सद्धर्म की व्याख्या के लिये आमंत्रित किया था, किंतु वज्जि गणतंत्र और मगध राज्य के संबंध सौहार्द्रपूर्ण न थे इसलिए दोनों राज्यों से जब भी कोई महत्त्वपूर्ण व्यक्ति आता या जाता था तब इन राज्यों के राजनैतिक क्षेत्रों में हलचल मच जाती थी। खुले तौर पर दोनों राज्यों के विवाद गहरे थे। दोनों राज्यों के राजनायिकों का हरसंभव प्रयास रहता कि विरोधी राज्य की कुछ भी ऐसी सूचना प्राप्त हो जिससे राज्य की कमजोरी का आकलन किया जा सके। आचार्य का कार्यक्रम व्यस्त था अतः उन्होंने एक माह बाद वज्जि गणराज्य की राजधानी जाने का निश्चय किया।

समय जाते देर नहीं लगती। दूसरे दिन नागार्जुन वज्जि गणतंत्र प्रस्थान करने वाले थे तभी आचार्य को सूचना मिली कि उसी दिन शाम को मगधराज उनसे मिलने आने वाले हैं साथ ही वे कुछ गोपनीय चर्चा करने वाले भी हैं। नागार्जुन को यह सुनकर आश्चर्य नहीं हुआ कि मगधराज उनसे मिलना चाह रहे हैं, इसके पूर्व भी अनेक बार महाराज उनसे मिल चुके थे। मिलने का कारण धर्म-चर्चा होती थी या फिर राजपरिवार के किसी सदस्य की स्वास्थ्य से संबंधित कोई कठिनाई। आचार्य बौद्धिक गुत्थियों को जिस सहजता से सुलझाते थे उसी सरलता से रोगों को दूर भी कर देते थे। वनस्पतियों के गुणों की उनको गहरी समझ थी। यह किंचित् विचित्र बात थी कि राजा उनसे गोपनीय चर्चा करना चाहते हैं। आचार्य ने सोचा, संभव है कि राजा राजपरिवार के किसी सदस्य के किसी रोग को गोपनीय रखना चाहते हुए औषधियां लेने आ रहे हों। फिर यह भी एक विचार आया कि राजाओं में जन्मजात कूट बुद्धि होती है। सामान्य

आचार व्यवहार में भी कूटनीति रहती है, फिर वज्जि गणतंत्र से मगध के संबंध भी सौहार्द्रपूर्ण नहीं हैं अतः संभव है किसी बहाने से कोई कूटनीति की बात करना चाह रहे हों। एक भिक्षु से इस प्रकार के विषय पर राजा को वार्ता नहीं करनी चाहिए, पर राजा तो राजा ही होते हैं।

नियत समय पर मगधराज ने आचार्य नागार्जुन से भेंट की। उन्होंने अपने आने का प्रयोजन कूट शब्दों में ही व्यक्त किया क्योंकि वे जानते थे कि आचार्य नागार्जुन जैसे धर्मनिष्ठ व्यक्ति से सीधे राजनीति की बातें उचित न होंगी। प्रकट में यही कहा : 'आचार्यवर' आपकी दृष्टि में तो सभी राज्यों के शासक और शासित सभी समान हैं किंतु मुझ जैसे व्यक्ति पर तो प्रजा की रक्षा का भार है, आप वज्जि गणतंत्र में निवास करेंगे, मुझे इस पर प्रसन्नता ही होगी कि वहां की प्रजा सद्धर्म के विचार को ग्रहण करेंगे। आपके जाने से संभव है दोनों राज्यों में वैमनस्यता कम हो।'

आचार्य ने कहा : 'मैं भी यही चाहूंगा कि प्रजाजन और अधिक विचारशील हों।'

मगधराज ने तुरंत ही कहा : 'आचार्यवर प्रजाजनों का विचारशील होना उत्तम है पर वज्जि गणराज्य में उसके गण प्रमुखों का विचारशील होना अधिक आवश्यक है क्योंकि वहां गणतंत्र प्रणाली का शासन होने से संख्या का महत्त्व अधिक है। यदि मुझे यह ज्ञात हो सके कि उस देश के भाग्यविधाताओं में विचारशीलता कितनी है तो मुझे प्रसन्नता होगी।'

आचार्य नागार्जुन मगधराज की कूट भाषा में राजनैतिक इच्छा प्रकट कर चुके थे।

अब आचार्य पर यह निर्भर था कि वे वज्जि गणतंत्र पहुंचने के पश्चात् मगधराज को क्या, कितना और कैसे क्या सूचित करें।

आचार्य नागार्जुन वज्जि गणतंत्र अपने निर्धारित समय पर पहुंच गए। वज्जि गणतंत्र में बहुत से छोटे-छोटे राज्य थे। गणतंत्र एक महासंघ था। कुछ समय बीतने पर ग्रीष्म काल आ गया, गर्मियों के मौसम में आम के सुस्वादु फलों के टोकरे आचार्य को रोज भेंट किए जाने लगे। आचार्य उन्हें संघ में भिजवा देते।

यद्यपि आचार्य को उनकी प्रतिष्ठा के अनुरूप ही उन्हें राजकीय आदर दिया जा रहा था, पर गुप्तचर सतर्क थे, कहीं किसी तरह कोई राजकीय गुप्त सूचना मगध न पहुंचे इसका पूरा ध्यान रखा जा रहा था।

लगभग एक महीने पश्चात्–

गर्मियों के दिनों की शाम थी, मगधराज अपने उद्यान में अपने परिवार के साथ बैठे थे कि उन्हें सूचना दी गई कि वज्जि गणतंत्र की राजधानी से एक पत्रवाहक आया है जिसे आचार्य नागार्जुन ने भेजा है।

मगधराज ने उसे तुरंत ही उद्यान में बुलवाया। पत्रवाहक ने राजा को प्रणाम कर आचार्य की कुशल क्षेम का समाचार सुनाया और कहा कि आचार्य ने आपके लिये एक पत्र और आमों की एक टोकरी भेजी है। मगधराज के लिये दोनों बातें विचित्र थीं। एक भिक्षु के द्वारा फलों की भेंट, यदि इसे सौहार्द्रवश भेजे जाने के विचार की परिणिति मान भी ली जाए तब एक झगड़ालू पड़ोसी के देश से एक पत्र का आना तो और भी आश्चर्य की बात थी। यह तो हर कोई जानता है कि इस प्रकार का कोई भी पत्र गुप्तचरों की नजर से बच ही नहीं सकता।

मगधराज ने हाथ जोड़कर खड़े हुए पत्रवाहक चर से पत्र और फलों की टोकरी ग्रहण करते हुए पूछा कि 'इस पत्र को क्या वज्जि गणतंत्र की सरहद के भीतर किसी ने नहीं देखा?' इस पर चर ने उत्तर दिया : 'नहीं महाराज, किसी ने नहीं क्योंकि आचार्य ने यह पत्र गणतंत्र के सुलेखकार से लिखवाया था और वह भी वहां के सेना प्रमुख की उपस्थिति में।

मगधराज को एक क्षण के लिये लगा कि संभव है साधारण योगक्षेम से संबंधित ही न हो यह पत्र। यह सोचते हुए उन्होंने चर को जाने की अनुमति दे दी।

मगधराज ने पत्र खोला जिसमें आवश्यक राजकीय औपचारिकताओं के उल्लेख के बाद लिखा था : 'राजन्, मैं आपको परिपक्व फल भेजना चाहता था पर जब मैंने टोकरे में रखे फलों को ठीक ढंग से देखा तब पाया कि लगभग आधे फल अपरिपक्व हैं, उन्हें देखकर भी लगता है कि वे अपरिपक्व ही हैं, संभव है वे आगे चलकर परिपक्व हो जाएं, संभव है न भी हों, एक चौथाई फलों का जब मैंने परीक्षण किया तब प्रतीत हुआ कि वे परिपक्व दिखते अवश्य हैं परंतु परिपक्व हैं नहीं। शेष एक चौथाई में से आधे परिपक्व नहीं दिखलाई देते पर वे हैं परिपक्व ही। शेष बचे फल परिपक्व हैं देखने में भी और गुण में भी। मैं सभी प्रकार के फल भेज रहा हूं वस्तुतः प्रत्येक वृक्ष में सभी प्रकार के फल होते ही हैं। आशा है मेरी भेंट राजरुचि के अनुकूल होगी।' इसके पश्चात् आशीर्वचन तथा कुछ उपदेशपरक शब्द थे।

मगधराज बुद्धिमान व्यक्ति थे, उन्होंने आमों की गणना कर पाया कि वज्जि गणतंत्र के निर्णायक 48 व्यक्तियों में से आधे या 24 अपरिपक्व राजनैतिक समझ के लोग हैं, 12 केवल दिखावटी तौर पर राजनैतिक समझ के लोग हैं। 6 ऐसे लोग हैं जिन्हें संभवतः समाज या तंत्र गहरी राजनैतिक समझ वाला नहीं मानता जबकि उनमें यह गुण विद्यमान हैं तथा केवल 6 ऐसे हैं जो प्रतिष्ठित और राज्य में प्रभावी हैं साथ ही उनकी राजनैतिक समझ भी परिपक्व है।

मगधराज आचार्य की नीतिकुशलता को मान गए जिन्होंने आमों के माध्यम से बहुत कुछ कह दिया था।

मगधराज जानते थे कि गणतंत्र में निर्णय लेने वाली परिषद में परिपक्व बुद्धि का बहुमत होना आवश्यक है। वज्जि गणराज्य की सेनाएं सशक्त हो सकती हैं पर निर्णय कर्ताओं की अपरिपक्वता उनकी क्षमताओं का पूरा उपयोग न कर पाएगी, ऐसा राजा को प्रतीत हुआ। राजतंत्र में स्थितियां एकदम विपरीत होती हैं जहां निर्णायक एक ही होता है।

टिप्पणी

आचार्य नागार्जुन से संबंधित इस लोककथा का एक अर्थ यह भी लगाया जाता है कि किसी भी नगरीय समाज में चार मानसिकता वाले लोग पाए जाते हैं। परिपक्व बुद्धि के लोगों की संख्या 10-12 प्रतिशत की भी बमुश्किल ही होती है।

ऐतिहासिक विवरणों के अनुसार मगध ने विशाल सैन्यबल के वज्जि गणतंत्र को पराजित कर दिया था।

16

नामार्थ

बुद्ध के अनेक अनुयायियों को जिनमें नागार्जुन और दिङ्नागाचार्य थे नागकुल के ही माने जाते हैं। इसे मानने के पीछे एक तर्क यह भी है कि मगध में रहकर बुद्ध ने एक ऐसे धर्म की घोषणा की थी जो सर्वजन हिताय था। इस धर्म के प्रवर्तक गौतम बुद्ध को मागधों से ही सर्वप्रथम सम्मान मिला था।

यह सभी नागों के लिये गौरव की बात थी क्योंकि मगध नाग बहुल राज्य था। मगध ही नहीं आसपास के क्षेत्रों के राजाओं के पूर्वज भी कुछ ही पीढ़ियों पूर्व तक नाग थे। तथागत के धर्म में दीक्षित होने के पश्चात् मनुष्य में जाति एवं सामाजिक स्तर भेद के लिये कहीं कोई जगह न थी। मगध और आसपास के विशाल क्षेत्र में राज्य कर रहे राजाओं को ब्राह्मण पुरोहितों के पास जाकर अत्यधिक व्यय साध्य यज्ञ संपन्न कराकर स्वयं को सूर्यवंशी या चंद्रवंशी घोषित करने की आवश्यकता न थी। नागवंशीय राजाओं के नए धर्म में दीक्षित होने का प्रभाव दूर-दूर तक बसे नागों पर पड़ा। वे भी द्विज कुल में स्वयं को स्थापित करने के स्थान पर श्रमण बनना पसंद करने लगे। यद्यपि अब तक की प्रचलित वर्णव्यवस्था में नागवंशीय समाज के विद्वान ब्राह्मण और शूरवीर क्षत्रिय वर्णों में मान्य हो चुके थे पर कहीं न कहीं अपने स्तर पर उनको अपनी योग्यता के अनुसार मान सम्मान नहीं मिल रहा था, यह सब नए धर्म में तुरंत ही उपलब्ध हो सकता था। ऐसे ब्राह्मणों की बड़ी संख्या है जो मूलतः नाग थे और जिन्होंने बौद्ध धर्म स्वीकार कर लिया।

नागवंश के व्यक्तियों का बौद्ध धर्म के प्रचार-प्रसार में बड़ा हाथ था, नागवंश के अनेक विद्वान् बौद्ध भिक्षु थे साथ ही वे धर्मशास्त्र के अतिरिक्त अन्य विषयों के भी ज्ञाता थे। बौद्ध धर्म के विख्यात विद्वान् आचार्य नागार्जुन पूर्ण रूप से ऐतिहासिक व्यक्ति हैं परंतु बहुत से दूसरे इतिहास प्रसिद्ध व्यक्तियों की तरह ही आचार्य नागार्जुन के काल निर्धारण में इतिहासकार एक मत नहीं हैं। इतिहास की दृष्टि से बौद्ध दार्शनिक नागार्जुन का समय दूसरी शताब्दी प्रतीत होता है परंतु वैज्ञानिक नागार्जुन का समय सातवीं सदी का लगता है।

नागार्जुन कोंडा जिसे आचार्य नागार्जुन के प्रारंभिक जीवन से जोड़ा जाता है कृष्णा नदी की घाटी में है। आचार्य नागार्जुन को मगध के विश्वप्रसिद्ध विश्वविद्यालय नालंदा का आचार्य भी कहा जाता है। यह भी कहा जाता है कि गौतमीपुत्र शतकर्णि ने आचार्य नागार्जुन के लिये एक श्रेष्ठ विहार बनवाया जो परिमल गिरि में था। परिमल गिरि को कुछ इतिहासकार गंधमादन पर्वत भी मानते हैं जो उड़ीसा के आधुनिक बारगढ़ और बोलनगिरि जिलों के मध्य में स्थित है। ऐसा भी कहा जाता है कि चीनी यात्री ह्वेन सांग ने चीनी भाषा में 'पो-लो-मो-लो-कि-लि' शब्द परिमल गिरि के अर्थ में व्यवहृत किया था। परिमल गिरि को उड़ीसा में मानने पर आचार्य नागार्जुन के काल और क्षेत्र की समस्याएं और जटिल हो जाती हैं।

यह कहा जाता है कि गौतमी पुत्र शातकर्णि को नागार्जुन ने एक पत्र[1] लिखा था।

धर्म के संबंध में चर्चा की।

इतिहास में मान्य नागार्जुन चाहे दूसरी शताब्दी के रहे हों या सातवीं के इससे इस तथ्य पर फर्क नहीं पड़ता कि वे अपने समय के प्रख्यात विद्वान थे। इक्कीसवीं सदी में अवश्य किसी दार्शनिक से हम यह अपेक्षा नहीं करते कि वह एक उच्च का रसायनज्ञ हो परन्तु प्राचीन भारत में दर्शन, धर्म और विज्ञान अलग नहीं थे।[2]

नागार्जुन का नाम चीनी ग्रंथों में प्राप्त होता है, वहां पर भी वे बौद्ध दार्शनिक तो हैं ही साथ ही एक रसायनज्ञ भी हैं।[3]

भारत की भांति ही प्राचीन काल में चीन में भी नागों को शक्तिशाली माना जाता था। चीन में नागों का स्वरूप दूसरा था जिसे हम ड्रेगन के नाम से जानते हैं। बौद्ध धर्म के चीन में प्रसार के साथ ही वहां की भाषा में भारतीय बौद्ध विद्वानों के नाम चीनी भाषा और लिपि में रूपांतरित हुए।

आचार्य नागार्जुन का नाम चीनी ग्रंथों में मिलता है। चीनी ग्रंथों में से एक भाषा की लिपि में नागार्जुन का नाम रसायन ज्ञान के संदर्भ में है। चीनी भाषा की लिपि में नागार्जुन शब्द को नाग + अर्जुन के समानार्थी शब्दों के रूप में लिखा गया है। लिपि चीनी भाषा की चित्र लिपि की यह लेखन विधि है इस तरह नागार्जुन का नाम चीनी भाषा में नाग का चीनी पर्यायवाची ड्रेगन अर्जुन का पर्यायवाची शब्द वृक्ष हो गया। चीनी संस्कृति में ड्रैगन एक शक्तिशाली नाग जैसा जीव है। नागार्जुन का

1. पत्र के उल्लेख का संदर्भ Nagarjuna's letter to Goutami Putra Satkarni translated in English from Tibetan by PD Santina, pp 2.3, New Delhi, 1978.
   Ray Chaudhary, The political History of ancient India,
2. Bhoi Tirthraj 'The Buddhist Activities in Daksina Kosala', The Orissa Historical Research Journal Vol x LVIII, No 2
3. Kangle, R.P. theArthsastra of Kautilya, pp 51, Bombay, 1986.

'नाग' शब्द भी पाताल लोक को दैवी नाग का द्योतक था। प्राचीन नागकुल के व्यक्ति स्वयं की दैवी उत्पत्ति को असामान्य नहीं मानते थे। नागों को पाताल लोक का निवासी भी कहा जाता था।

लुंग	+	शू
ड्रेगन	+	वृक्ष

लुंग	+	मू
ड्रेगन	+	वृक्ष या लकड़ी

रसायनविज्ञानी नागार्जुन

नालंदा विश्वविद्यालय के परिसर की बाहरी सीमा पर विश्वविद्यालय की रसायन विज्ञान की प्रयोगशाला है। आज प्रयोगशाला में प्रयोग नहीं हो रहे हैं क्योंकि परमाचार्य कुछ समय के लिए दूसरे नगर गए हैं इसलिए विज्ञान की सैद्धांतिक चर्चा चल रही है।

सुगुप्त : 'आचार्य, मैं यह नहीं समझ पा रहा हूं कि इस नवीन धातु को यशदायक (यशदा) क्यों कहा जाता है।'

पद्मप्रभ : 'भन्ते, सभी वस्तुओं के नामकरण का कुछ न कुछ अर्थ तो होता है परंतु सभी कुछ पुस्तकों में लिखा मिल जाए यह आवश्यक नहीं। तुमने 'धातुक्रिया' और 'धातुरत्नमाला' ग्रंथों का सम्यक् अध्ययन किया है, उनसे धातुओं के गुण धर्मों के गुण धर्मों का भी ज्ञान प्राप्त किया है, यहां तक तो ठीक है किंतु इन ग्रंथों में धातुओं के नाम की व्युत्पत्ति तो नहीं मिलेगी, अरे धातुओं के नामों की विश्वसनीय व्युत्पत्ति को व्याकरण ग्रंथों में भी मिलना संभव नहीं है वहां भी विज्ञान के विषयों के रूढ़ शब्दों के संबंध में किसी प्राचीन शब्द से उसके दूर के संबंध को जोड़कर अनुमान से कुछ भी व्याख्या कर दी जाती है। किसी धातु को किसी देवता को कोप का प्रभाव बतला दिया जाता है तो किसी को किसी देवता के मल का। इस प्रकार की अंध व्याख्याओं का विरोध कौन करे, जनसाधारण तो वैसे भी विज्ञान के गूढ़ रहस्यों में रुचि नहीं लेता तथा जिन्हें ज्ञान है वे समाज के प्रतिष्ठित पंडितों से केवल इस बात पर क्यों द्वेष मोल लें कि कौन सी धातु किस देवता की देन है।'

सुगुप्त : 'आचार्य, मेरी यह जानने की आकांक्षा कि इस धातु को यशदा क्यों कहा जाता है भले ही वैज्ञानिक उत्कंठा न हो पर व्यर्थ हो यह भी तो नहीं है, मुझे यह जानने की इच्छा है कि धातु से यश किस तरह मिल सकता है?'

पद्मप्रभ : 'भन्ते, तुम्हारी उत्सुकता विज्ञान आधारित तो नहीं है फिर भी इस धातु के महत्त्व को बतलाता हूं। सुनो, सैद्धांतिक रूप से सभी धातुओं का मूल एक ही है और जब मूल एक हो तब एक धातु को दूसरी धातु में परिवर्तित किया जा

सकता है। हमारे पूर्वज नागों ने धातु विज्ञान में गहन ज्ञान अर्जित किया था क्या तुम्हें याद है कि सीसा और रांगे का मूल नाम क्या है।'

सुगुप्त : 'हां गुरुवर, इन्हें 'नाग' नाम से ही जाना जाता है, प्रत्यय के साथ दोनों धातुओं के नाम से भेद कर लिया जाता है। मुझे यह भी ज्ञात है कि केवल सीसा या रांगा ही नहीं अनेक अलौह धातुओं के गुणों का नागों को सूक्ष्म ज्ञान है।'

पद्मप्रभ : 'क्या तुम जानते हो आचार्य नागार्जुन ने इस धातु के ज्ञान को किस तरह आगे बढ़ाया?

सुगुप्त : 'नहीं आचार्य।'

पद्मप्रभ : 'तो सुनो, यह यशदा (जस्ता) धातु इसलिए मानी गई क्योंकि इसमें ताम्र मिलाने से जो मिश्रित धातु तैयार होती है वह आभावान एवं उत्तम है। इसका अर्थ है यशदा वस्तुतः यशदायक है क्योंकि इस धातु का अन्य धातुओं से मिश्रण कर सफलता से नई धातुओं का निर्माण हो सकता है। यह भी संभव है कि धातु मिश्रण और शोधन की विधियों से स्वर्ण भी निर्मित किया जा सके।'

सुगुप्त : 'यदि ऐसा हो जाता है तब वह चमत्कार ही होगा।'

पद्मप्रभ : 'आचार्य नागार्जुन की धातु संबंधी अनेक शोधों को मैंने चीन देश से यहां आए बौद्ध भिक्षुओं को ध्यानपूर्वक अपनी भाषा में लिखते हुए देखा है। वे अपनी भाषा में यहां के ज्ञान को अपने देश ले जाकर उसे अपने हित में प्रयोग में लाना चाहते हैं।'

सुगुप्त : 'आचार्य, आपको तो चीन देश की भाषा पर भी अधिकार है, क्या संस्कृत में लिखे गए शब्दों का अनुवाद उस भाषा में संभव है।'

पद्मप्रभ : 'जितना कुछ संभव है, उतना तो चीन देश के भिक्षु करते ही हैं। हमें इस बात पर उनकी प्रशंसा करनी होगी कि दूर देशों के परंपरागत ज्ञान को वे अपनी भाषा में लिखने को सदैव तत्पर रहते हैं। मैं तुम्हें एक उदाहरण देकर इसे समझाना चाहूंगा, उदाहरण भी होगा परमाचार्य नागार्जुन का नाम।'

सुगुप्त : 'मुझे सुनकर हर्ष होगा।'

पद्मप्रभ : 'जब चीनी विद्वान् झे मिंग ने परमाचार्य की शोध को लिखना प्रारंभ किया तब उसे सर्वप्रथम जो शब्द लिखना था वह था नागार्जुन। चीन देश की लिपि हमारे देश की खरोष्ठी तथा नागरी लिपि से भिन्न है, वह चित्र लिपि है जिसमें सांकेतिक चित्र चिह्नों के द्वारा इबारत लिखी जाती है। परमाचार्य का नागार्जुन नाम की लिपि समस्या को उन्होंने अपनी संस्कृति में ढालकर उसे हल किया।'

सुगुप्त : 'यह तो विचित्र है, उन्होंने क्या किया?'

पद्मप्रभ : 'चीनी बौद्ध भिक्षु ने परमाचार्य नागार्जुन के नाम का सर्वप्रथम संधि विग्रह किया, फलस्वरूप नाग तथा अर्जुन दो शब्द हुए अब उसे इन दो शब्दों का चीनी भाषा में अनुवाद कर उस भाषा की लिपि में लिखना था।'

सुगुप्त : 'तब तो आचार्य चीनी भाषा में इन संस्कृत शब्दों के लिये जो पर्यावाची शब्द होंगे वे उसने ढूंढ़े होंगे। एक नाग या सर्प के लिये और दूसरा अर्जुन वृक्ष के लिये।'

पद्मप्रभ : 'यहीं तो समस्या खड़ी हुई। परमाचार्य के नाम का 'नाग' शब्द साधारण सांप या नाग नहीं होना चाहिए यह उस भिक्षु ने विचार किया।'

सुगुप्त : 'फिर किस शब्द विशेष को उसने चुना।'

पद्मप्रभ : 'उसने संस्कृत के इस 'नाग' शब्द में दैवी शक्ति संपन्न नाग का अर्थ देखा। उनकी अपनी संस्कृति में दैवी नाग की अलग कल्पना है जो मुंह से आग उत्सर्जित करता है तथा जिसकी गति जल, थल और वायु मंडल सर्वत्र है। उनकी भाषा में यह नाग 'लुंग' कहलाता है। उसे अपनी भाषा में अर्जुन वृक्ष के लिये कोई नाम नहीं मालूम था क्योंकि चीनी भिक्षु चीन देश के जिस प्रदेश में रहता था उसमें अर्जुन वृक्ष पैदा नहीं होता, हां वृक्ष अवश्य पैदा होते हैं अतः उसने वृक्ष का चीनी भाषा का शब्द 'शू' चुना इस तरह नागार्जुन नाम चीनी भाषा में 'लुंगशू' हो गया।'

सुगुप्त : 'चीनी बौद्ध भिक्षु की प्रशंसा करनी होगी, उसने इतना सटीक अनुवाद किया कि 'लुंग-शू' नागार्जुन का मानक पर्याय हो गया।'

पद्मप्रभ : (हंसते हुए) 'हां, चीनी बौद्ध भिक्षु ने प्रयास तो उचित किया था परंतु अनेक बार बहुत नामों को लोग अपनी स्मृति में कुछ दूसरे संदर्भों से जोड़कर भी याद कर लेते हैं, इस नाम के साथ भी ऐसा ही हुआ। 'लुंग' शब्द तो सभी को याद रहा परन्तु 'अर्जुन वृक्ष' के पर्यायवाची शब्द 'शू' को कुछ लोग दूसरे शब्द से स्थानापन्न कर बैठे। चीनी भाषा में 'वृक्ष' का एक और भी पर्यायवाची शब्द है 'मू'। 'मू' का अर्थ वृक्ष के साथ लकड़ी भी होता है अतः कुछ लोगों की स्मृति में 'शू' के स्थान पर 'मू' शब्द चढ़ गया फिर क्या था नागार्जुन का एक और चीनी भाषा का नाम 'लुंग मू' हो गया।

आचार्य नागार्जुन चीनी साहित्य में 'लुंग-शू' और 'लुंग-मू' दो नाम प्रचलित हो गए।'

सुगुप्त : 'इन धातुओं के गूढ़ विज्ञान से क्या चीनी बौद्ध क्या पात्र धातु संबंधी ज्ञान का विस्तार कर रहे थे।'

पद्मप्रभ : 'नहीं, धातुओं से पात्रादि का निर्माण कोई बड़ी कला नहीं है, चीन में पात्र बनाने की कला शताब्दियों पूर्व उन्नत हो चुकी थी।'

सुगुप्त : 'फिर ऐसा धात्वीय ज्ञान का कौन सा पक्ष था जिसमें उनकी रुचि थी।'

पद्मप्रभ : 'जहां तक मुझे ज्ञात है कि वे एक पदार्थ विशेष के संबंध में आचार्य नागार्जुन से दिशा-निर्देश चाह रहे थे, यह बात मगध में पदस्थ चीन देश के राजपूत बांग-हुआन-त्से के सूत्रों से हमें ज्ञात हुई थी।'

सुगुप्त : 'इसका अर्थ तो यही हुआ कि चीन के सम्राट को किसी पदार्थ विशेष की तलाश थी जिसका संबंध धातुओं से हो।'

पद्मप्रभ : 'तुम सही दिशा में सोच रहे हो, वे एक विशेष द्रव्य जो उनकी भाषा में पान-छा-चो शुई कहा जाता है के संबंध में जानकारी चाहते थे।'

सुगुप्त : 'इस चीनी शब्द का क्या अर्थ है?'

पद्मप्रभ : 'कुछ ठीक से नहीं कह सकता पर 'शुई' शब्द जल का बोधक है। चीनी किसी धात्वीय विषैले जल की खोज में थे, हम चाहें तो उसे 'विषोदक' कह सकते हैं।'

सुगुप्त : 'जहरीला जल का ज्ञान और वह भी परमाचार्य नागार्जुन से।'

पद्मप्रभ : 'यह सब कुछ असम्बद्ध नहीं है। 'पान-छा-चो-शुई' या विषोदक का रहस्य भारत से चीन पहुंचा था, पान-छा-चो का अर्थ कुछ लोगों के अनुसार पंचविश भी है। तुम तो यह जानते ही हो परमाचार्य नागवंश के असाधारण ज्ञानी व्यक्ति हैं, यह संभव है कि उन्हें विषोदक बनाने की विधि का ज्ञान हो।'

सुगुप्त : 'विषोदक तो हर हालात में प्राणहारी होगा, उससे भला लोगों का क्या भला हो सकता है।'

पद्मप्रभ : 'यह तो परमाचार्य ही जाने पर मुझे यह अवश्य ज्ञात हुआ है कि चीनी सम्राट का यह दृढ़ विश्वास है कि विषोदक के विशिष्ट प्रयोग से वार्धक्य को दूर रखा जा सकता है और आयु सीमा को कई गुना बढ़ाया जा सकता है।'

सुगुप्त : 'तब क्या परमाचार्य इस विज्ञान का रहस्य दूसरों के सामने प्रकट करेंगे?'

पद्मप्रभ : 'यह मैं कैसे कह सकता हूं, मुझे इतना अवश्य मालूम है कि बहुत मात्रा में भी विषोदक बनाने के लिये भारी मात्रा में शुद्ध और ताजे जल की आवश्यकता होती है। विषोदक बनने की प्रक्रिया में नदियों और सरोवरों जैसे बड़े स्रोतों का बहुत सा जल इतना अधिक प्रदूषित हो जाता है कि उसका उपयोग कोई भी जीवधारी बहुत दिनों तक नहीं कर पाता। प्राचीन समय में राजा नागों से विषोदक बनवाते थे और अपने यौवन को अधिक स्थायी बनाते थे।'

सुगुप्त : 'परंतु जलस्रोतों के प्रदूषण से प्रजा को तो पानी की समस्या से जूझना पड़ता रहा होगा।'

पद्मप्रभ : 'अवश्य परंतु राजाओं को भला प्रजा की फिक्र ही कब थी।'

सुगुप्त : 'आचार्य, तब क्या परमाचार्य ने विषोदक संबंधी शोध स्वयं की है या कि उन्हें अपनी नाग परंपरा से इसका ज्ञान प्राप्त हुआ है।'

पद्मप्रभ : 'जहां तक मुझे ज्ञात है कि आचार्य नागार्जुन के पूर्वज सदियों पूर्व कभी मथुरा में रहते थे वहां से उन्हें दक्षिण की ओर जाना पड़ा था। मुझे यह भी ज्ञात है कि नाग विज्ञान बहुत पहिले से सिद्ध रसायनों का विज्ञान रहा है। नागों की चामत्कारिक शक्तियों के पीछे यही ज्ञान रहा है। इन्हीं रसायनों की शक्ति के फलस्वरूप मगध के एक बहुत प्राचीन राजा ब्रहद्बल के लगभग मृत पुत्र जरासन्ध को जीवनदान भी मिला था।'

सुगुप्त : 'आचार्य, हम सभी को ज्ञात है कि परमाचार्य तथागत के अहिंसा धर्म का बड़ी कठोरता से पालन करते हैं अतः वे ऐसे किसी ज्ञान को जिससे अहिंसा का धर्म बाधित हो सकता है किसी को भी प्रदान न करेंगे।'

पद्मप्रभ, : 'यही सत्य है।'

सुगुप्त : 'मेरे मन में न जाने एक विचार क्यों आ रहा है वह यह कि नागकुल के रत्न परमाचार्य नागार्जुन की वंश परंपरा कहीं-कहीं वासुदेव कृष्ण के समकालीन कालिय नाग से तो नहीं जुड़ी है।'

पद्मप्रभ : 'असंभव कुछ भी नहीं है। जब एक ही पीढ़ी में मनुष्य का स्वभाव, जाति और धर्म सभी कुछ बदल सकते हैं तब कालिय नाग से अब तक तो इतना लंबा समय व्यतीत हो चुका है जिसे हम सब युग परिवर्तन कहते हैं। प्राचीन कालिय नाग को बहुत से भागवत धर्म के अनुयायी सरीसृप नाग मानते हैं तथा उस युग के महानायक वासुदेव कृष्ण को तो वे अब ईश्वर का पूर्ण अवतार ही मानने लगे हैं।'

सुगुप्त : 'मैंने तो यह भी सुना है श्रमण परंपरा के जैन भी वासुदेव को महत्त्व देने लगे हैं यद्यपि वे उनके भाई बलराम जो संभवतः नाग राजकुमारी रेवती के पुत्र थे को अधिक महत्त्व देते हैं।'

पद्मप्रभ : 'हर पंथ का विश्वास अलग होता है, उसी के अनुसार उनके नायक तय होते हैं यह मनुष्य मात्र की परंपरा है। (संध्या हो जाने के कारण सुगुप्त और पद्मप्रभ वार्ता को विराम दें।)

17

नागधातु

भारत में उपलब्ध अनेक रसायन और उनका ज्ञान यूरोप तक बहुत बाद में पहुंचा। यूरोप तक भारतीय रसायनों का ज्ञान अनेक बार चीनी व्यापारियों के माध्यम से पहुंचा। प्राचीन काल से ही चीन और यूरोपीय देशों में 'रेशम-मार्ग' (सिल्क रूट) से व्यापार होता रहा है। यह मार्ग मध्य एशिया का रेगिस्तानी और पर्वतीय मार्ग था। भारत और चीन का व्यापार हिमालय दर्रों के रास्तों के अतिरिक्त समुद्र मार्ग से भी होता रहा है। विजय नगर साम्राज्य और चीनी साम्राज्य में समुद्र मार्ग से व्यापार होने के अनेक दस्तावेज उपलब्ध हैं। विजय नगर सोलहवीं शताब्दी का एक अत्यंत संपन्न हिन्दू साम्राज्य था।

विजय नगर राज्य के अंतर्राष्ट्रीय व्यापार में वे सारी वस्तुएं थीं जिन्हें संपूर्ण भारत से यहां के बाजार में लाया जाता था। उस समय तब दक्षिण भारत के मालाबार तट से प्राप्त एक धातु का नाम अब तक उन लोगों के नाम पर ही था जो इस धातु को शुद्ध कर उसके अनेक प्रयोग जानते थे। आधुनिक समय में जस्ते के नाम से पहिचाने जाने वाली इस धातु का क्षेत्रीय नाम तूतेनाग था। अर्थात् यह नागवंश के लोगों द्वारा एकत्रित एवं प्रयोग में लाई जाने वाली धातु थी। उन दिनों तक आयुर्वेदाचार्यों ने भारत की अधिकांश धातुओं को संस्कृत नाम दे डाले थे और यह संभव है इस धातु का मूल संस्कृत नाम 'तुद्नाग' रहा हो। प्राचीन काल में ही नहीं आधुनिक समय तक किसी भी वस्तु के नामकरण में यह ध्यान रखने की परंपरा है कि उस वस्तु का निकट संबंध किससे है। 'तुद्नाग' से नाग जाति का संबंध सहजता से समझा जा सकता है। भारत के आयुर्वेदाचार्य नागों के धातु संबंधी परंपरागत ज्ञान से अवगत थे। तुद् (व्यथा देना) शब्द का प्रयोग यही दर्शाता है कि इस धातु का प्रयोग व्यथाकारक निर्माणों में होता रहा है।

भारत से 'तुद्नाग' धातु का ज्ञान संभव है चीन में बहुत पहले पहुंच गया हो परंतु चीन से यूरोप तक यह धातु सोलहवीं सदी के उत्तरार्ध तक ही पहुंची और इसीलिए चीन में इसका नाम टुटेनाग ही रहा। अशुद्ध जस्ते को चीन में इसी धातु

को एक और नाम दिया गया, यह नाम था टोटेम्, यह शब्द भी टोटेनाग का भी अपभ्रंश था। कालांतर में इस अपभ्रंश शब्द में भी परिवर्तन हुआ तथा वह शब्द पूर्वरूप से चीनी होकर 'य-शिरोन' हो गया।

चीनी व्यापारी यूरोपीयों को जब जस्ता बेचते तब वे उस धातु का नाम 'टूटेनाग' ही बतलाते। यूरोप में उस समय जस्ते शुद्धि की विधि ज्ञात नहीं थी। पुर्तगाल उस समय सबसे बड़ा समुद्री शक्ति था अतः पुर्तगाली भाषा में चीनी शब्द 'टूटेनाग' 'टूटेनागउ' तो हुआ पर अधिक उच्चरण भेद न हुआ किंतु पड़ोसी स्पेन में यह शब्द 'टिनटिनाशो' हो गया।

तुद्नाग में तुद (व्यथाकारक) शब्द की भारत में कुछ और भी विस्तृत व्याख्या है। पहली व्याख्या के अनुसार यह शब्द नागों द्वारा प्रायोजित व्यथाकारक के अर्थ का है। यह व्यथा मनुष्य को कष्ट के रूप में हो सकती है परन्तु दूसरी व्याख्या के अनुसार मूल शब्द यहां पर तुद न होकर 'तुत्थ' है अर्थात् संस्कृत के प्रयोग में भी वास्तविक शब्द 'तुत्थ नाग' था जो कालांतर में 'तुद्' हो गया है। संस्कृत भाषा में 'तुत्थ' शब्द के दो अर्थ हैं, तांबा तथा कुछ अन्य धातुएं। इसी तरह 'तुत्थ' का एक अर्थ और भी है रसक या खर्पर (अंग्रेजी : कैलमाइन)।

यदि इस दूसरे अर्थ पर गौर करें तो निष्कर्ष यही निकलेगा टूटेनाग = तुत्थ (या कि तद्भव तुद्) + नाग। 'तुत्थ' कैलमाइन (अंग्रेजी शब्द में बिना साफ की गई धातु का नाम) तथा नाग।

इस तरह टूटेनाग से यह अंतिम निष्कर्ष निकलता है कि कैलेमाइन से जस्ता निकालने की विधि प्राचीन काल में ही नागों ने जान ली थी।

जस्ते का मिश्रित धातु के रूप में किस प्रकार की दवाओं का रासायनिक घोलों में उपयोग होता था, यह शोध की वस्तु है परन्तु ऐतिहासिक विवरणों से यह ज्ञात होता है कि उन दिनों निहायत विषैली वस्तुओं से दीर्घायुता ही क्या अमरता तक संभव मानी जाती है। यहां यह उल्लेखनीय है उस काल के रसायनज्ञों को यह ठीक तौर से ज्ञात था कि विषैली धातुएं प्राणहर होने के कारण सामान्य उपचार या रासायनिक घोलों में प्रयुक्त नहीं की जानी चाहिए।

चीन में भी अन्य देशों की तरह बहुत समय तक धातुओं के गुणधर्म को गुप्त ही रखा गया था।

भेषजज्ञ नागार्जुन

परमाचार्य नागार्जुन नालंदा विश्वविद्यालय आने वाले हैं। विश्वविद्यालय के अतिथिकक्ष में कुछ नए चीनी बौद्ध भिक्षुओं को ठहराया गया है। पद्मप्रभ को इनकी देखरेख का कार्य भार सौंपा गया है जिसे वे शिष्य सुगुप्त के साथ कर रहे हैं। यह विश्राम का समय है अतः आचार्य और शिष्य चर्चा करने लगते हैं।

सुगुप्त : 'आचार्य, यह तो मुझे ज्ञात है कि परमाचार्य नागार्जुन ने चीनी भिक्षुओं को विज्ञान की अनेक ऐसी विधियों का ज्ञान प्रदान किया है जिनसे मानव जीवन का कष्ट हरण किया जा सके, किंतु मैं आपके द्वारा यह जानना चाहता हूं कि इन सबमें उनका वह कौन सा अवदान है जो मनुष्य मात्र के लिये वरदान कहा गया हो।'

पद्मप्रभ : 'इसका उत्तर तो तुम स्वयं भी ढूंढ़ सकते हो। अच्छा यह बतलाओ कि मनुष्य का वह कौन सा अंग है जिसकी क्षति होने पर सारा विश्व ही अंधकारभय हो जाता है तथा जिसकी क्षति मनुष्य को पूर्ण असहाय एवं दूसरों पर निर्भर बना देती है।'

सुगुप्त : (थोड़ा सोचने के पश्चात्) 'आचार्य, आपके प्रश्न का उत्तर तो मनुष्य के नेत्र ही होगा। अंधत्व चाहे किसी भी उम्र में हो सबसे त्रासदायी है।'

पद्मप्रभ : 'तुम्हारा कथन यथार्थ है, आचार्य ने नेत्ररोगों पर विस्तृत चिकित्सा ज्ञान चीनी भिक्षुओं को दिया, ताकि मनुष्य परावलंबन की महती पीड़ा से भी बच सके। चीनी भिक्षुओं ने आचार्य के 'नेत्र रोगों पर आचार्य नागार्जुन के 'परामर्श' नाम के प्रसिद्ध संस्कृत ग्रंथ का अविकल अनुवाद किया है जो संपूर्ण चीन देश में लोकप्रिय है।'

सुगुप्त : 'आचार्य, क्या कोई ऐसा भी चीनी आचार्य हुआ है जिसने हमारे यहां से रसायन और चिकित्सा का ज्ञान कर उसे अपने देश में स्वतंत्र रूप से विकसित किया हो।'

पद्मप्रभ : 'मैं पूरे विश्वास से तो चीन के भीतर हो रहे ज्ञान-विज्ञान के संबंध में कुछ नहीं कह सकता परंतु हमारे विहार में आने-जाने वाले चीनी भिक्षुओं से जो कुछ थोड़ा बहुत पता चलता है वहीं मैं तुम्हें बतला सकता हूं।'

सुगुप्त : 'मैं सुनने को बड़ा उत्सुक हूं।'

पद्मप्रभ : 'जहां तक परमाचार्य नागार्जुन की प्रतिभा का संबंध है उसे तो मैं अलौकिक ही मानता हूं पर चीन देश में भी परमाचार्य काल में ही को-हुंग नाम के विद्वान् को विश्वख्याति मिली। ऐसा कहा जाता है कि दोनों ही विद्वानों को अन्य धातुओं से स्वर्ण बनाने की कला ज्ञात है, परन्तु यह, यह किंवदंती भी हो सकती है।'

सुगुप्त : 'चीन के संबंध में ही क्या विश्व के अन्य भागों के संबंध में, वहां के समकालीन लोगों के संबंध में लिखने की रूचि हमारे देश के लोगों में नहीं है जबकि विदेशों में विशेषतः चीन में तो हमारे संस्कृत ग्रंथों के पूरे के पूरे अनुवाद उपलब्ध हैं।'

पद्मप्रभ : 'यह अकारण नहीं है, भारत ज्ञान का भंडार है इसलिए अन्यत्र इससे संबंधित साहित्य लिखा जाता रहता है। भारतीयों को देश में ही सभी कुछ प्राप्त हो जाता है इसलिए संभवतः वे दूसरे स्थानों, वहां के व्यक्तियों तथा वहां की परंपराओं के लेखन में रूचि नहीं लेते हैं फिर भी अपवाद स्वरूप कुछ न कुछ विदेशी मूल का पठनीय तो हमारे यहां आ ही जाता है, जैसे रसायन विज्ञान के हमारे अपने ग्रंथ 'मार्तृभेदतंत्रम्' ग्रंथ का एक अध्याय 'चीन तंत्र' पर है जिसमें चीन देश में प्रचलित रासायनिक विधियों की चर्चा है।'

सुगुप्त : 'मैं आपकी बात समझ गया, चीन के रसायन विज्ञानी भी यदि वही कुछ लिख रहे हैं जो भारत से सीख कर वहां ले जाया गया है तब भारतीयों को चीनी विज्ञान के आलेखों में भला नया क्या मिलेगा?'

पद्मप्रभ : 'तुम ठीक समझे, मैं इसे विषोदक के उदाहरण से कुछ और स्पष्ट कर रहा हूं। चीनी रसायन 'पान-छा-चो-शुई' और भारतीय 'विषोदक' एक ही हैं क्योंकि चीनी और भारतीय दोनों ही स्रोतों में इस द्रव्य का गुणधर्म एक ही है, मात्र हमारे संस्कृत ग्रंथों में इसके गुणधर्म की व्याख्या पांच मूलभूत बिंदुओं में की गई है।

प्रथम : विषोदक अनेक रंग प्रकट करता है।

द्वितीय : इसे तुंबी में रखना उचित होता है।

तृतीय : यह पक्षी, पशु तथा मनुष्य का अंत कर सकता है।

चतुर्थ : यह जीवनदायक है। तथा

पंचम : इसका उपयोग उत्तम धातुओं के निर्माण में किया जाता है।

चीनी ग्रंथों में यही मूलभूत बातें हैं। थोड़ा बहुत फर्क यही है कि वहां के ग्रंथों में इसके तापमान में आकस्मिक उतार-चढ़ाव की बात कही गई है तथा उसे पर्वतों में बनाया जाता है तथा उसे पाषाण पात्रों में एकत्रित किया जाता है।'

सुगुप्त : 'आचार्य, यदि विषोदक प्राणहर है तब उसमें प्राणदायिनी शक्ति होना तो आश्चर्यजनक ही कहा जाएगा।'

पद्मप्रभ : 'विषोदक की प्राणदायिनी शक्ति से अधिक आश्चर्य तो मनुष्य के स्वभाव में है जो अपने हित चिंतन में विष के सेवन को भी उचित मानता है।'

तृतीय सर्ग

नागों की मातृदेवियों के आख्यान

नागों की आराध्या देवियों या मातृशक्तियों में सुरसा, मणिनागेश्वरी देवी जैसी देवियों का उल्लेख होता है, किंतु स्थापत्य और साहित्य दोनों में ही मनसा देवी की प्रतिष्ठा अद्वितीय है।

पूर्वी भारत के प्राचीन नागवंशीय राजा नागदेवी मनसा के आराधक रहे हैं। मनसा को वे अपनी इष्ट देवी मानते थे। यह मान्यता थी कि मनसा नागकुलों के सभी संकटों को दूर करती रही हैं। बंगाल, बिहार, उड़ीसा और छत्तीसगढ़ में मनसा देवी की प्रतिमाएं प्राप्त हुई हैं। इन नाग प्रतिमाओं की विशेषता यही है कि ये पांचवीं या सातवीं सदी से लेकर दसवीं सदी तक बनाई जाती रही हैं। इन प्राचीन मूर्तियों का मूर्तिशिल्प शास्त्रीय है। इस शिल्प विधान में अधिकतर मूर्तियां द्विभुजी देवी की हैं। द्विभुजी देवी मूर्तियों का क्रमिक विकास देखने को मिलता है, पहला विकास यह है कि कुछ द्विभुजी मनसा मूर्तियों में शास्त्र निर्देशित शिशु को वयस्क बतलाया गया। जिन मनसा मूर्तियों में शिशु वयस्क है उन मूर्तियों को शिल्प विशेषज्ञ कभी 'आस्तीक' तो कभी 'जरत्कारु' मूर्तियों का नाम भी देते हैं। नाग परंपरा में ये दोनों नाम विशेष महत्त्व के हैं। जरत्कारु नाम एक स्त्री का भी है तथा पुरुष का भी। जरत्कारु नामक एक भृगु वंशी ब्राह्मण थे साथ ही तक्षकनाग की बहिन का नाम भी जरत्कारु था। इन दोनों के विवाह के पश्चात् इनका पुत्र हुआ जिसका नाम आस्तीक हुआ। पौराणिक आख्यानों के अनुसार आस्तीक का जन्म कैलाश में हुआ था और जब वे अपनी माता के उदर में ही थे तभी उन्हें स्वयं कैलाशपति महादेव से तत्वज्ञान सुनने को मिला। इसे सुनने के पश्चात् उन्हें यह वर भी मिला कि उनका नाम विश्वशांति

स्थापित करने वालों में अग्रणी होगा। महाभारत और पुराणों में वर्णित जनमेजय का सर्पसत्र जिसमें लाखों सर्प मारे जा रहे थे, रुकवाने का श्रेय आस्तीक को ही जाता है।

मनसा मूर्तियों में जब शिशु के स्थान पर जब वयस्क पुरुष दिखलाया जाता है तब वह या तो देवी का कृपापात्र जरत्कारु कहा जाता है या फिर जरत्कारु का पुत्र आस्तीक।

इन मूर्तियों में देवी की गोद में आधा लेटा हुआ पुरुष दिखलाया जाता है। देवी के दोनों पैरों में से एक ही मोड़कर दिखलाया गया होता है दूसरा पैर सीधा पादपीठ पर रखा प्रदर्शित किया जाता है। देवी जिस पीठिका पर बैठती है उसके नीचे हाथ जोड़े विनीत भाव में एक मनुष्य तथा एक फणधारी नाग भी अंकित किया जाता है जिसका अर्थ यही है कि मनसा देवी मनुष्य और नाग दोनों ही जातियों की रक्षक देवी हैं, दोनों की आराध्या हैं।

उड़ीसा के संग्रहालय में ऐसी सुंदर मूर्ति दृष्टव्य है। मनसा देवी की चतुर्भुजी प्रतिमाएं भी उड़ीसा में अनेक स्थानों से प्राप्त हुई हैं।

18

मातृदेवी

बहुदेववादी टोटमी समाजों में मातृदेवियों का महत्त्वपूर्ण स्थान है। नाग टोटमी वाली जनजाति की विकास यात्रा में मातृदेवी के अनेक रूप देखने को मिलते हैं। अपने मूल रूप में अनेक बार ये मातृदेवियां भयोत्पादक हैं। मध्यप्रदेश के जबलपुर नगर में स्थित मध्यकालीन गोलकी मठ में चौंसठ योगिनियों की मूर्तियां हैं, इन मूर्तियों में एक योगिनी ने सिर पर अनेक नाग फणों से युक्त एक मुकुट धारण किया हुआ है, इसे कुछ विद्वान सर्पाश्या योगिनी का नाम देते हैं। सर्पों का मुकुट नाग जाति की निकटता को जिस प्रकार स्पष्ट करता है उसी प्रकार प्राचीन साहित्य में वर्णित 'मणि' शब्द युक्त देवी देवता भी कहीं न कहीं अपना संबंध प्राचीन नागों से जोड़ते हैं। मणिनागेश्वरी और मणिकेश्वरी कुछ इस प्रकार की प्राचीन मातृदेवियां थीं।

जहां तक मातृदेवियों का संबंध है पूर्व मध्यकाल में ऐसे अनेक देवी शिल्प मिलते हैं जिनमें अलग-अलग पशुमुख-धारिणी देवियां मिलती हैं। नाग देवियों के भी विविध शिल्प मिलते हैं। नाग शीर्ष वाली देवी के शिल्प यदि उपलब्ध हैं तो स्त्री के शीर्ष वाली ऐसी देवियों के शिल्प अधिक लोकप्रिय हुए जिसमें देवी का निचला भाग नाग का है। वे विभिन्न मुद्राओं में शिल्पित की जाती रही हैं।

दक्षिण भारत में नाग देवी-देवताओं के शिल्प की परंपरा तो आज भी मौजूद है।

मणिनागेश्वरी देवी

(आधुनिक कालाहांडी जिले के कुछीपुरा क्षेत्र का नाग राज्य)

सारे राज्य में नागपंचमी का उत्सव समारोहपूर्वक मनाया गया। राजा मणिभद्र ने आचार्य गोश्रुति को दक्षिणा में स्वर्ण मुद्राएं प्रदान कीं। महल में बैठे हुए राजा ने आचार्य से धर्म संबंधी चर्चा प्रारंभ की।

राजा : 'आचार्यवर, हमारे कुल की इष्टदेवी क्या किसी और भी राजवंश की इष्ट देवी हैं। यदि ऐसा हो तो वह राजवंश हमारा जन्मना मित्र होगा।'

आचार्य : 'हां राजन्, नागवंशीय राजाओं का एक कुल सुदूर चक्रकोट में अभी भी राज्य करता है। आपके तथा चक्रकोट के नागवंशीय राजाओं के पूर्वज एक ही कहे जाते हैं। चक्रकोट के नागवंशीय राजा स्वयं को छिंदक नाग कहते हैं। कुछ दशकों पूर्व मैंने जब उस राज्य का भ्रमण किया था तब मुझे ज्ञात हुआ था कि उनकी और आप लोगों की इष्टदेवी एक ही हैं, मणिनागेश्वरी देवी या मणिकेश्वरी देवी। उनकी कृपा से ही नागकुलों के राजवंशों ने समृद्धि, स्थायित्व और शक्ति प्राप्त की है। उनका नाम मनसादेवी भी है।

राजा : 'आचार्यवर, आपके द्वारा देवी की महिमा को सुनकर मैं धन्य हो गया, यदि मैं देवी की मूर्ति स्थापना करना चाहूं तो उनका स्वरूप कैसा होगा?'

आचार्य : 'हे राजन्, मनसा देवी की मूर्ति बैठी हुई मुद्रा में होनी चाहिए, वे एक पूरे खिले हुए कमल (रूढ़ अर्थों में शतदल कमल) पर ललितासन में बैठी हों, उनके सिर के पीछे सात फणों वाला नाग शिल्पित हो, उनका दाहिना हाथ वरद मुद्रा में हो तथा एक हाथ में फल यावन स्पति धारण किए हों, उनके एक ओर मुकुटधारी सेवक हों। बाईं गोदी में एक शिशु हो।'

राजा : 'यह तो हमारे समझ में स्पष्ट रूप से आ चुका है कि देवी के साथ नाग चिह्न हो, क्योंकि वे हमारे वंश की आराध्य देवी हैं पर उनके पीछे सात फण वाले नाग को ही क्यों होना चाहिए।'

आचार्य : 'राजन्, आपका प्रश्न उत्तम है, सात अंक को सभी नाग वंशीय अनंत के अर्थ में भी लेते हैं। इस दृष्टि से सात का अंक कभी समाप्त न होने के अर्थ का वाहक है। सात फणों का एक अर्थ यह है कि देवी अक्षय समृद्धि और सुख की प्रतिमूर्ति हैं, यद्यपि इसका एक स्थूल अर्थ यह भी है कि वे भारतवर्ष के प्रसिद्ध सातों नागकुलों की जननी भी हैं।'

(कुल मिलाकर) राजन् मैंने कहीं पढ़ा है कि वैराट राजाजिन नागमाता को मानते हैं, वे आठ नागवंशों की माता है।'

राजा : 'आचार्य, गोद में शिशु धारण करने का अर्थ तो उनकी मातृत्व भावना को ही स्पष्ट करना है तथा हाथ की वरद मुद्रा भी अभय देने की उनकी कामना को ही प्रदर्शित करना है, इसी भांति हाथ में धारण की गई वस्तुएं यथा वनस्पति या फल भी आराधकों की इच्छापूर्ति करने की उनकी शक्ति को दर्शाना है। रही बात सात या आठ कुलों की तो उस संबंध में हम क्या कह सकते हैं, हर युग की अपनी मान्यता रही है।'

आचार्य : 'राजन्, आप स्वयं ही ज्ञानवान हैं, आपने देवी प्रतिमा के लाक्षणिक अर्थ को भलीभांति समझा है।'

राजा : 'आचार्य, देवी की प्रतिमा किस पदार्थ की हो एवं उसकी स्थापना कहां की जाए।'

आचार्य : 'प्रतिमा तो धातु, पाषाण और काष्ठ किसी भी पदार्थ की हो सकती है किंतु काष्ठ प्रतिमाओं के क्षय होने का सदैव ही भय रहता है। यदि आपने काष्ठ की प्रतिमा बनाकर उसे किसी मंदिर में स्थापित कर दिया तब आपका यह कर्तव्य होगा कि वह मूर्ति क्षय होने के पहले बदल दी जाए। इसके लिये आपको सारे विहित विधि-विधान संपन्न कराने होंगे परंतु यदि धातु या पाषाण की मूर्ति बनवाई जावे तो वह स्थायी होती है, युग युगांतर तब उनका कुछ भी नहीं बिगड़ता। आपका दूसरा प्रश्न यह है कि मूर्ति की स्थापना कहां की जाए, उसके संबंध में विहित मान्यता यही है कि यदि एक बालिश्त तक की ऊंची मूर्ति हो तो वह महल के किसी भी प्रकोष्ठ में स्थापित की जा सकती है, राजपरिवार को इससे सुविधा होगी। परंतु विशाल मूर्तियां मंदिरों में ही स्थापित की जाती हैं। वे स्थापित ही इसलिए की जाती हैं कि जन सामान्य भी वहां जाकर पूजा अर्चना कर सके।'

राजा : 'आपकी इस बारे में क्या सलाह है?'

आचार्य : 'आपके राज्य में बहुत अधिक संख्या में नागवंशीय प्रजा है। यदि उनकी पूजा अर्चना के लिये एक मंदिर बन सके तो उत्तम होगा। यह अवश्य है कि पर्वों पर इस मंदिर में बहुत अधिक भीड़ होगी और तब राजकुल के वृद्ध छोटे बच्चे और महिलाओं को कुल देवी के दर्शन में कुछ समय लगेगा अतः यदि आप चाहें तो नागदेवी की धात्वीय मूर्ति राजमहल में स्थापित करा दें।'

राजा : 'आपका सुझाव उत्तम है, पर इसके कार्यान्वयन के पूर्व यदि मैं महारानी से भी सलाह ले लूं तो उचित होगा।'

आचार्य : 'शुभ विचार है राजन्, जब कुल की माता की प्रतिमा के निर्माण और प्रतिष्ठा की बात हो तब राजमाता से सलाह लेना उपयुक्त और आवश्यक है।'

राजा : 'आचार्य, क्या हम यह जान सकते हैं कि नागवंश के राजाओं ने भारतवर्ष के किस क्षेत्र में सर्वप्रथम नागमाता की प्रतिमाओं की स्थापना प्रारंभ की थी।'

आचार्य : 'यह तो कहना कठिन है परंतु हम कुछ अति विशिष्ट नागमाता की प्रतिभाओं को जानते हैं जो पीढ़ियों पहले स्थापित की गई थीं, ये प्रतिमाएं दक्षिण मगध के नागराज कुल द्वारा स्थापित की गई थीं।'

राजा : 'दक्षिण मगध का कौन सा नागकुल, मगध में तो अतिप्राचीन काल से ही अनेक नागवंशों ने राज्य किया था।'

आचार्य : 'सत्य है राजन्, मैं अतिप्राचीन नागराज वंशों की बात नहीं कर रहा हूं फिर भी मैं जिस राजवंश की बात कर रहा हूं उसे प्राचीन ही कहा जाएगा। मैं वैराट के नागराज कुल की बात कर रहा हूं।'

राजा : 'कहीं आपका इशारा प्राचीन वैराट भुजंग नागकुल से तो नहीं है, जिनका राज्य पठामुण्डी पर्वतीय क्षेत्र में था।'

आचार्य : 'मैं उसी की बात कर रहा था। उस क्षेत्र में मैंने सुंदर मातृ मूर्तियों का दर्शन किया था।'

राजा : 'हमारी इष्ट देवी ने नागवंशों को अनेक बार जीवन दान दिया है।'

आचार्य : 'राजन्, मैंने भी उत्कल के एक ऐसे ही नागों के राजवंश को नागमाता की शक्ति द्वारा पुनरुज्जीवित होते हुए सुना है।'

राजा : 'आचार्य, मुझे भी उस नागराज वंश के संबंध में बतलाएं।'

आचार्य : 'प्राचीन काल में उत्कल में भौमकरूष का प्रसिद्ध नागराज वंश हुआ है। इस राजवंश में नागराज कुसुमहार का अचानक स्वर्गवास हो गया। नागराज का पुत्र लावण्यभार तब अल्पायु ही था, इस संकट की घड़ी में नागवंश की इष्टदेवी ने स्वर्गीय राजा कुसुमहार की माता त्रिभुवन महादेवी को स्वप्न में आदेश दिया कि वह स्वयं राज्य सम्हाले। जब राजमाता ने इष्टदेवी का स्वप्न में दिए गए आदेश को प्रजाननों के सामने सुनाया तब दुष्टों को छोड़कर सभी प्रसन्न हुए। राजमाता त्रिभुवन देवी ने राजकार्य की डोर अपने हाथ में ले ली। कुछ दुष्ट व्यक्तियों ने षड्यंत्र किए पर राजमाता के सिर पर तो नागमाता का अभय था। राजमाता ने दुष्टों का दमन किया और वर्षों तक राज्य की व्यवस्था सम्हाली। जब उनका पौत्र वयस्क हो गया तब उन्होंने उसको राजगद्दी सौंपी और स्वयं राजकार्य से विरत हुईं। उन्हें एक शिलालेख में सत्य ही नागवंश का मुकुट मणि कहा गया है।'

राजा : 'आचार्यवर, मैं आपसे नागमाता की कृपा के प्रभाव को सुनकर धन्य हुआ। मैं चाहूंगा कि आप किसी एक अच्छे शिल्पकार को ढूंढ़ दें ताकि हम माता की जैसी छवि हमारे मन में है उसे वह मूर्त रूप दे सके।'

आचार्य : 'मेरा एक ऐसे शिल्पकार से परिचय है जो बतला रहा था कि वह स्वयं भी नागवंशी ही है, उससे उत्तम भला और कौन माता की प्रतिमा की कल्पना कर सकता है, परंतु वे यहां से पचास कोस की दूरी पर रहते हैं, अतः उन्हें बुलवाने में कुछ समय लगेगा।'

राजा : 'आचार्यवर, जब वह शिल्पकार है तब कल्पना मात्र ही क्यों करेगा, वह तो प्रतिमा शिल्पित करेगा।'

आचार्य : 'मेरे शिष्य ने मुझे यह बतलाया है कि ये नागशिल्पकार अत्यंत वृद्ध हैं परंतु उनके बराबर नाग शिल्प में संभवतः किसी भी को ज्ञान नहीं हैं। वे अब स्वयं छेनी-हथौड़े को लेकर कार्य नहीं कर पाते वस्तुतः यह कार्य उन्होंने वर्षों से नहीं किया है, यह सब उनके शिष्य करते हैं। उनके पास चार पांच अच्छे कलाकार शिष्य हैं। वस्तुतः ये नाग शिल्पकार तो नागकला के गुरु हैं।'

राजा : 'उनका नाम क्या है?'

आचार्य : 'मेरे शिष्य ने मुझे उनका नाम आहुक बतलाया था, उसने मुझे यह भी बतलाया था कि उसके पूर्वज नागधन्वा तीर्थ में रहते थे परंतु बाद में वे उत्कल में आ बसे थे।'

राजा : 'उन्हें आप शीघ्र ही बुलवाएं। आचार्य मुझे ऐसा लग रहा है कि आपकी नजर में एक उपयुक्त व्यक्ति है जो देवी की वह मूर्ति बनाने में सफल होगा जिसकी छवि हमारे मन में है। नागधन्वा तीर्थ तो हम सभी नागों का पवित्र तीर्थ है, वहीं पर नागराज वासुकि का राज्याभिषेक हुआ था।'

आचार्य : 'हमारे मन में हमारे इष्ट की वही छवि होती है जिसकी प्रतीति हमें उनकी प्रार्थना करते समय होती है। सरस्वती नदी भले ही अब सूख गई हो परंतु ज्ञान की परंपराएं वहीं से निकली हैं। देवता, नाग और ऋषियों ने उसी नदी के पवित्र तट पर दिव्य ज्ञान प्राप्त किया था। मुझे विश्वास है आहुक गुणी नाग शिल्पी होगा।'

राजा : 'आचार्य, हम सभी नाग मनसा मंगल काव्यों की किसी न किसी पंक्ति को पूजा अर्चना के बाद में मन में दुहराते रहते हैं, इस तरह मनसा हमारे लिये ममतामयी मां है जिसके दुग्धपान से नागवंश अस्तित्व में आया। कभी-कभी वह सामर्थ्यवती देवी के रूप में हमें प्रतीत होती हैं जिनकी फूत्कार मात्र से चर-अचर सब कुछ भस्म हो सकता है।'

यह कहकर राजा कुछ देर के लिये रुक गए फिर कहने लगे :

'आचार्य, आप तो हमारे कुलगुरु हैं, आपके मन में इन दोनों छवियों में से कौन सी छवि है?'

आचार्य : 'इन दोनों छवियों से कुछ अलग, वह छवि है जो कल्पना से अधिक हमारे जगत की सच्चाई है, जिसे मैंने देखा और सुना है और जिस पर संपूर्ण जगत विश्वास करता है फिर वह नाग जाति का हो या न हो। इतना ही नहीं मुझ ब्राह्मण को भी नागों की उस सच्ची देवी की क्षमताओं पर गर्व है।'

राजा : 'आचार्य, तो क्या आपने हमारी कुल देवी के साक्षात् दर्शन किए हैं, यदि किए हैं तो अब तक आपने हमें कभी इस तथ्य से अवगत क्यों नहीं कराया।'

आचार्य : (कुछ हंसते हुए) राजन् निश्चित ही मैंने मनसादेवी की अनेक बार पूरे भक्ति भाव से पूजा की है पर देवी साक्षात् दर्शन दें यह तो मैंने अब तक कथाओं में पढ़ा सुना है परंतु देवी के अवतार को तो देखा और सुना है। क्या तुम भूल गए हमने अभी नागवंशीय देवी त्रिभुवन महादेवी की चर्चा नहीं की थी? मैंने वह शिलालेख पढ़ा है जिसमें नागवंश की मुकुटमणि[1] कही गई हैं।

राजन्, इस साक्ष्य के पश्चात् और कैसा साक्ष्य चाहिए, हमने उनकी यशोगाथा सुनी है, उनकी वीरता और बुद्धिमत्ता की सच्ची कहानियां जो अब किंवदंती बन रही है।'

1. Journal of the Andhra Historical Research Society, IV, pp189-94.

राजन्, हमारे मन में तो नागवंश की इष्टदेवी की यही छवि है, वैसे भी हमने प्राचीन ग्रंथों में नागवंश की आराध्य मनसा के संबंध में पढ़ा है। प्राचीन ग्रंथों में वे सुरसा कही गई हैं। हमारे मन में देवी सुरसा की जो छवि थी उसे मैं त्रिभुवन महादेवी में देखता हूं।

राजन्, रामकथा सुनाते समय मैंने तुम्हें सुरसा देवी की प्रत्युत्पन्न मतित्व और शक्ति की बात सुनाई थी। यदि वे परमशक्तिशाली और बुद्धिमती न होतीं तो देवता त्रेतायुग के महापराक्रमी आंजनेय हनुमान की बुद्धिपरीक्षा के लिये उन्हें क्यों नियत करते। उन्होंने किस चतुराई से बिना युद्ध किए ही हनुमान की कुछ इस तरह परीक्षा ली कि पवनसुत जैसे विलक्षण महावीर ने भी उन्हें सादर प्रणाम ही किया।

राजन्, तुम समझ गए होंगे मेरे मन में नागवंश की इष्टदेवी की कल्पना कैसी है।'

राजा : 'आचार्य, आपकी कल्पना उदात्त है, हम सब नागवंशी जो मनसादेवी को अपनी इष्ट मानते हैं उनके दूसरे गुणों को शायद उसी तरह नहीं देख पाते जैसे पुत्र अपनी माता में स्नेह और कभी-कभी उसकी झिड़की तो देख पाता है पर उसके दूसरे कल्याणकारी गुणों की ओर उसकी दृष्टि नहीं जाती। पुत्र कभी यह सोचता भी नहीं है कि दुग्धपान कराकर उसकी माता उसका कल्याण कर रही है।'

आचार्य : 'राजन, मैं तुम्हारे तर्क सुनकर तुम्हें साधुवाद ही दे सकता हूं। इतना अवश्य कह सकता हूं कि अतिशीघ्र मैं आपके सामने वृद्ध नाग शिल्पी को प्रस्तुत कर दूंगा।'

आचार्य ने राजा से विदा ली। घर जाते समय वे सोच रहे थे कि किस तरह त्रेता युग की सुरसा देवी कलियुग के नागवंशों में कहीं मणि नागेश्वरी तो कहीं मणिकेश्वरी देवी होकर उनकी कुलदेवी हो गईं पर साथ ही उनका एक और रूप मनसा राजकुलों और जनसामान्य में कहीं अधिक भक्ति अर्जित करने वाला रूप हो गया।

19

मूर्तिशिल्प

भारतीय मूर्तिकला शिल्प में मनसा देवी की मूर्ति शिल्प नागवंशी राजाओं की देन है। इतिहासकारों का मत है कि मनसा मूल रूप से आर्येतर समाज की देवी हैं। मनसा देवी के स्वतंत्र मंदिर मिलते हैं। इस देवी को ब्राह्मण पंचदेवों के मंदिरों में (विष्णु, शिव, दुर्गा, सूर्य एवं गणपति) अपवादस्वरूप ही स्थान मिला है। आचार्य क्षितिमोहन सेन का मानना है कि इस सर्प देवी का मूल स्थान कनारा क्षेत्र है जहां इसका मूल नाम माने मानचम्मा था। इस प्राचीन जनजातीय देवी का विश्वास कनारा से बंगाल पहुंचा जहां शक्ति पूजा का प्राधान्य शुरू से ही रहा है अतः यह आश्चर्य नहीं कि मानचम्मा देवी मनसा देवी के रूप में बंगाल में प्रतिष्ठित हो गईं। बंगाल के सेन राजा इस देवी के उपासक थे अतः इस देवी की आराधना को राजकीय प्रश्रय भी प्राप्त हुआ। बंगाल की जनजातियों एवं पिछड़ी जातियों, जैसे–डोम, बाउरी, केवट, माल एवं बागड़ी इत्यादि में इस देवी को सबसे अधिक मानने वाले हुए। बंगाल के वीरभूम जैसे इलाके में तो सभी गांवों के सभी वर्णों द्वारा इस देवी की पूजा अर्चना की जाती है। बर्दवान में सवर्ण इस देवी की पूजा नागपंचमी को करते हैं। लगभग एक शताब्दी पूर्व रिजले ने लिखा था कि इस देवी की पूजा के पीछे वर्षाकाल में सर्पों के डसने के भय से मुक्ति की प्रार्थना का भाव था। देवी की प्रसन्नता बीमारियों को दूर करने वाली कही गई है। चूंकि इस देवी की मूर्ति में देवी के साथ एक शिशु को भी दर्शाया जाता है अतः इस देवी को संतानप्रदा भी माना जाता है। देवी की आराधना स्तुतियों में अक्सर यह भी निर्दिष्ट है कि यदि क्रोधित देवी व्यक्ति को नागदंश द्वारा दंडित करती हैं।

कुल मिलाकर यही निष्कर्ष निकाला जा सकता है कि नाग टोटम वाले प्राचीन समाज ने जो कि मातृशक्ति पर विश्वास रखता था एक सर्प या नाग स्वरूपिणी देवी को अपना आराध्य बनाया।

जब नाग समाज के व्यक्तियों में से राजवंशों का अभ्युदय हुआ तब सभी ने पंचदेवों के मंदिर बनवाए, उन मंदिरों को दान भी दिए परंतु वंशस्तर पर उनका जुड़ाव नागदेवी से सदैव ही रहा।

पंथों के स्तर पर प्राचीन तीनों पंथ अर्थात् ब्राह्मण, बौद्ध और जैन धर्म के आचार्यों ने किसी न किसी रूप में इस टोटमी समाज की नागदेवी को यथासंभव मान्यता दी। इस मान्यता के आधार पर ही ब्राह्मण, बौद्ध और जैन धर्मावलंबी नागराजाओं ने नागदेवी के शिल्प को विकसित किया। यही कारण है कि मनसा देवी की मूर्तियां समकालीन मूर्तिशिल्प के नियमों का पालन करते हुए बनाई गईं।

जनजातीय नागदेवी के इस नाग परंपरा के विश्वास को विभिन्न धर्मों के आचार्यों ने ग्रहण करने के पश्चात पहले उसे अपने धर्म के अनुकूल ढाला, यही कारण है कि ब्राह्मण धर्म की मनसा और बौद्ध की जांगुली में बहुत अधिक साम्य है। जैन धर्म की पद्मावती देवी में भी यह समानता देखी जा सकती है।

बंगाल में पाल राजाओं[1] के शासन काल में इस सर्पदेवी की पूजा का बहुत अधिक प्रचलन था परंतु तब यह देवी 'जांगुलि' के नाम से विख्यात थी। बंगाल के पाल राज्य के अवसान के पश्चात् सेना राजाओं के काल में ब्राह्मण धर्म की पुनः स्थापना हुई। इस काल में अधिकतर बौद्ध भिक्षु नेपाल चले गए जहां अब भी बौद्ध धर्म लोकप्रिय था। ऐसा समझा जाता है जो बौद्ध भिक्षु बंगाल में ही रुक गए, उन्होंने बदलते समय में जांगुलि का नाम मनसा रख दिया जिसे ब्राह्मणों ने अपना लिया। उन्हें यह नाम मान्य हुआ क्योंकि तब तक बौद्धधर्म भले ही बंगाल से तिरोहित हो रहा था परंतु सर्पदेवी को मानने वाला एक बड़ा समाज तो मौजूद था ही।

जैन धर्म अब भी बंगाल में लोकप्रिय था अतः जैनाचार्यों ने सर्पदेवी की विशेषताएं पद्मावती में विवेचित कर दीं।[2] ए.के. भट्टाचार्य का यही मत है।

यह तथ्य है कि मनसा देवी की सबसे अधिक भक्ति बंगाल में ही रही है पर यह भी एक तथ्य है कि बंगाल से लेकर दक्षिण पूर्वी एवं मध्य क्षेत्र के नागवंशी राजाओं में भी मनसा देवी की बहुत अधिक प्रतिष्ठा रही है।

मनसा प्रतिमा

महाराज मणिभद्र और आचार्य गोश्रुति राजमहल के एक कक्ष में बैठे हुए शिल्पज्ञ आहुक की प्रतीक्षा कर रहे हैं। आहुक के राजमहल के बाहर आ जाने पर द्वारपाल ने महाराज से उसे भीतर लाने की आज्ञा मांगी, जो महाराज दे चुके हैं। कुछ ही समय में द्वारपाल के साथ आहुक कक्ष में आ गया। राजा ने उसे बैठने की आज्ञा दी। आहुक को यह ज्ञात था कि राजा उससे देवी शिल्प के संबंध में बात करना चाहते

---

1. पाल राजाओं के काल की मनसा देवी की एक कांस्य प्रतिमा कलकत्ता संग्रहालय में संरक्षित है। मनसा देवी की मूर्तियां बंगलादेश के ढाका संग्रहालय में भी संरक्षित हैं।
2. Bhattacharya, A.K, 'Tara as a Serpent Deity and its Jaina counterpart Padmavati' in Sircar, D.C. (ed) Sakti cult and Tara, Calcutta, pp. 158-159.

हैं। आहुक ने जब राजा और आचार्य को यह बतलाया कि उनकी इष्ट देवी की मूर्तियां उनके द्वारा बतलाए गए शास्त्रीय लक्षणों के अतिरिक्त भी बनाई जाती हैं, तो दोनों को आश्चर्य हुआ।

राजा : 'मुझे यह जानकर आश्चर्य हो रहा है कि 'मनसा देवी' के जिस रूप का हम ध्यान करते हैं, उनके और भी रूप हैं। आचार्य, क्या आप हमें नागों की आराध्य देवियों के संबंध में कुछ विस्तार से बतला सकेंगे।'

आचार्य गोश्रुति : 'यह सत्य है महाराज, मैं वर्षों से नाग राजाओं के राज्य में रहा हूं तथा मुझे प्राचीन ब्राह्मण और श्रमण धर्मों के ग्रंथों के अध्ययन में रूचि भी रही है, परन्तु जहां तक मेरी जानकारी है आहुक ने आर्यावर्त ही क्या विश्व के अनेक देशों का भ्रमण किया है चूंकि वे प्रतिष्ठित नागशिल्पी भी हैं अतः उन्हें नागदेवियों की जो मूर्तियां विशिष्ट लगी होंगी उनका स्वरूप उन्हें याद भी होगा। यदि वे अपनी स्मृति के अनुसार देवी के स्वरूप का वर्णन करें तब संभवतः मैं उनके संबंध में कुछ बतला सकूं।'

राजा : 'इस विषय पर मुझे कुतूहल हो रहा है, क्या आहुक मेरे कुतूहल को दूर नहीं करेंगे।'

आहुक (मन में राजा की इच्छा या कुतूहल उसकी आज्ञा होती यदि मैं जानकारी न दूं तो वह मुझे दंडित कर सकता है पर जानकारी देने पर पुरस्कृत भी कर सकता है।)

आहुक को चुप देख आचार्य गोश्रुति ने कहा : 'आहुक क्या सोच रहे हो, तुम महाराज के समक्ष नागदेवियों के स्वरूपों का विवरण दो, महाराज गुणग्राही हैं, वे प्रसन्न होंगे।' आहुक ने जीवन में अनेक राजा देखे थे और दरबारों के नियम कायदे भी वह जानता था। उसने कहा : 'महाराज, मैं तो चुप इसलिए था कि पहिले मैं वह सब कुछ स्मरण कर लूं जो उम्र के साथ अब विस्मृत सा हो रहा है।'

राजा : 'ठीक है।'

आहुक : (कुछ सोचते हुए) महाराज, वर्षों पहले जब मैं युवा था तब मुझे मानसरोवर यात्रा करने का सौभाग्य मिला था। वहां पर श्रमण धर्म का प्रचार है। मैंने वहां ऐसी एक देवी के चित्र देखे थे जिसका सिर सर्प का था एवं शरीर स्त्री का, वह देवी हमारी इष्ट देवी से भिन्न थी क्योंकि हमारी इष्ट देवी का मुख तो ममतामयी मां का था। मैं तो उस देवी के स्वरूपों को देखकर भीतर ही भीतर डर ही गया था, परंतु श्रमण भिक्षु ने मुझे सांत्वना देकर कुछ समझाने का प्रयास किया जो मेरी समझ में नहीं आया।

गोश्रुति : 'महाराज तथागत प्रणीत धर्म में एक ऐसी देवी की मान्यता है जिसका शरीर नारी का मुख सर्प का तथा जिसका वर्ण हरित होता है वह हाथ में घंटा धारण किए होती है।'

आहुक : 'सत्य है, महाराज उस देवी का ऐसा ही स्वरूप था किंतु और भी कुछ इसी तरह की देवियों के चित्र मैंने देखे थे।'

आचार्य गोश्रुत : 'हां, तुमने तीन और ऐसी देवियां देखी होंगी जिनके मुख क्रमशः सिंह, शूकर और व्याघ्र के रहे होंगे।'

राजा : 'आचार्य, भयानक रूप वाली इन देवियों की आराधना क्यों की जाती है?'

आचार्य गोश्रुत : 'महाराज, किसी की पूजा में मुख्य तत्त्व तो श्रद्धा ही है। श्रमण धर्म के प्राचीन आचार्यों की मान्यता है कि मृत्यु के चौदह दिनों तक मनुष्य के मृत शरीर के मस्तिष्क के विभिन्न भागों में विभिन्न दैवी शक्तियां प्रवेश करती हैं। सर्पमुखी देवी मृत्यु के तेरहवें दिन मस्तिष्क के उत्तरी चतुर्थांश में अपनी उपस्थिति की अनुभूति कराती है।'

आहुक : 'महाराज, मुझे तो जीवित अवस्था में ही मृत्यु का सा आभास होने लगा था, सर्पमुखी देवी बड़ी डरावनी थी।'

राजा : 'आचार्य श्रमण धर्म तो अहिंसा प्रधान है फिर वहां व्याघ्र, सिंह, वन्य शूकर तथा सर्प के मुख वाले देवता क्यों है?'

आचार्य गोश्रुत : 'महाराज, श्रमण और ब्राह्मण धर्म दोनों में मानवीय व्यवहार और बुद्धि के परिष्कार पर ही जोर दिया गया है परंतु मनुष्य का मन तो सभी दिशाओं में भागता है, बुद्धि मन की इस गति या इच्छाओं को नई-नई धार्मिक परिभाषाओं से आवृत्त करती रहती है। जब श्रमण धर्म में सर्पमुखी देवी है तब ब्राह्मण धर्म में भी ऐसी देवी की अवश्य कल्पना होगी।'

आहुक : 'कल्पना होगी नहीं, आचार्यवर, है।'

आचार्य गोश्रुत : 'इस कल्पना को तुमने साकार होते कहां देखा?'

आहुक : 'आचार्यवर, ब्राह्मण मंदिरों में भी मैंने सर्पमुखी देवी की प्रतिमा देखी, वह भी एक स्थान पर नहीं तीन-तीन स्थानों पर।'

राजा : (कुछ आश्चर्य से) कौन हैं वे तीन स्थान?'

आहुक : 'महाराज, मैंने चर्मण्वती नदी के क्षेत्र में, नर्मदा तट पर तथा कलिंग देश में तीन गोलाकार मंदिरों में सर्पमुखी देवियों की मूर्तियां देखी हैं।'

आचार्य गोश्रुत : 'महाराज, इनका कथन सत्य है, हमारे धर्म ग्रंथों जैसे श्री मातोत्तोरतंत्र में सर्पश्या नाम की एक देवी का वर्णन मिलता है। अग्निपुराण मैं चौंसठ योगिनियों में से एक सर्पमुखी योगिनी भी हैं। चौंसठ योगिनियों के उपासक गोलाकार बैठकर अपनी साधनाएं करते हैं।'

राजा : 'आचार्य, योगिनियों और उनके भयानक आचारों के संबंध में मैंने भी सुना है, क्या नागवंशीय प्रजा में भी ये आचार्य और कर्मकांड प्रचलित हैं।'

आचार्य गोश्रुत : 'महाराज, विचारों की या मान्यताओं की आंधी में सब कुछ उड़ जाता है, कहा तो यह भी जाता है कि श्रमण धर्म से यह विचार अपनाया तब नाग

समाज जो परम शाक्त है इससे कैसे दूर रहता, मैंने तो यह भी सुना है कि इन मंदिरों के निर्माण के पीछे कोई न कोई नाग ही रहा है। योगिनियों की यह मान्यता तो चक्रकोट में कुछ नए रूप में पल्लवित हुई है वहां तो गाणपत्य भी कौलिक हो गए हैं।'

राजा : 'चक्रकोट के नाग वंशीय राजाओं के राज्य में गाणपत्यों का कौलिक होना मुझे तो आश्चर्य में डाल रहा है, क्या मैं इस विषय में कुछ और जान सकूंगा।'

आचार्य गोश्रुत : 'हां, अवश्य ही जान सकेंगे, मुझे सूचना मिली है कि मेरे एक भगिनी पुत्र जो रहते तो उत्कल में हैं, पर अक्सर ही चक्रकोट जाते रहते हैं हमारे यहां अगले पखवाड़े में आने वाले हैं, वे जितना भी कुछ जानते होंगे आपको बतला सकेंगे।'

राजा : 'मैं विस्मित हुआ, खैर एक पखवाड़े बाद ही सही कुछ और जानकारी मिल सकेगी।'

आहुक की ओर देखते हुए : 'तुमसे भयानक रूप वेश वाली देवियों का पर्याप्त वर्णन सुन चुका हूं। यदि इसी तरह कुछ और देर तक इस तरह के वर्णन सुनूंगा तो रात्रि में नींद नहीं आएगी, स्वप्न में यही भयानक देवियां दिखेंगी और यदि इस प्रकार की कोई मूर्ति महल में आ जाए तब तो समझो लोगों को अपनी सुंदर पत्नियों में भी कभी न कभी इन देवियों की डरावनी छाया दिख जाएगी, इसलिए अब तुम उन देवियों की बात करो जो सुंदर हों, दर्शनीय हों।'

आचार्य गोश्रुत : (कुछ मुस्कुराते हुए) आहुक, अब तुम उन स्त्री नाग प्रतिमाओं के संबंध में महाराज को बतलाओ जिन्हें तुमने अपने जीवन काल में देखा है, ये प्रतिमाएं हमारी आराध्य मनसा देवी से अलग भी हो सकती हैं। पर हो स्त्री रूप धारिणी ही।'

आहुक : 'महाराज, देवी मनसा के अतिरिक्त हमने तीन प्रकार की स्त्री नाग मूर्तियां देखी हैं। सबसे प्राचीन मूर्ति संभवतः उत्तरी विंध्याचल में यमुना के दक्षिणी भाग के एक मंदिर में थी, इस मूर्ति में नाग स्त्री का स्वरूप आधी स्त्री और आधे नाग का है। कटि से ऊपर वह करबद्ध प्रार्थना की मुद्रा में एक सुंदर स्त्री है पर कटि के नीचे उसका शरीर नाग का है, उसके सिर के बहुफण नाग का शिरोछत्र है। विंध्य क्षेत्र में ही एक ऐसी नाग देवी की मूर्ति है जो सीधे खड़ी हुई मुद्रा में है इसका पूरा शरीर स्त्री का है परंतु सिर के पीछे बहुफण नाग का शिरोछत्र है, इसी क्षेत्र में मैंने नाग युगल की मूर्तियां देखीं जिनके पीछे नागछत्र ही नहीं संपूर्ण नाग कुंडली मारे हुए शिल्पित हैं। हमने एक और भी शिल्प देखा जो भरहुत में है। यह एक दृश्य है जो एक चक्र के भीतर उत्कीर्ण किया गया है। इसमें एक नागराज हैं जिनका पूरा शरीर मनुष्य का है परंतु पीछे एक बहुफण नाग प्रदर्शित है। नागराज के दोनों ओर दो नाग स्त्रियां हैं जिनके हाथों में चंवर हैं तथा जिनका कटि से ऊपर का शरीर तो सुंदर स्त्रियों का है पर कटि से नीचे का भाग नाग का है।'

आचार्य गोश्रुत : 'आहुक ने नाग स्त्रियों के शिल्पों का उत्तम वर्णन किया, मैंने भी जो थोड़े बहुत नाग शिल्प देखे हैं उनमें इन्हीं तीन प्रकार के नाग पुरुषों के शिल्प हैं। अधिकांश नागपुरुषों के पीछे पांच या सात फण वाला नाग दिखलाया जाता है।'

राजा : 'आचार्य, सबसे सुंदर नाग पुरुषों के शिल्प कहां पर है।'

आहुक : 'मैंने जितने भी नाग पुरुषों के शिल्प देखे हैं उनमें मुझे भरहुत और विदिशा के नाग शिल्प उत्तम लगे। भरहुत के नाग पुरुष की पगड़ी बड़ी सुंदर है, उनके हाथ जोड़ने का तरीका भी अनूठा है। सांची में अवश्य वे बहुत कुछ उपदेश देते देवता जैसे दिखते हैं।'

राजा : 'इसका अर्थ तो यही रहा कि सभी नाग शिल्प चाहे वे मनसा देवी के हों या फिर नाग पुरुष-स्त्री के हों मुख्य शिल्प मनुष्य का ही होता है तथा चिह्न के रूप में नाग प्रदर्शित हैं।'

आहुक : 'नहीं महाराज, सरीसृप नागों के पूर्ण शिल्प भी बनाए जाते हैं, इनमें नाग एक फण से लेकर सात फणों के होते हैं। नागशिल्पों में नागयुगल शिल्प भी उल्लेखनीय हैं जिनमें नागयुगल आलिंगनबद्ध शिल्पित किए जाते हैं।'

राजा : 'इस तरह के पाषाण शिल्प तो हमने अपने राज्य में नहीं देखे पर लोकचित्र तो हमारे राज्य में बनाए जाते हैं।'

आचार्य गोश्रुत : 'महाराज, सभी शिल्प प्रारंभ में चित्रों से ही प्रारंभ हुए हैं। पहले कलाकार उन्हें रंगों और कूंची से बनाते हैं फिर शिल्पकार उन्हें या तो पत्थर में उकेर कर बनाते हैं या फिर तराश कर, क्यों आहुक मैं सत्य कह रहा हूं या नहीं?'

आहुक : 'आचार्य, आप सत्य कह रहे हैं, आप ही लोगों ने तो मूर्तिकला के मापों को तय किया है।'

आचार्य गोश्रुत : 'यह सत्य है कि आचार्यों ने मूर्तियों को शस्त्रीय नियमों में रखने का प्रयास किया है पर लोकाभिरुचि और कलाकारों की सर्जनात्मकता नए रूपों का सृजन करती रहती हैं।'

राजा : 'यही कारण है कि हमारी कुलदेवी को भी शिल्पियों ने एक रूढ़ स्वरूप से आगे बढ़ाकर कुछ नए रूप दिए।'

आचार्य गोश्रुत : 'तो आहुक, अब तुम्हीं बतलाओ हमारी आराध्या मनसा के स्वरूप को तुम कैसा उचित मानते हो?'

आहुक : 'आचार्य, क्षमा करें, यहां उचित-अनुचित का प्रश्न नहीं है, संभवतः शास्त्रीयता का भी नहीं है, कुल मिलाकर साधक की भावना का है। वह जिस छवि का भक्त है, हमें बतलाता है हम उसे मान्य शिल्प की जानकारी देते हैं, इसके बाद यदि कहीं कुछ और प्रदर्शित करने की आवश्यकता हुई तो उसे कलात्मकता के साथ हम प्रदर्शित करने का प्रयास करते हैं।'

राजा : 'आहुक, तुम तो यही बतलाओ कि तुम देवी के किन स्वरूपों का शिल्प बना सकते हो।'

आहुक : 'महाराज मैं आचार्य द्वारा कथित शिल्प शास्त्र के अनुसार तो मूर्ति का निर्माण कर ही सकता हूं पर इसके अतिरिक्त मैं आस्तीक या जरत्कारु सहित देवी की मूर्ति का निर्माण कर सकता हूं या कि चतुर्भुजी देवी मनसा का भी।'

आचार्य गोश्रुत : 'आहुक, द्विभुजी प्रतिमाओं में देवी का एक हाथ वरद मुद्रा में रहता है और दूसरे हाथ में वे वनस्पति या फल धारण करती हैं उस स्थिति में चार भुजाधारी देवी के हाथों में शेष दो भुजाओं में वे क्या धारण करती हैं।'

आहुक : 'चतुर्भुजी देवी के चार हाथों में एक तो वरद मुद्रा में ही रहता है शेष तीन हाथों में पात्र, बाण एवं त्रिशूल प्रदर्शित किया जाता है। बहुफण नागछत्र पीछे दिखलाया जाता है।'

आहुक की सारी बातें सुनकर राजा मणिभद्र ने आहुक को दो भुजावाली प्रस्तर मूर्ति बनाने का आदेश दिया। राजा ने उठते हुए आचार्य गोश्रुत को पुनः याद दिलाया कि अगले पखवाड़े जब उनका भगिनी पुत्र आवे तो उसे उनसे अवश्य मिलवाएं।

आहुक एवं आचार्य दोनों ही महल से बाहर निकल गए।

20

मनसा देवी का शास्त्रीय स्वरूप

मनसा एक नागदेवी है। भारत में नागफण से आवेष्टित अनेक देवताओं की आराधना होती रही है। भारतीय मूर्तिशिल्प में विष्णु, बलराम, पार्श्वनाथ के पीछे बहुफण नागों को दर्शाया जाता रहा है। शिव और गणेश नाग यज्ञोपवीत या नाग आभूषण धारण किए हुए दर्शाए जाते रहे हैं। अनेक देवियों के आभूषण या हाथ में धारण किए जाने वाले गहनों के साथ भी नाग दर्शाए जाते रहे हैं। द्विभुज अथवा चतुर्भुज देवी मूर्तियों को जिनके पीछे बहुफण नागों का छत्र हो आवश्यक नहीं कि वे मनसा देवी भी ही हों।

देवी पूजा में ध्यान का बड़ा महत्त्व है तथा ऐसे अनेक मंत्र हैं, जिनमें मनसा या नागदेवी के रूप का वर्णन है। यहां यह उल्लेखनीय है कि कोई भी ध्यानमंत्र किसी प्राचीन संस्कृत ग्रंथ में नहीं है।

चारू चम्पक वर्णामिम सर्वाख सुमनोहरम्
ईषाद्धास्या प्रसन्नास्यम सोमिताम सूक्ष्मवासः ॥
सुचारुक बरि शोभम रत्नाभारणभूषिताम
सर्वभ्या प्रदम शांतम सर्वविद्या विशारदम् ॥
सर्वविद्या प्रदाम शांतम सर्वविद्या विशारदम्
नागेन्द्र वाहिनीम देवीय भजें नागेश्वरीम परम् ॥

उपर्युक्त ध्यान मंत्र जो कि बंगाल में प्रचलित है का उल्लेख किसी भी प्राचीन पुराणादि ग्रंथ में नहीं है, ऐसा ही अधोलिखित मंत्र के साथ भी है।

ओम पद्मावतीम महाभागाम सर्वदा भक्त वत्सलम
त्रिलोचनम चतुर्बाहु-किरीटि कुण्डालान्वितम् ॥
देवीम विशहरीम गौरीम नीलनागदधात्कचाम
तक्षक अनंत-वासुकि मुकुट चंद्रशेखरम ॥
कुलिकेन च नागेन सत्यश्रवणा राजितम

तप्तकाञ्चन वर्णामम नाग यज्ञोपवीत नीम ॥
शंखपाल वराभ्यञ्च दक्षास्तम हो ज्वालम
कम्बलेनाभयेनैव सत्यपाणि विभूषितम ॥
धूम्रवर्णेन नागेन केयूर नवयाउवणम
स्वर्णवर्णेन नागेन कंकण सुप्रतिष्ठितम
कुंदवर्णेन ना नागेन कटिसूत्र विराजितम
रक्तवस्त्र परिधाना पद्मासन समन्वितम
चतुर्भिराज हेमसैश्च विमान वरगामिनीम ॥

(हे पद्मावती, महाभागा भक्त वत्सला, हे त्रिनेत्री चतुर्भुजा विषहरी, हे स्वर्णांगी आपके मुकुट में तक्षक, अनंत और वासुकि विराजमान हैं, आपके कर्णाभूषण कुलिक नाग हैं, आप सर्पयज्ञोपवीत को धारण करती हैं, आप अपने दो दाहिने हाथों में से एक में शंखनाग को धारण करती हैं तथा दूसरा हाथ वरद मुद्रा में रखती हैं। दूसरे दोनों हाथों में से एक में कंबल नाग को धारण करती हैं तथा दूसरा हाथ अभय मुद्रा में रखती हैं। आपके केसर कंकण और कटिसूत्र कृष्ण, स्वर्णाभ और पीत वर्ण के नागों के हैं। आप लाल रंग के वस्त्र धारण कर कमलपुष्प के सिंहासन पर विराजमान होती हैं तथा आपका वायवीरथ चार हंसों द्वारा वहन किया जाता है।)

इस तरह के अनेक और भी मंत्र हैं। ऐसा समझा जाता है कि ये मंत्र सोलहवीं सदी या उसके बाद कभी लिखे गए।

इसी काल में अनेक नागदेवियों के मूर्तिशिल्प का विधान भी तय हुआ। मनसा देवी की मूर्तियों में जरत्कारु और आस्तीक कब से जोड़े गए यह ठीक ज्ञात नहीं है। साधारण तौर पर क्षीणकाय दुर्बल व्यक्ति जरत्कारु कहा जाता है तथा दूसरा व्यक्ति जो बालक है आस्तीक माना जाता है। मनसा जरत्कारु की कुछ मूर्तियों में सर्पफण नहीं मिलता परंतु पादपीठ के नीचे सर्प अंकित होता है।

ओम देवीम किरीटकुण्डलधराम शिरचंद्र विभूषितम् ॥
जटाजूट समायुक्ता पीनोन्नत पयोधरीम् ॥
नयनोत्पल पत्रामाम शारदेन्दु समाननाम
नागहारेण संयुक्तं त्रिनेत्रम वरदम् शिवम्।
बालकदम्ब गौराभाम पद्यम पद्‌कराम शुभम् ॥
नानालंकार संयुक्तं हंसारूढ़ वराप्रदम्
सुरेश्वरीस्तुयम्नामाम त्वम नागमातृमाम्बिकम् ॥

(किरीट कुंडल धारिणी सिर पर चंद्र सुशोभित करने वाली जटाजूट युक्त पीनपयोधरा देवी जिनका मुख चंद्र में कमलदल जैसे नेत्र हैं, जो नागहारों से सज्जित

हैं, त्र्यम्बिका हैं, जिनका वर्ण कदम्ब के पुष्प जैसा है, जो रत्नाभरणों से सज्जित होकर हाथ में कमल धारण किए हुए हैं तथा जो वरदायिका हंसवाहिनी हैं।)

बंगाल में ये देवी मंत्र संस्कृत भाषा में ही नहीं है बंगला भाषा में भी है।

नागदेवी के ध्यानमंत्रों और मूर्तियों के अध्ययन के पश्चात् अनेक विद्वानों ने मनसा देवी की परिकल्पना के विकास पर विचार किया है।

बी. भट्टाचार्य मानते हैं कि सर्वप्रथम ब्राह्मणों ने बौद्ध देवी जांखुली जो उस धर्म की नागदेवी थी, को अपने धर्म में स्थान दिया और इस तरह कुछ समय बाद जांखुली और मनसा देवी के रूप में प्रतिष्ठित हो गईं। जांखुली और सरस्वती और मनसा के क्रमोत्तर विकास पर भी कुछ विद्वानों का विश्वास है। विद्वानों का एक वर्ग जैनदेवी पद्मावती और मनसा देवी में भी समानताएं देखता है। नागदेवी या मनसा के अनेक शिल्प भारत में पूर्वमध्यकाल से परवर्ती काल तक बनाए जाते रहे हैं। इन शिल्पों में एक मुद्रा नागदेवी भी यह की है जिसमें वे एक कृशकाय शरीर वाले व्यक्ति संभवतः जरत्कारु को अपनी गोद में सहारा देकर लिटाए हुए हैं। कुछ विद्वानों के अनुसार यह कृशकाय व्यक्ति जरत्कारु न होकर उनका पुत्र है, जो भी हो देवी देवताओं के साथ शिशु या (वयस्क) बालकों का शिल्पांकन भारत के अतिरिक्त विदेश में भी हुआ है परंतु विदेशों में माता प्राणि देवी नहीं है। पश्चिम में 'मदर एंड चाइल्ड' थीम पर साधारण तौर पर ईसा मसीह और उनकी माता मरियम को दर्शाया जाता रहा है। पश्चिम में शिल्पांकन की यह मुद्रा आज भी लोकप्रिय है। यूरोपीय शिल्प में आल्प्स पर्वत की प्रसिद्ध करारा संगमरमर की खदानों से ईसा पूर्व प्रथम सदी में संगमरमर निकाला जाता रहा है। दुनिया के कुछ प्रसिद्ध शिल्प जिनमें माइकल एंजेलो की भी कृतियां हैं। इसी संगमरमर से बनी 20 वीं सदी में हेनरी मूर (1983) ने प्रसिद्ध 'मदर एंड चाइल्ड' कृति शिल्पांकित की जो कि सेंट पॉल कैथेड्रल में स्थापित है।

मनसा देवी की कथाएं मुख्य रूप से बंगाली, असमी एवं बिहारी भाषा के पद्यों में संकलित हैं, ये लंबे काव्य हैं। इन कथाओं का मूल स्रोत ब्रह्मवैवर्त एवं देवी भागवत पुराण है जो अत्यंत प्राचीन पुराणों में से नहीं है। मनसा देवी की कथा गायकों ने पौराणिक आख्यानों में पर्याप्त छूट ली है और उन्हें मौलिक ढंग से प्रस्तुत किया है। बंगाल और असम में लगभग 58 कवियों ने मनसा काव्य लिखे हैं। यहां पर विप्रदास कृत 'मनसा विजय काव्य' के आधार पर देवी कथानक का वर्णन किया जा रहा है। यह काव्य 13 खंडों में विभाजित है।

मनसा देवी को पुराणों में निम्नलिखित नामों से संबोधित किया गया है–

1. विषहरि, 2. जरत्कारु, 3. जगतगौरी, 4. जरत्कारुप्रिया, 5. आस्तीक माता, 6. नागभोगनी, 7. नागेश्वरी, 8. वैष्णवी, 9. शैवी, 10. सिद्धियोगिनी, 11. महाज्ञानयुता।

स्पष्ट है कि अनेक नाम विश्लेषण हैं।

मनसा देवी के क्षेत्रीय भाषाओं में प्रचलित निम्नलिखित नाम हैं : असमी ग्रंथ में–

1. पद्मा या पदुमाई, 2. विषहरी, 3. ब्राह्मणी

बंगला ग्रंथों में :

1. पद्मा या पद्मावती, 2. विषहरी या विषाहारी, 3. कानियाकनि, 4. जांगुली या जागुली, 5. जगती, 6. ब्राह्मणी या ब्राह्माणी, 7. जरत्कारु, 8. तोतला, 9. जगत्गौरी, 10. जगज्जननी, 11. जगतेश्वरी, 12. केतका, 13. नागेश्वरी, 14. योगेश्वरी, 15. सरस्योगिनी, 16. निर्वशिनी, 17. श्वेताम्बरी, 18. पर्वतवासिनी, 19. पतिमन्दादरि, 20. पातालकुमारी, 21. मण्डाक्षी।

विप्रदास मनसा काव्य के सबसे अधिक लोकप्रिय कवि थे।

इनके द्वारा रचित 'मनसा विजय' काव्य की चार पांडुलिपियां उपलब्ध हैं। ये प्रतियां बंगाल के 24 परगना जिले के दत्तपुखार एंव (छोटा) जगुलिया ग्राम से प्राप्त हुई थीं। ये जाति से ब्राह्मण थे। इनकी रचना से पता चलता है कि ये नादुद्य या बादुद्य के थे। इन्होंने यह ग्रंथ तब लिखा जब कहा जाता है कि स्वप्न में उन्हें देवी ने आदेश दिया। यह ग्रंथ शक सम्वत् 1417 (ई.सन् 1495) में लिखा गया।

प्रथम खंड–दैवी कथाएं :

1. मनसा के जन्म से पूर्व की कथा, 2. मनसा जन्म, 3. विषदेवी मनसा की शक्ति, 4. मनसा परिणय, 5. सर्प सत्र।

मनसा कथा

प्रथम पल

(मनसा देवी के जन्म से पूर्व की कथा)

ब्रह्मांड की उत्पति अज्ञात से हुई, उसके सभी निवासी अज्ञात से ही पैदा हुए। दैत्यों की उत्पत्ति हुई और उसके पश्चात वे महेश्वर शिव की आराधना करने लगे। नारायण देव ने दैत्यों का उनकी उदंडता के कारण दमन किया। दैत्यों पर हुई इस विजय को 'दैत्य-स्वि-महायज्ञ' महाभोज के द्वारा आयोजित किया गया। देवताओं ने शिव से प्रार्थना की कि वे गंगा को रसोई बनाने के लिये लाएं। शिव गंगा को लेने के लिये उनके पति मुनि शांतनु के आश्रम पहुंचे और उन्होंने अपने आने का मन्तव्य कहा। मुनि शांतनु ने इस सहमति पर गंगा को जाने को कहा कि वह रात्रि होने से पूर्व अपना कार्य कर वापस लौट आएगी अन्यथा उसे वे स्वीकार न करेंगे। परंतु हुआ यह कि महाभोज शाम तो क्या आधी रात तक चलता रहा और गंगा वहां प्रातःकाल तक रुकी रहीं, उसके बाद वे ही शांतनु तक पहुंचायी जा सकीं।

मुनि शांतनु ने उन्हें स्वीकार करने से इंकार कर दिया। गंगा को शिव के साथ लौटना पड़ा। इस तरह उन्होंने उन्हें अपने घर लाकर रखा।

शिव ने लौटकर बल्लूका नदी के तट पर धर्म निरंजन के दर्शन हेतु कठिन तप करना प्रारंभ कर दिया था। शिव ने 12 वर्ष तक कठोर तप किया। एक दिन एक उलूक पर आरूढ़ होकर तथा एक से श्वेत छत्र धारण किए हुए धर्म शिव के घर पधारे। धर्म ने शिव को पुकारा परंतु वे तो घर पर थे नहीं। अतः गंगा उनकी आवाज सुनकर बाहर आई। जैसे ही गंगा ने धर्म का दर्शन किया वैसे ही उनका वर्ण शुभ्र और वस्त्रों का रंग श्वेत हो गया। धर्म ने उनसे कहा जब भी शिव वापस आएं वे उनके आने की बात बतला दें। गंगा ने धर्म से प्रार्थना की कि शिव तो उन्हीं के दर्शन की इच्छा से तप कर रहे हैं। अतः वे पुनः एक बार और आने और शिव को दर्शन दे कृतार्थ करें। धर्म ने प्रत्युत्तर में कहा कि जब शिव लौटकर उन्हें देखेंगे तभी उन्हें वह पुण्य प्राप्त हो जाएगा। जो उन्हें उनके दर्शन से होता। धर्म ने यह भी कहा कि यदि शिव इतने से संतुष्ट न हों तो कालियदह में जाने को कहें तथा वहां पर उगे पुष्पों को तोड़ने को कहें। ऐसा करने पर उन्हें एक स्वर्गीय कांति वाली कन्या का दर्शन होगा। शिव जब लौटे तब गंगा के शुभ वर्ण को देखकर चकित हो गए। गंगा ने धर्म के संदेश को उन्हें सुनाया। शिव इस बात पर दुखी हुए कि वे धर्म का दर्शन न कर पाए जबकि धर्म स्वयं उनके ही घर पधारे थे। उन्होंने गंगा को भाग्यशाली माना। शीघ्र ही धर्म का शिव के घर पर आगमन एवं गंगा के वर्ण परिवर्तन का समाचार सर्वत्र फैल गया, सभी देवी-देवता गंगा के बदले रूप को देखने आए।

शिव ने धर्म के आदेश का पालन करते हुए तपस्या जारी रखी। वे कालियदह के पुष्पों को तोड़ने के लिये जाने लगे ताकि उन्हें धर्म के कथन के अनुसार दैवी कन्या का दर्शन हो सके। स्त्रियोचित उत्सुकता से वशीभूत गौरी (चंडी) ने शिव के साथ जाने की इच्छा प्रकट की ताकि यह पता चल सके कि वे प्रतिदिन कहां जाते हैं और क्या करते हैं। शिव ने मुश्किल से यह समझाकर उन्हें रोका कि वे सर्पों से भरे कालियदह जाते हैं। जो कि जोखिम से भरा कार्य है। गौरी ने ऊपरी तौर पर शिव की बातों पर विश्वास कर लिया, परंतु उन्होंने चुपके से अपना रूप बदला। अब वे डोम कन्या के रूप में थीं, उन्हें यह विश्वास था कि उनके पति उन्हें जानबूझकर साथ ले चलने में आना-कानी कर रहे हैं।

कालियदह पहुंचने के लिये मार्ग में पड़ने वाली एक नदी जोका को नाव द्वारा पार करना पड़ता था। गौरी एक खाली नाव लेकर अपने बदले हुए रूप में वहां खड़ी हो गई। समय पर शिव आए और उन्होंने उस डोम कन्या जो वास्तव में, गौरी थी, से नदी पार करने को कहा। डोम कन्या के रूप में एक अतीव सुंदरी को देखकर शिव का चित्त डोल गया और उन्होंने उससे रमण की इच्छा प्रकट कर दी।

डोम कन्या ने उत्तर में कहा कि वे स्वयं तो देवताओं में भी श्रेष्ठ हैं और वह स्वयं एक नीच कुल में जन्मी स्त्री है अतः रमण का विचार गर्हित है। शिव ने डोम कन्या की बात को अनसुना करते हुए रमण के लिये राजी करने की इच्छा से उसे एक हीरे की अंगूठी का मूल्य देने की लालच दी। इस पर गौरी आग बबूला हो गईं, उन्होंने अपना डोम कन्या का रूप त्याग दिया और शिव को उनके लम्पट व्यवहार के लिये खूब खरी खोटी सुनाई। शिव सिर झुकाकर तब तो सब सुनते रहे पर उन्होंने इस व्यवहार का बदला लेने की ठानी। एक दिन शिव ने चूहे का रूप बदल कर चंडी की सभी चोलियों को कुतर कर टुकड़े-टुकड़े कर दिया। चंडी ने जब अपनी कुतरी हुई चोलियों को देखा तब उन्होंने उन्हें सिलाई के द्वारा फिर से ठीक कराने का विचार किया, तभी उन्हें एक वृद्ध दर्जी दिखलाई दिया जो वस्तुतः वेष बदल कर आए हुए शिव ही थे। चंडी ने अपनी चोलियों को उनसे मरम्मत करने को कहा और इस कार्य के लिये उन्होंने बिना विचारे ही कह दिया कि वे उसे मुंह मांगा इनाम दे देंगी। चोलियों को फिर से नया रूप दे शिव दर्जी के रूप में मुंहमांगा इनाम लेने पहुंच गए। चंडी ने बहुत रुपया, पैसा देने की बात कही पर दर्जी वेशधारी शिव ने जब मुंहमांगे इनाम में चंडी से रमण की स्वीकृति मांगी तब वे अवाक् सी रह गईं और दर्जी रूपधारी शिव को देखती रह गई। शिव ने इस स्थिति में अपना रूप त्याग दिया और बिना विचारे कार्यों के लिये चंडी को खूब खरी खोटी सुनाई।

द्वितीय पल

(मनसा जन्म)

समय बीतता गया। एक दिन कालियदह के तट पर प्रातःकाल की बेला में शिव ने एक पक्षी युगल को मैथुनरत देखा। इस दृश्य को देखकर वे उत्तेजित हो गए और उनका वीर्य स्खलित हो गया। इस स्खलित वीर्य को उन्होंने कमल पत्र में लपेट कर रख दिया। एक कौवे ने इस वीर्य को खा लिया पर उसे जब बैचेनी होने लगी तब उसने अपनी पत्नी की सलाह पर उसे एक कमल पात्र पर उगल दिया। इस कमल पत्र वाले कमल की नाल पाताल लोक तक थी, जहां वासुकि नागराज की राजधानी थी। शिव का यह अमोघ वीर्य बिजली की तरह गरजता हुआ कमलनाल से होता हुआ सीधे वासुकि पर जा गिरा। वासुकि नागराज की मां जो कि एक कुशल शिल्पी भी थीं ने यह जान लिया कि यह अमोघ वीर्य शिव का है। नागराज की मां ने वीर्य के प्रभाव को नियंत्रित करने के लिये एक सर्वांग सुंदरी युवती की पाषाण मूर्ति बनाई और उससे उस वीर्य को छुआ दिया। एक क्षण में ही वह मूर्ति प्राणवान हो गई। जिसका नाम मनसा रखा गया। वासुकि नागराज ने उसे अपनी बहन मानते

हुए उसे विश्व के उस संपूर्ण विष का स्वामित्व प्रदान कर दिया जो उन्हें प्रथुराज द्वारा गौ रूपी पृथ्वी के दोहन के समय रखवाली के लिये दिया गया था। इस तरह कालियदह के नागों की स्वामिनी भी हो गई मनसा। मनसा ने जब अपने इन विषधर नाग सेवकों के साथ कालियदह में विहार किया तब दह का संपूर्ण जल विषाक्त हो गया फलतः सभी कमल मुरझा गए। शिव को जब अपनी पूजा के लिये पुष्प नहीं मिले तो वे क्रोधित हो गए। वे समझ गए कि इसका कारण दह में जहरीले नागों की उपस्थिति है अतः उन्होंने गरुड़ को बुलाकर इस झील को नागों से मुक्त करने की आज्ञा दी। मनसा की परिचारिका नागिन काली ने शिव द्वारा गरुड़ के आह्वान की बात तुरंत जाकर मनसा को बताई।

मनसा ने तुरंत शिव के पास जाकर गरुड़ को रोकने के लिए उनसे प्रार्थना की। शिव मनसा की सुंदरता को देखकर मोहित हो गए, परंतु मनसा ने अपनी उत्पत्ति कथा को सुनाते हुए जब उनसे यह कहा कि वह तो उनकी पुत्री है तब शिव का वात्सल्य जाग्रत हो गया। मनसा ने अपने पितृगृह चलने की अपनी इच्छा जब शिव को बतलाई तब वे पसोपेश में पड़ गए। वे जानते थे कि उनकी पत्नी चंडी मनसा की उत्पत्ति कथा पर शायद ही विश्वास करें। पर पुत्री हठ को शिव न टाल सके। उन्होंने मनसा को लघुरूप में परिवर्तित कर दिया और फिर उसे कमल पुष्पों के बीच छुपाकर डाली में रख लिया। घर पहुंचकर शिव ने कुछ अतिरिक्त सतर्कता के साथ इस पुष्पों से भरी डाली को घर के एक कोने में रखा ताकि वह नजरों के ठीक सामने न रहे, पर चंडी ने इसे ताड़ लिया। शंकालु चंडी ने जैसे ही फूलों की डाली में रखे फूलों को देखा वैसी उन्हें लघुरूपिणी मनसा दिख गई। मनसा भी अपने वास्तविक रूप में आ गई। चंडी ने उसे शिव की रखैल समझकर, अपशब्द कहे, मनसा ने उन्हें रोकना चाहा पर सब व्यर्थ, उन्होंने अपने जन्म की पूरी कथा उन्हें कह सुनाई और अपनी सौतेली मां भी कहा, पर चंडी का शक सुबहा अब भी जस का तस रहा। चंडी क्रोध में तो थी ही इसलिए उसने एक नुकीले कुश को उखाड़ा और उसे मनसा की एक आंख में घुसा दिया। क्रोधित मनसा की दूसरी आंख से एक ज्वाला निकली जिससे झुलसकर चंडी मूर्च्छित होकर गिर गई। इस दृश्य को शिव के दोनों पुत्र गणेश और कार्तिकेय देख रहे थे, वे दौड़कर पिता के पास पहुंचे और उन्होंने सारी घटना कह सुनाई।

शिव घटनास्थल पर आए और तब मनसा ने चंडी को पुनः स्वस्थ कर दिया। चंडी उठकर बैठ गई।

कुछ ही देर बाद फिर विवाद उठा और चंडी ने शिव को स्पष्ट चेतावनी दी कि वह किसी भी सूरत में मनसा को इस घर में नहीं रहने देगी।

शिव के पास अब एक ही विकल्प था कि वे अपनी पुत्री के लिये कोई नया ठौर नियत करें।

मानसी ने भी यह घर छोड़ना उचित समझा और जब वह अपने पिता के साथ गंतव्य की ओर जाने लगी तब उसने चंडी को पांच रत्नों युक्त मुद्रा भेंट दी और कहा कि जब भी शिव संकट में हों तब वह उसे जरूर सूचित करें।

शिव एवं मनसा घर छोड़कर निकल पड़े और वे दूर तक चलते रहे, चलते रहे। अंत में वे एक पहाड़ी में पहुंचे जो साल वृक्षों से लदी थी। इस पहाड़ी का नाम सिजुया पहाड़ी था। दोनों चलते-चलते थक गए थे अतः एक साज वृक्ष के नीचे वे लेट गए। मनसा को गहरी नींद आ गई पर शिव जाग रहे थे, उन्होंने सोचा कि यही एक ऐसा क्षण है जब वे पुत्री को छोड़कर वापस लौट सकते हैं। परंतु इस विचार से उन्हें दुख हुआ और अश्रुपात हो गया। उनके अश्रु के जमीन पर गिरते ही एक कन्या उत्पन्न हुई, जिसका नाम नातो हुआ। नातो ने शिव को जाने से जब रोका तब शिव ने उसे 'महाज्ञान' प्रदान किया और कहा कि वह मनसा की अनुचरी बनकर रहे। मन मारकर शिव उन्हें वहीं छोड़कर आगे बढ़े, मन नहीं मान रहा था कि दो लड़कियों को बियाबान वन में अकेला छोड़कर लौटा जाए, वे विपत्ति में भी पड़ सकती थीं, विपत्तियों के विचार से उन्हें पसीना आ गया, पसीने की बूंद जैसे ही जमीन पर गिरी उससे एक युवती उत्पन्न हो गई। इसका नाम धामाई हुआ। इसे भी शिव ने मनसा की अनुचरी घोषित कर उसे मनसा कीं सेवा में नियुक्त कर दिया। निद्रा से उठने के पश्चात शिव को न पा मनसा उद्विग्न हो गई पर तभी दोनों सेविकाओं ने अपना परिचय देते हुए उनसे कहा कि वे उनकी सेवा में सदा उपस्थित रहेंगी।

सिजुया की इस पहाड़ी पर रहते हुए मनसा ने नातो और धामाई की सलाह ली और यहां बसने का निर्णय लिया, उन्होंने विश्वकर्मा को बुलाकर उससे यहां एक विशाल महल बनवाया एवं नगर बसाने का उपक्रम किया। शीघ्र ही आसपास के राज्यों से छत्तीसों जाति के लोग यहां आ बसे जिनमें ब्राह्मण भी थे और मछुआरे भी।

तृतीय पल

(विष देवी मनसा की शक्ति)

एक बार ऋषि दुर्वासा कैलाश पर्वत गए जहां भृगु और पराशर ऋषि तपस्या में लीन थे। वहां पर विद्याधरों के कुछ समूह भी थे जिनके हाथों में सुंदर सुगंधित पुष्प मालाएं थीं। दुर्वासा ने एक उत्तम माला उनसे ले ली। उन्होंने सोचा कि यह श्रेष्ठ माला देवराज इंद्र के योग्य है अतः उन्होंने स्वर्ग जाकर वह माला उन्हें भेंट कर दी। देवराज इंद्र ने इस विशाल माला को अपने प्रिय हाथी ऐरावत के गले में डाल दिया, परंतु दुर्भाग्यवश ऋषि दुर्वासा के सामने ही वह माला हाथी के गले से टूटकर जमीन

पर आ गिरी। बस फिर क्या था ऋषिवर दुर्वासा का क्रोध भड़क उठा और उन्होंने देवराज को श्री (लक्ष्मी) हीन होने का शाप दे डाला। इंद्र ने ऋषिवर को मनाने का प्रयास किया पर सब व्यर्थ। अब लक्ष्मी को स्वर्ग त्यागना था। लक्ष्मी के अधीनस्थ सभी वस्तुओं को भी स्वर्ग त्यागना था। लक्ष्मी की ये वस्तुएं थीं–चावल तथा अन्य धान्य, चन्द्रमा, अमृत, ऐरावत हाथी (जो इंद्र की सवारी था), उच्चैःश्रवा अश्व (इंद्र की सवारी का घोड़ा) तथा परिजात वृक्ष (जिसमें दैवी पुष्प खिलते थे)। लक्ष्मी के स्वर्ग त्यागते ही स्वर्ग में उपर्युक्त वस्तुओं का भी लोप हो गया तथा स्वर्ग में संकट छा गया। लक्ष्मी को स्वर्ग से निकालने के पश्चात अपना ठौर ढूंढ़ना था इसलिए वे वनस्पति के देवता, पर्वत के देवता और समुद्र के देवता के पास निवास के लिए स्थान मांगने पहुंची परंतु उन तीनों में से केवल समुद्र के देवता ने उन्हें शरण देने का साहस किया।

श्रीहीन होकर देवता मुश्किल में फंस गए। अंत में इंद्र और देवताओं ने लक्ष्मी को पुनः पाने के लिए समुद्र मंथन का विचार किया। मंदार पर्वत और वासुकि नाग की सहायता से समुद्र मंथन प्रारंभ हुआ। वासुकि का सिर दैत्यों ने पकड़ा और पूंछ हनुमान ने।

समुद्र मंथन से लक्ष्मी और उनके साथ गए पदार्थ पुनः निकल आए, अप्सराएं भी निकलीं और अंत में एक कलश में अमृत लिये हुए धन्वंतरि निकले। अमृत पात्र लेने के बदले ब्रह्मा ने धन्वंतरि को कुछ वर दिए जैसे कि उन्हें ऐसा ज्ञान प्रदान किया गया जिससे वे चिरायु और अविजित रह सकते थे। अमृत पात्र की एवज में उन्हें एक जयनेत (विजय वस्त्र) तथा सिद्ध झोली भी दी गई। ब्रह्मा ने उन्हें यह कहकर अवश्य सावधान किया कि यदि विषहरी देवी ने तुम्हारे पास से जयनेत और सिद्ध झोली चुरा ली एवं तुम्हारे ऊपर महाभार डाल दिया तब तुम्हारी मृत्यु हो सकती है। पर उन्हें यह भी बतलाया कि यदि उन्हें सालि विसालि नामक औषधि जो गंधमादन पर्वत में उगती है दधि नदी के फेन में मिलाकर दे दी जाए तो उन्हें पुनः जीवन प्राप्त हो सकता है। धन्वंतरि को विश्व का अद्वितीय चिकित्सक होने का भी वर प्राप्त हुआ। धन्वंतरि इसके पश्चात वहां से विश्व भ्रमण करने निकल पड़े।

उधर विष्णु ने छल कर अमृत को देवों में बांट दिया परंतु शिव इससे अप्रसन्न हुए। उन्होंने अपना भाग भी ग्रहण नहीं किया और कहा कि जब उन सभी को जिन्होंने समुद्र मंथन में भाग लिया है अमृत नहीं मिलता तब तक वे असंतुष्ट रहेंगे, वे दानवों को उनका भाग दिलाना चाहते थे, किंतु तब तक अमृत समाप्त हो चुका था।

शिव ने सुझाव दिया कि एक बार और समुद्र मंथन किया जाए परंतु ब्रह्मा ने इसका विरोध किया और कहा इसका परिणाम अच्छा नहीं होगा। इस सुझाव को

दैत्यों ने उचित माना और पुनः समुद्र मंथन हुआ परंतु इस बार मंथन से केवल विष निकला। यह इतना भयानक था कि संपूर्ण जगत इससे त्रस्त हो गया। देवता और दानव सभी वहां से भाग निकले, केवल शिव, हनुमान और नंदी ही वहां बचे। विष का प्रकोप बढ़ने लगा और चारों ओर हाहाकार मच गया, यह देख हनुमान ने शिव की प्रार्थना की। हनुमान की सलाह पर शिव ने विषपान कर लिया, परंतु विषपान करते ही शिव अचेत होकर गिर पड़े, यह सब नारद ने देखा और उन्होंने तुरंत चंडी को जाकर इस घटना की सूचना दी। चंडी अपने दोनों पुत्रों गणेश और कार्तिकेय सहित घटनास्थल पर पहुंचीं परंतु अपने पति की हालत देख उन्होंने स्वयं अपने शरीर का त्याग करने का विचार किया, पर तभी उन्हें वह पंचरत्नों वाली मुद्रा की याद आई जो मानसी ने उन्हें दी थी तथा उनसे यह कहा था कि पिता की विपत्ति के समय वे उसे देखकर उसकी याद कर पायेंगी तथा उसे बुला सकेंगी।

मनसा को बुलाने नारद को भेजा गया परंतु मनसा ने नारद से कहा कि वह अपनी सौतेली मां चंडी के आग्रह पर ही वहां जाएगी। इस आग्रह में एक शर्त यह भी थी कि सौतेली मां आदरसूचक एक सुंदर वस्त्र लेकर स्वयं उनके पास आए। चंडी उनके सामने पहुंची तो अवश्य पर एक ऐसे वस्त्र के साथ जो मनसा की गरिमा के अनुकूल न था। पर जब दोनों का आमना-सामना हुआ तब चंडी ने मनसा को बेइज्जत करना चाहा परंतु मनसा की विषयुक्त दृष्टि से वे स्वयं अचेत हो गईं।

मनसा अपने पिता के पास पहुंची जो अचेत थे। उन्होंने अपनी शक्ति से शिव के शरीर का विष हरण करना प्रारंभ किया, धीरे-धीरे शिव के शरीर का विष दूर हो गया तब शिव ने पास ही पड़ी मूर्च्छित पत्नी चंडी को देखा, इससे वे दुखी हुए फलतः मनसा ने अपनी अमृत दृष्टि से उनकी चेतना भी लौटा दी।

मनसा ने शिव के शरीर से निकाले गए विष को दो भागों में बांटा। आधा भाग उन्होंने अपने एक नेत्र में रखा और शेष आधा सर्प, वृश्चिक तथा अन्य कीड़ों इत्यादि में बांट दिया।

शिव अपनी पुत्री के इस उपकार से आनंदित हो गए।

चतुर्थ पल

(मनसा परिणय)

मनसा देवी द्वारा विषहरण के पश्चात् शिव स्वस्थ हो गए। उन्हें याद आया कि उन्हें अपनी पुत्री का विवाह करना चाहिए, क्योंकि पुत्री का विवाह पिता का परम कर्तव्य होता है। शिव ने समाधि लगाई और उन्होंने ध्यानावस्था में मनसा के योग्य एक

उत्तम वर को देखा। यह वर एक युवा ऋषि जरत्कार थे। जरत्कार सभी प्रकार से एक योग्य व्यक्ति थे अतः शिव मनसा के विवाह का प्रस्ताव लेकर बल्लूका नदी के तट पर पहुंचे जहां ऋषि तपस्यारत थे। जरत्कारु तपस्या में लीन रहने वाले व्यक्ति थे और वे अपनी तपस्या में व्यवधान नहीं चाहते थे इसीलिए उन्होंने शिव का प्रस्ताव पहले तो विनम्रतापूर्वक अस्वीकार कर दिया परंतु तभी उनके पूर्वजों की आत्माओं ने विवाह करने का आदेश दिया ताकि वंशक्षय न हो।

घर लौटने के पश्चात शिव ने विवाह की भव्य तैयारियां कीं तथा शुभ घड़ी में मनसा का विवाह जरत्कार से तथा नातो का विवाह ऋषि वशिष्ठ से कर दिया। विवाह के अवसर पर देवताओं ने मनसा की स्तुति की जो चंडी को नहीं भायी। उन्होंने मनसा के वैवाहिक जीवन में कुछ समस्या करने की ठानी पर इसे ऊपर से प्रकट न होने दिया। विवाह के उपरांत जब नवदंपती रात्रि में सोने के लिये जाने लगे, तब चंडी ने ऊपरी तौर पर स्नेह लुटाते हुए मनसा को सलाह दी कि वह प्रथम मिलन की बेला में नागों के आभूषणों से श्रृंगार कर श्रृंगार कक्ष में जाए, तो यह उसकी गरिमा के अनुकूल होगा। मनसा ने यह बात मान ली। उधर जब पति-पत्नी अपने कक्ष में थे तब चंडी ने उनके कक्ष में एक मेढक छोड़ दिया फिर क्या था मेढक को देख मनसा के आभूषण के नाग फुफकार करने लगे। कुछ नाग मेढक की ओर दौड़े। इस दृश्य को देखकर मनसा सांपों को नियंत्रित करने के लिये दौड़ी परंतु तभी डर से अधमरे पति जरत्कारु को भागने का मौका मिला और वे भागकर समुद्र के एक महाशंख में जा छिपे। यह सब देखकर मनसा ने अपना सिर पीट लिया। बात शिव तक पहुंच गई, जिन्होंने बिना समय गंवाए जरत्कार को ढूंढ़ निकाला और उन्हें पुनः मनसा के पास ले आए। कुछ दिनों बाद मनसा और नातो गर्भवती हुईं। उनके पतियों जरत्कार एवं वशिष्ठ ने अपनी पत्नियों को सर्वगुणसंपन्न संतानों का आशीर्वाद दिया और दोनों ही तपस्या हेतु पर्वतों पर चले गए।

समय पूरा होने पर मनसा और नातो ने पुत्रों को जन्म दिया। मनसा ने अपने पुत्र की शिक्षा-दीक्षा के लिए उसे मामा वासुकि के पास भेज दिया, जिसने उसे विषविद्या का ज्ञाता तथा विद्वान व्यक्ति बनाकर उसे वापस भेजा। मनसा के पुत्र का नाम आस्तीक था जो अध्ययन के पश्चात लौटकर मातृगृह आ गया और माता के साथ सिजुया पहाड़ी पर बने महल में रहने लगा।

पंचम पल

(सर्प सत्र)

राजा परीक्षित ने ध्यानस्थ मुनि के गले में एक मृत सर्प को डाल दिया और इस कृत्य के लिये उन्हें सर्पदंश द्वारा छः दिनों में मृत्यु का शाप मिला। राजा ने शाप

की बात अपने परिजनों और सेवकों से कही। इस पर उन्हें धन्वंतरि की सहायता लेने की सलाह दी गई। धन्वंतरि अपने समय के सबसे बड़े ओझा शंख को अपनी विद्या से पराजित कर चुके थे। धन्वंतरि को राजा परीक्षित ने सर्पदंश से बचने के लिये आमंत्रित किया। रास्ते में उन्हें तक्षक नाग मिला इसे ही शाप पूर्ण करने के लिये राजा को डंसना था। तक्षक को कोई और रास्ता जब न दिखा तब उसने धन्वंतरि को राजा परीक्षित की सहायता न करने को कहा, साथ ही ऐसा करने पर उसने धन्वंतरि को प्रचुर धन देने की पेशकश की। धन्वंतरि धन लेकर लौट गए और परीक्षित सर्पदंश से मृत्यु को प्राप्त हुए।

परीक्षित की मृत्यु के पश्चात उनका पुत्र जनमेजय राजा बना। एक दिन जनमेजय जब वन में मृगया के लिए निकले तब उन्होंने देखा कि एक ब्राह्मण चुन-चुनकर सर्पों को मार रहा है। जनमेजय ने ब्राह्मण से ऐसा करने का कारण पूछा तब ब्राह्मण ने उत्तर दिया कि सर्पों ने उसकी पत्नी और पुत्र को डसकर मार डाला है। अतः वह उनकी मृत्यु का बदला ले रहा है। यह सुनकर जनमेजय को अपने पिता की सर्पदंश से हुई मृत्यु की याद आ गई। दोनों में वार्तालाप हुआ और निष्कर्ष निकला कि राजा जनमेजय सर्पयज्ञ करे जिसका पुरोहित वह स्वयं होगा। राजा जनमेजय सर्पयज्ञ के लिए तैयार हो गया, कुछ समय पश्चात सर्प यज्ञ होने लगा और इसमें सर्पों की हवि दी जाने लगी। इस समाचार को कालिनाग ने जाकर मनसा को कह सुनाया। मनसा ने अपने इकलौते पुत्र आस्तीक को सर्पयज्ञ रोकने के लिए भेजा। बुद्धिमान आस्तिक ने चतुराई से राजा परीक्षित का यह सर्पयज्ञ रुकवा दिया और इस तरह सर्पजाति का संहार रुक गया।

❑❑❑